AF280580

FSC
www.fsc.org
MIX
Papier aus ver-
antwortungsvollen
Quellen
Paper from
responsible sources
FSC® C105338

Rolf Gänsrichs

Prenzlberger Ansichten

1. Nachschlag

Schwanengesang und Vorwort [1]

Die kleine, wunderbare Mitnehmzeitung „Prenzelberger Ansichten" geht nun den Weg alles irdischen und segnete mit ihrer letzten Ausgabe, vermutlich für Dezember 2024, das Zeitliche.

Gegründet 1992 als Projekt der Humanistischen Bewegung, um aus den Anzeigen in der Zeitung einen Nachbarschaftsladen zu finanzieren. Ich stieß als Autor 1996 dazu und hatte im April des Jahres 96 meinen ersten Artikel darin. Im September 96 gründete sich daraus „TV vom Berg", das via Fernsehen über das Nachbarschaftsprojekt und über das Leben am Prenzlauer Berg berichten sollte. Meine Radiosendung OKbeat begann ich am 13. April 1995 mit der ersten Sendung eigenständig beim damaligen Offenen-Kanal-berlin, OKB. Im Herbst 95 stieß ich dort im Haus auf die Humanisten, die dort parallel eine Radiosendung „Radio vom Berg" machten. Übers Radio kam ich also auf diese Truppe. Das „Radio vom Berg" wurde Ende 1996, nur wenige Monate nach dem Start von „TV vom Berg" eingestellt.

Der Wunsch der Damen der Gruppe auf „eine geregelte Familie", führte schließlich im frühen Herbst 1999 dazu, dass das gesamte Projekt der Humanisten schließlich ins Wanken geriet. Die „Kinderkrankheit" machte sich im Verein breit und die Frauen wurden alle innerhalb weniger Monate schwanger. In dieser Zeit bestand für etwa ein halbes Jahr lang die Zeitung zu rund achtzig Prozent aus von mir verfassten Artikeln. Das „TV vom Berg" wurde zum Jahresende 1999 von mir schließlich, wegen der fehlenden Woman- und Man-Power durch die ganzen Schwangerschaften eingestellt und als „OKbeat im TV" noch bis April 2004 fortgesetzt. Als „das kleine TV-Studio" im OKB aus Kostengründen abgeschaltet wurde, verzog ich

---

1   … geschrieben am 6. + 28.4. + 18.5.2024

mich im Fernsehen hinter die Kamera und machte bis zum Umzug des 2008 von OKB in alex-berlin umbenannten Senders von der Voltastraße in die Rudolfstraße im Februar 2017 die Fernsehregie in der Sendung „Der Spitze Kreis – Berliner Theaterkritiker im Gespräch“. Weil die mittlerweile greisen Macher der Sendung nicht mehr mit umziehen wollten, wurde diese Sendung im Dezember 2016, also noch vor dem Umzug, eingestellt.

Als im Jahr 2000 Kirch-Media im Verbund mit einigen Tageszeitungen die Frequenz des OKB-TV im Kabel in Berlin übernehmen wollten, DVBT war noch in weiter Ferne, konnte ich mit einigen anderen Radio- und TV-Machern beim OKB, im Gleichklang mit OKbeat, OKbeat im TV und den Prenzelberger Ansichten mit meinen Teil dazu beitragen, den OKB vor der Zerschlagung zu retten.

Nachdem nun das Nachbarschaftsprojekt, wie oben beschrieben, im Herbst 1999 von uns „Überlebenden“, Dirk, Micha, Bernd Kähne, Ulrike Düregger und mir für gescheitert erklärt worden war, überlegten wir, was wir mit der Zeitung machen könnten, denn diese lief in der Zeit finanziell noch ganz gut. Und so beschlossen wir, diese Zeitung endgültig vom Projekt der Humanisten abzukuppeln. Der Designer und Layouter Michael Steinbach übernahm die Führung und machte sich mit der Zeitung selbständig. Sein Stellvertreter Dirk Wanner lebte gleichfalls von der Zeitung. Für alle anderen fiel „ein bischen was bei ab“ in Form von Taschengeld. Micha und Dirk kümmerten sich um Layout, Anzeigen, Anzeigenlayout und vieles mehr.

Gleichzeitig mit diesen Neuerungen, wurde auch der Vertrieb der Zeitung geändert. „Unser“ Blatt war von je her eine reine kostenlose Mitnehmezeitung. Erliefen wir bis Mitte 1999 den Prenzlauer Berg komplett und hinterließen *in fast allen Geschäften je drei bis fünf Exemplare jeden Monat von ihr, so wurde ab Mitte 1999 auf die Belieferung per PKW umgeschaltet und im allgemeinen nur noch Supermärkte von Kaiser's, Edeka und Rewe (die anderen Ketten duldeten unsere unabhängige Zeitung nicht auf ihren Packtischen), Bäckereien und Cafés angefahren und nur noch in Ausnahmefällen daneben liegende Geschäfte mit einer Hand voll Exemplare bedacht.*

Jeden Monat drei Tage lang im Mietwagen von Robben & Wientjes je einen vollen Arbeitstag Dirk und ich von Geschäft zu Geschäft fahrend. Wie oft hab ich mich als Fahrer in zweiter Reihe stehend dem Unmut anderer Kraftfahrer, immer der Radfahrer und häufig noch der Fußgänger ausgesetzt. Ich kann es nicht sagen. Je am ersten Tag dieser Runden hielt sich meine gute Laune so noch die ersten zwei Stunden, am zweiten Tag vielleicht noch maximal dreißig Minuten und die letzte Runde begann ich schon von vornherein mit ganz, ganz mieser Laune. Das lag nie an Dirk, das lag schlicht am Berliner Straßenverkehr, der einen übellaunig macht.

Nach über zwanzig Jahren nahm ich den ersten Lockdown der Corona-Pandemie 2020 zum Anlass, das Ausfahren der Zeitung Michael, dem Chef, selbst zu überlassen.

Ich muss jedoch zugeben, dass diese Ausfahrerei auch ein Gutes für mich hatte. Bis Frühjahr 2001 hatte ich noch einen eigenen PKW, bis Mitte 2006 fuhr ich im Sommer hin und wieder den Zweitwagen meiner Eltern. Das Ausfahren der Zeitung erhielt mir von 2006 an meine Fahrroutine, bis ich mir 2015 mein Moped leistete (ein Auto konnte ich da schon nicht mehr unterhalten).

Außerdem sind meine Stadtführungen aus meinen Artikeln entstanden. Ich wurde über lange Jahre hinweg immer wieder gefragt, ob ich das nicht mal zeigen kann, über was ich da schreibe und schließlich überredete mich, mit einer Hand voll Euro-Noten, der Verein „Nächste Ausfahrt Wedding e.V.", einmalig im Oktober 2010 mal eine Führung für die zu machen. Das machte mir so viel Spaß, dass ich seit Frühjahr 2011 nun jedes Wochenende meine eigenen Touren durch den Kiez anbiete und man mich obendrein auch noch buchen kann für Führungen durch den Prenzlauer Berg.

Im April 2020 erschienen die Prenzelberger Ansichten wegen Corona erstmals in ihrer Geschichte in einem Monat nicht. Danach hatte die Zeitung nur noch acht, statt davor zwölf Seiten. Viele Anzeigenkunden gaben in den Wochen und Monaten danach auf. Gleichzeitig hatte sich zu diesem Zeitpunkt bereits die Zeitungslandschaft international so weit verändert, dass reine Druckerzeugnisse im Niedergang begriffen waren. Und so wurden auch die Anzeigenkunden immer weniger. Um ihre Familien zu ernähren, nahmen Michael und Dirk zunächst irgendwo feste Minijobs an.

Das hieß aber auch weniger Engagement der beiden. Die Anzeigensituation verschlechterte sich dadurch weiter. Letztlich machten beide aus ihren Minijobs Vollzeitjobs. Die Bezahlung meiner Artikel erfolgte ab Mai 2020 auch nicht mehr monetär, sondern in Form von Naturalien. Ich bekam jeden Monat eine Anzeige für meine Führungen spendiert.

Und das ist der Stand heute: die letzten Prenzelberger Ansichten erschienen, vermutlich, mit der Dezember-Ausgabe 2024.

Warum „vermutlich"? Weil der Chef der Zeitung angab, sich von niemandem vorschreiben zu lassen, wann er sie wirklich einstellt. Die Info zur vermutlichen Einstellung bekam ich am 3. Mai 2024 und unmittelbar darauf setzte ich mich daran, zu schauen, was von mir an Texten noch auf meinem Rechner versteckt ist. Vier Bände werden es nun. Redaktionell fertig ist dieser erste Band im Juni 2024, und damit ist nicht absehbar, wann die Zeitung denn nun tatsächlich eingestellt wird. Auf jeden Fall kann aber zumindest garantiert dieser erste Teil der Reihe noch in der Zeitung selbst beworben werden.

Ich habe von jeder Ausgabe der Zeitung seit meinem Einstieg bei ihr mindestens noch je ein Exemplar von jedem Monat. Meine ersten Texte für die Zeitung tippte ich noch auf meiner alten „Continental"-Schreibmaschine, Baujahr 1910, die heute vermutlich viel Geld wert wäre, die ich aber als ich meinen ersten Windows-PC bekam entsorgte, „weil es sich nicht auf ihr schrieb". Um Großbuchstaben zu tippen, musste man dabei mit den kleinen Fingern den „Wagen" mit dem darin eingespannten Papier komplett anheben. Reines Eisen! Der Wagen wog mindestens zweieinhalb Kilo. Da hat man nach einer Seite Text wirklich Krämpfe in den Fingern. Nach einem Jahr schenkte mir Muttern deshalb ihre Reiseschreibmaschine „Erika", Baujahr 1984. Für den Notfall hab ich die noch heute. Tippte sich leichter, weil man nun für Großbuchstaben den Korb mit den Lettern mit den kleinen Fingern nur noch nach unten drückte. Aber ziemlich auf die Tasten einhämmern muss man auf einer Schreibmaschine immer. Ich hab mal den Wirtschaftskaufmann als Beruf erlernt. Darin enthalten war auch Maschine schreiben mit zehn Fingern blind. Die schriftliche Facharbeiter-Abschlussarbeit musste getippt sein. Hundertprozentig blind schreibe ich bis heute nicht, aber etwa zu achtzig Prozent.

Nach einer Kur und einer darin enthaltenen Ergotherapie, die einen kleinen Computerkurs enthielt, legte ich mir im April 1998 einen kleinen gebrauchten Artari-Computer zu. Die Bildschirmdiagonale lag bei etwa 20 cm, der Schirm war grün, des Betriebssystem war auf einer 8 Zoll Floppy Disk, auf der dann auch der Text gespeichert wurde. Eine große Veränderung der Arbeitsweise für mich, denn nun konnte ich meine Texte im Nachhinein direkt verändern.
Ein Jahr später, bei Beibehaltung des winzigen Bildschirms, kam die Diskette, gleichfalls mit dem darauf befindlichen Schreibprogramm und dem anschließenden Speichern des Textes auf einer anderen Diskette. Wieder ein Jahr später

mein erster Windowsrechner, nun mit „richtigem" Bildschirm, mit Windows 3.1 und mit einem Nadeldrucker als Zubehör. Mussten meine Schreibmaschinentexte für die Zeitung noch von anderen mühsam von Hand in einen Computer im Nachbarschaftsladen gehackt werden, so gab ich dort mit dem Einzug des Computers bei mir, in der Redaktion nur noch meine Diskette ab. Im Jahr 2005 zog dann das Internet bei mir zu hause ein und die Übermittlung meines Textes erfolgte über ISDN, was natürlich etwas Zeit brauchte. Schließlich folgte 2008 schnelleres DSL und seit Januar 2024 Glasfaserkabel.

Weil die Speicherkapazitäten auf den Rechnern in den ersten Jahren lächerlich gering waren, der PC mit dem ersten Windows hatte nur eine Festplatte mit 4,5 GB Speicher, mein vorletzter Rechner lag noch bei 50 GB, der jetzige mit 500 GB müsste mal aufgeräumt werden, ist von meinen Artikeln aus der Zeit bis etwa 2004 auf meinem Rechner nichts mehr erhalten.

Von den Texten ab 2004 ist das Meiste vorhanden. Es handelt sich dabei jedoch fast immer um die unredigierten, meist ungeschliffenen Originalversionen, die obendrein noch nicht einmal auf Rechtschreibung und Grammatik geprüft sind. Meine Texte gingen so Roh immer an Dirk Wanner, der diese Prüfungen übernahm und der anschließend die von ihm korrigierten Texte an Michael Steinbach durchreichte, ohne mir die Korrekturen nochmals zurück zu schicken.

In einigen Fällen gibt es aber auch mehrere Versionen eines Textes von mir. Wenn was zu lang, zu politisch, zu klischeehaft oder so war, kam da auch mal was zurück und ich musste den Text verändern. Habe ich von einem meiner Artikel noch mehrere Versionen da, so werde ich versuchen, Ihnen die anderen Varianten hier mit ins Buch einzubringen oder zumindest die ursprünglichen Teile zu kennzeichnen oder als Fußnote mit unter zubringen.

Rechtschreibung und Grammatik korrigiere ich für dieses Buch bei den Rohtexten nun selbst.

Ich versuche auch alles chronologisch in der richtigen Erscheinungsreihenfolge hier unter zu bringen, aber manche Folge fehlt schlicht.

Apropos ... die Bilder zu meinen Texten in der Zeitung machte bis 2015 Bernd Kähne, der dann aber aus Altersgründen aus der Redaktion ausschied. Seit der Ausgabe Juni 2015 machte ich die Bilder selbst, mit Hilfe meines damals neuen Smartphones. Aber Bilder brauchen Speicherplatz auf den Geräten und so sind alle Bilder im Nirwana gelandet. Die Texte sind zeitlich, vom Schreiben her, als auch inhaltlich, ungeordnet und nur nach ihrem Dateinamen auf meinem Rechner sortiert. Die Überschriften in der Zeitung waren meist andere. In diesem ersten Band gibt's Langversionen von in der Zeitung letztlich durch die Redaktion verkürzten Textfassungen. Außerdem sei mit der Hinweis gestattet, dass Sie hier drei deutsche Rechtschreibungen finden, die alte, die neue und meine. Die Interpunktion erfolgt dem Klangbild nach aus dem Bauch heraus. Und nun, auf geht's! Lassen Sie uns in meinen alten Texten stöbern.

*

Pflanzt einen Baum ... und wenn's'n Bonsai ist!
verfasst am 8./11./12.3.2008

Ich hätte aus der Baumpflanzaktion einen kleinen, Fakten strotzenden Dreizeiler machen können:
„Am ... mmmh ... um ... trafen sich ..., um ... Bäume zu pflanzen. Organisiert wurde es vom ... . Die Anwohner beteiligten sich rege. Da es im Bezirk Pankow seit Jahren an Geldern mangelt, ..."
So ... . Tja, aber, das interessiert doch keinen, oder? Schon wieder irgendeine Initiative, die Geld ausgibt, das sie nicht hat. Bäume verschandeln ohnehin nur aufwendig

restaurierte Häuserfassaden, verursachen Dreck durch die in ihnen nistenden Vögel, stehen eiligen Kraftfahrern gerade auf Brandenburgs Alleen zu häufig im Weg und verursachen somit Unfälle, außerdem verbrauchen sie unsinnig kostbares Regenwasser, sie beanspruchen Platz und Parkraum in der Innenstadt und sind sonst nur nutzlos. Wozu also Bäume pflanzen, die dann noch nicht mal gepflegt werden, könnte mancher denken.

Ich wollte mir die Initiative deshalb mal selber anschauen. So verabredete ich mich mit Caroline Schenck, von der wir die Infos über diese Aktion hatten und die die Fotos zu diesem Artikel hier gemacht hat, in der Kopenhagener Straße. Allgemeiner Treffpunkt für alle, die bei dieser Aktion mitmachen wollten war am 8. und 9. März je um 10 Uhr vor der Hausnummer 50, dem Ort, an dem der „Bürgerverein Gleimviertel“ sitzt. Caroline und ich hatten uns dort so gegen halb elf verabredet. Schon als ich in die Straße hinein fuhr, sah ich junge, begeisterte Leute mit Spitzhacken, Äxten und Spaten an den Stubben werkeln, die von der letzten Baumfällaktion des Bezirksamtes noch im Erdreich steckten. Am Anlieferungsplatz der erst noch zu pflanzenden Bäume standen, hielten sich mehrere Leute auf. Ganz typisch Journalist fragte ich dort nach einem Verantwortlichen und der verwies mich dann an die Pressesprecherin dieser Aktion. Mit ihr unterhielt ich mich nett. Das Bezirksamt, so wurde mir erklärt, fälle seit Jahren morsche Straßenbäume, ohne Ersatz dafür zu pflanzen. Es fehlt an Geld. Logisch! Berlin ist pleite!
[Frage mich dabei aber immer wieder, wie das sein kann? Der Bezirk hat kein Geld, die Stadt ist pleite, die Menschen leben nur noch von der Hand in den Mund, die kleinen und mittelständischen Firmen haben kein Geld und selbst Microsoftgründer Bill Gates ist nur noch der 3.reichste Mann der Welt, aber Steuern und Abgaben steigen und steigen. Wo bleibt das Geld? In Liechtenstein? ... Ich schweife ab...]

Jedenfalls weil der Bezirk kein Geld hat, deshalb nun diese Initiative vom „Bürgerverein Gleimviertel", „B.U.N.D." und „Grüner Liga". Man habe sich vorher erkundigt und nur robuste Bäume besorgt. „Winterlinden" und „Schwedische Mehlbeere". Die „Bäumchen" sind schon ca. drei Meter hoch. Fünfzehn Stück werden von Anwohnern an die Stellen der gefällten Bäume gepflanzt. Etwa fünfzig Leute beteiligen sich. Man hofft, dass dadurch die „Konsumentenhaltung" aufgegeben wird und dass diese Bäume dann auch von den Anwohnern gepflegt werden. Geldspender werden dringend gesucht, für weitere solcher Aktionen. Die Bäume müssen schließlich bezahlt werden. Ich finde diese Aktion gut! Straßenbäume lindern im Sommer die Hitze, sie binden Staub und Abgase.

[Vielleicht hätte man statt einer unsinnigen Umweltzone in Berlin besser ein paar tausend Bäume im Innenstadtbereich pflanzen sollen, auf Flächen, auf denen heute Einkaufstempel stehen. Nein, ich will neutral und objektiv bleiben. Diese Baumpflanzaktion finde ich dennoch gut. Leider finde ich Berlins Ober-Baum-Guru Ben Wargin nirgends, ist aber auch egal.]

Während ich interessiert zuschaue, wie andere arbeiten, schlendern Caroline und ich Richtung Schwedter Straße. Wir landen am Kinderbauernhof. Nach „nur" acht Jahren Planung, [deutscher Bürokratie sei dank,] begann man 1998 mit dem Aufbau des „Spielhauses" und der Ställe. Im Jahr 2000 war es fertig. Wie immer, so auch hier der chronische Geldmangel der Initiatoren. [Ich halte es seit jeher fatal, wenn sich Vereine auf den staatlichen Finanztropf verlassen. Um so mehr bewundere ich die Initiativen, die ohne dem auskommen.] Kletterfelsen, Kletterwand, Spielplatz auf dem Gelände, all das ist wichtig für Kinder. Das Highlight aber sind die lebenden Tiere. Hier lernen Kinder Verantwortung für andere Lebewesen zu übernehmen. Kinder, die mit

Haustieren aufwachsen sind, da sind sich Psychologen einig, ausgeglichener, lernbereiter, aufnahmefähiger, als Kinder, denen diese Erfahrung fehlt.

[Und seien wir mal ehrlich, noch immer steckt in uns der Jäger! Als unsere Vorfahren vor ca. 6 Millionen Jahren begannen, tierisches Eiweiß, statt nur pflanzlicher Nahrung zu sich zu nehmen, begann die Zeit des Jägers. 99,9 % der Menschheitsgeschichte jagte der Mensch. Er tötete Tiere, weil er Hunger hatte. Die Felle kleideten ihn. Ich kann heute nichts heroisches daran entdecken, mit Hochleistungsknarren auf stolze Hirsche zu ballern, aus purem Jagdtrieb, aber damals mit Pfeil und Bogen aus Hunger schon. Manch eine Tierart gäbe es heute schon nicht mehr, wenn der Mensch sie nicht für sich ausgenutzt hätte. Pferd, Hund und Haushuhn seien nur Beispiele.]

Der Mauerpark mit dem Kinderbauernhof endet abrupt an den Gleisen der Ringbahn. Kaum vorstellbar, dass hier noch bis zum 11.Juli 1985 Güterverkehr durch die Deutsche Reichsbahn zum Güterbahnhof Eberswalder Straße statt fand (ich berichtete in der letzten Ausgabe darüber).
Nach dem Mauerbau am 13.August 1961 wurde ja bekanntlich auch das Bahnnetz in Berlin getrennt. Unzählige Publikationen gibt es darüber. Erst nach dem Ende des I.Weltkrieges und des deutschen Kaiserreiches wurde aus den einstigen Länderbahnen in der Weimarer Republik am 30.August 1924 die Deutsche Reichsbahn (DR) gegründet. Sie verblieb als Faustpfand für die Reparationen bei den Siegermächten. Mit der Machtergreifung Hitlers 1933 machte sich die DR direkt am Holocaust schuldig, transportierte sie doch zum günstigen „Tarif für Gruppenreisen", welch ein Zynismus, die Juden in die Konzentrations- und Vernichtungslager. Während des Krieges hieß es „Räder rollen für den Sieg". Damit war die DR am Krieg und somit an den Kriegsverbrechen, als

wichtigster Nachschublieferant, beteiligt. Nach dem Ende des II.Weltkrieges hatte jede Besatzungszone in Deutschland, so auch die SBZ (Sowjetische Besatzungs-Zone) ihre eigene Reichsbahndirektion. Und nun die Fakten in der Reihenfolge, wie es zur Deutschen Teilung nach dem II.Weltkrieg kam, ohne weitere Wertung.

Am 21. Juni 1948 wurde in den drei Westzonen des von den Alliierten besetzten Deutschland die D-Mark eingeführt. Die SBZ zog erst Tage später mit dem Provisorium mit Marken beklebter Reichsmarkscheine nach. Nachdem die Westalliierten am 23.Juni auch in den Westberliner Bezirken die, mit einem „B" gestempelte D-Mark einführte, kam es ab dem 24.Juni zur sogenannten Blockade Westberlins durch die Sowjetunion. Am 23.Mai 1949 trat das Deutsche Grundgesetz, welches zur Gründung der Bundesrepublik führte, in den drei Westzonen in Kraft.

Die DR in den drei Westzonen wurde am 7.September 49 zur „Deutschen Bundesbahn". Erst am 7.Oktober 49 wurde die DDR gegründet. Noch Fragen? 5.Mai 1955 Gründung der Bundeswehr, 6.Mai 1955 beitritt zur NATO. 1.März 1956 Gründung der NVA der DDR und Beitritt zum Warschauer Pakt ... Da Berlin ja bekanntlich unter dem „Vier-Mächte-Status" stand, verblieb der Eisenbahnbetrieb auch in Westberlin bei der DR. Um die Betriebsrechte in Westberlin nicht zu verlieren, blieb die DR auch bei ihrem Namen. Deshalb hatte der „Arbeiter-und-Bauern"-Staat DDR eine Deutsche Reichsbahn.

Die DR ging am 1.1.94 in der Deutschen Bahn auf. Das Tarifsystem der Berliner S-Bahn, das bis zur Wiedervereinigung galt, basierte auf einem vereinfachten Tarifsystem, das schon mit Kriegsbeginn 1939 eingeführt worden war. Mit dem Bau der Berliner Mauer 1961 kam es in Westberlin zum sogenannten „S-Bahn-Boykott" der Bürger. Die Westberliner fuhren einfach nicht mehr mit der S-Bahn, um „nicht mit unserer D-Mark Ulbrichts Mauer zu finanzieren", so die einhellige RIAS-Propaganda.

Entsprechend leer waren Züge und Bahnsteige. Nach einem Streik der Westberliner S-Bahnmitarbeiter 1980 übertrug die DR der BVG-West 1984 die S-Bahnnutzung und das vordem auf Verschleiß gefahrene Westberliner Rest-S-Bahnnetz zur Nutzung. Auf dem Nordring fuhren ab 1961 die Züge aus Richtung Schönhauser Allee alle über die „Ulbrichtkurve" ohne Zwischenhalt nach Pankow.

Die S-Bahngleise waren direkt an der Norweger Straße, während die Fernbahngleise Richtung Westberlin lagen. Dann kam die Mauer, dahinter die Gleise der Westberliner S-Bahn und schließlich nochmals Fernbahngleise. Erst dahinter die eigentliche Sektorengrenze zum Wedding. Aber ich entsinne mich, dass in meiner Kindheit Richtung Westberlin nur ein durchsichtiger Maschendrahtzaun zu sehen war und man von der Ost-S-Bahn ungehindert nach Wedding schauen konnte. Manchmal sah man auch aus der fahrenden Ost-S-Bahn heraus die parallel fahrende West-S-Bahn. Der Postenweg der DDR-Grenzer war die Norweger Straße. Ich denke, bis Ende der 70-er Jahre hielt dieser Zustand, dann erst wurde diese weiße Wand zwischen Ost-Fernbahn und West-S-Bahn gebaut.

Am Südring in Treptow ähnliches. Die Ringbahn-Brücke von Treptow Richtung Köllnische Heide wurde erst 1988 für die Fernbahn Richtung Plänterwald umgebaut!

Aber nochmals zurück zum Nordring. Der S-Bahnhof Bornholmer Straße befindet sich auf dem Gebiet des Prenzlauer Berg. Als die Mauer noch stand, hielt die West-S-Bahn dort nicht.

Der Bahnhof Wollankstr. war zwar auch Pankower Gebiet, lag aber im Grenzstreifen. Er war aber ausschließlich für Westberliner S-Bahnreisende geöffnet. In Wilhelmsruh zweigte ursprünglich die „Heidekrautbahn" über Blankenfelde, Schildow bis nach Basdorf und Wandlitz ab. Nach dem Mauerbau wurde der Ast von Basdorf bis nach Blankenfelde weiter betrieben. Die Gleise Richtung Wilhelmsruh wurden zwar nicht genutzt, überstanden aber die Zeiten, sie lagen teilweise direkt neben der Mauer, wenngleich auch der Bahnsteig der Heidekrautbahn in Wilhelmsruh, der auf Ost-Berliner Gebiet lag, abgerissen wurde.

All das hab ich aber Caroline nicht während unseres Rundganges erzählt. Ich merke schon jetzt, dass ich doppelt so viel geschrieben habe, wie ich für diesen Artikel eigentlich sollte. So belasse ich es jetzt hierbei. Einiges zum Gleimtunnel dann in einer späteren Ausgabe.

*

Bötzow – Dezember 2011 - geschrieben am 11./21.11.2011

Sie hieß Birgit, wohnte in der Bötzowstraße und war das ganze Gegenteil von dem Frauentyp, auf den ich normalerweise stehe (blond, blaue Augen, klein, pummelig, …). Ich wohnte erst einige Jahre im Prenzlauer Berg und hatte so richtig noch gar kein Verhältnis zu diesem Bezirk, denn Kumpels, Familie und Arbeitskollegen lebten da noch alle in Hohenschönhausen oder Lichtenberg.

Birgit war Kunde in dem Laden, in dem ich in Lichtenberg arbeitete und „gabelte" da eher mich auf, nahm mich mit zu sich nach hause und vertrieb sich mit mir ihre Langeweile.

So lernte ich 1988 das Bötzowviertel kennen und lieben. Vor ihrem Schlafzimmerfenster fuhr laut scheppernd der 9er Bus vorbei.

Am Prenzlauer Berg gab es damals ein wesentlich größeres Buslinienangebot, als heute. In einem Fahrplanheft, das ich noch unter meinen Unterlagen entdeckt habe, kann man das nachlesen. „Städtischer Nahverkehr – Öffentlicher Personennahverkehr in der Hauptstadt der DDR – Berlin – 1.4.1990 – 31.3.1991 – 0,65 Mark".

Die heutige Buslinie 156 ist noch immer fast mit der einstigen Linie 56 identisch, allerdings fuhr man vom S-Bf. Storkower Str. zunächst über Joseph-Orlopp- und

19

Vulkanstr., bevor man kurz vor dem S-Bahnhof von der Leninallee in die Storkower Str. Richtung Gehringstr. abbog.

Der Bus 57 war von der Michelangelostraße über Am Friedrichshain bis Unter den Linden / Friedrichstraße identisch mit der heutigen Linie 200, nahm dann aber die Strecke der U 6 mit, die damals nur von Westberlinern benutzt werden konnte und fuhr über Bf. Friedrichstraße, Oranienburger Tor und Invalidenstraße bis zur Scharnhorststraße.
Allerdings fuhr noch bis Kriegsende eine Straßenbahn vom Königstor aus kommend über die Straße Am Friedrichshain entlang und endete dort, wo noch heute dieses Materiallager der Straßenbahn in der Kniprodestraße ist. Ein ähnliches Lager gab es bis 1991 übrigens noch auf dem letzten Zipfel des Schlachthofes[2], dort wo die Ringbahn die beginnende Scheffelstr unterquert.
Ich rechne es der BVG heute hoch an, dass sie mit der Linie 200, einer DER City-Buslinien, eine Endhaltestelle mit dem entsprechenden Richtungsschild „Prenzlauer Berg …" hat.

Dann gab es schon in den 70er Jahren die Buslinien 30 und 40, die beide vom Robert-Koch-Platz zum Ostbahnhof fuhren, die Linie 40 auf 5,9 km, die Linie 30 auf 20,9 km.
Wie kam das?
Die Linie 40 fuhr direkt dort hin.
Mit der Linie 30 machte man dagegen eine Weltreise. Vom Robert-Koch-Platz aus kommend ging es für beide Linien am Rosa-Luxemburg-Platz vorbei. Während der 30er dann aber in die Otto-Braun-Straße (damals Hans-Beimler-Str.) einbog, fuhr dort der 40er geradeaus auf der Mollstraße und

---

2   … das Wort „alter Schlachthof" ist eigentlich falsch, denn es handelte sich um den „Zentralviehhof", auf dem u.a. zehntausend Rinder gehalten wurden, aber das korrigierte ich erst in späteren Artikeln. R.G. am 27.5.2024

dann weiter über Friedenstr. und Franz-Mehring-Platz. Nicht so der 30er, der dann über die Greifswalder Str. fuhr, in die John-Schehr-Str einbog, weiter über Conrad-Blenkle, Ebertystraße und Scheffelstr fuhr, weiter ging es über Möllendorf und Herzbergstraße, BVG-Betriebshof Lichtenberg, Alfredstr, Bf. Lichtenberg, Weitlingstr., Nöldner Platz, Boxhagener und Grünberger Str. bis er endlich am Ostbahnhof anlangte. Fahrtzeit eine gute Stunde. Wobei 1972 entlang Greifswalder, John-Schehr-Str und Conrad-Blenkle noch ein O-Bus über die Leninallee (Landsberger Allee) in Richtung Marzahn fuhr.
Im Bötzowviertel fuhr die Buslinie 9 teilweise im 3- 4 min-Takt. Sie begann Bötzow/John-Schehr-Str und fuhr u.a. am Alex vorbei, durch die Französische Str und endete vor dem Pariser Platz, bzw. vor der russischen Botschaft.

Ein Leser, der wohl schon lang nicht mehr in der Gegend war, staunte über die vielen, ja auch gut ummauerten Wohnviertel..
Ich verstehe bis heute nicht, warum Seniorenheime immer „mitten im Grünen" oder direkt an Parkanlagen hingesetzt werden. Ist das, damit sich „die Alten" schon mal an den Geruch frischer Erde gewöhnen können? Sinnvoller wäre es doch, wenn junge Familien mit ihren Kindern dort wohnten und dafür die Senioren mitten in der City. Da haben sie es kurzer zum Klatsch ins nächste Café oder im Supermarkt und die Angehörigen haben verkehrsgünstigere Bedingungen. Und mit der etwas höheren Lärmbelastung in der Innenstadt, Hinterhöfe sind, wahrscheinlich bis auf meinen, meist ruhig, und da wird das Hörgerät halt Nachts ausgemacht.

Fakt ist, entlang der Straße am Friedrichshain sind in den letzten Jahren sehr viele Eigentumswohnungen und Seniorenheime entstanden. Wir, als Redakteure der Prenzlberger Ansichten, kennen aber auch noch die

„Rollheimer", die auf den Brachen dort vor zehn Jahren noch kampierten, als sie aus der Innenstadt, vom Engelbecken und aus dem einstigen Mauerstreifen, vertrieben wurden. Wieder ein Stück Flair von (Überlebens-) Künstlern, das mit ihnen gegangen ist, als sie auch aus dem Prenzlauer Berg vertrieben wurden.

Heute gibt's da die „Schweitzer Gärten". Das ist ein beachtliches Wohnviertel, umgeben von einem gewaltigen Eisen geschmiedeten Zaun und mit Tonnen schweren Schiebetoren, wie man sie sonst nur von der Einfahrt neben dem Kanzleramt kennt. Es gibt ein einzelnes großes Haus direkt Am Friedrichshain und dann diese durch das Schiebe-Tor vermutlich ab abends abriegelte Privatstraße, an deren Einfahrt ein Postenhäuschen steht. Neben diesem und einer hohen, schweren Gittertür, gibt es an die dreihundert Klingelknöpfe für die einzelnen Wohnungen des gesamten, abgeschirmten Areals. Riesige hohe Mauern zu den angrenzenden Grundstücken hin gaukeln absolute Sicherheit vor. In wie weit das ganze Gelände an sich auch noch Videoüberwacht ist, hab ich nicht heraus bekommen. In ihrer Perversität erinnern mich die „Schweizer Gärten" aber an die „Waldsiedlung" der DDR-Oberen bei Wandlitz.
Diese Privatstraße endet an den Überresten der einstmals dort beheimateten „Schneider-Brauerei", eine von um 1900 herum zwölf Brauereien im Prenzlauer Berg. Die UFO-Tonstudios bauen die Ruine gerade ins „Brauereistudio" um.
Das Viertel zwischen Arnswalder Platz und Am Friedrichshain soll eines der ersten gewesen sein, das nach dem Krieg neu gebaut wurde. Die Pläne für diese Bebauung stammten zum Teil noch von vor dem Krieg.[3] Wobei angeblich die ersten wirklichen Nachkriegsneubauten schon ab Oktober 1945 in der Hohenschönhauser Goeckestraße entstanden.[4]

---

3 Inhaltlich falsch … siehe spätere Artikel
4 … das ist nun wieder richtig!

Trotz damals knappem Material und viel zu wenigen Arbeitskräften sind die Nachkriegsneubauten im Bötzowviertel solide gearbeitet. Leider werden nur noch wenige der damals in den Untergeschossen mit errichteten Gewerbeeinheiten heute noch von Firmen genutzt.

*

Bötzow - Januar 2012 – getextet am 14./19./20.12.2011

Heute möchte ich als Einstieg da beginnen, wo ich auch meinen Kiezspaziergang am 7. Januar beginnen werde: am Königstor. Dabei will ich diesmal nicht am Prenzlauer Berg anfangen, sondern mit dem, was man vom Königstor aus sehen kann - also nicht mit dem Fernsehturm, denn den hat sicherlich schon das Lokalblatt aus Lübars mit verarbeitet …, aber dieses Lokalblatt gibt's sicher nicht mehr. (Selbst schuld, wenn sie nicht über den Fernsehturm schreiben.)

An der Ecke am Königstor, Greifswalder Str. / Am Friedrichshain, fällt die große Kirche auf. Da wir den Georgenkirchhof schräg gegenüber haben und somit bereits am Prenzlauer Berg sind, und da es hinter der Kirche die Georgenkirchstraße gibt, war ich der festen Ansicht, es handele sich um die Georgen-Kirche – das wäre ja nicht unlogisch! Ich habe mehrere Tage gebraucht, um herauszubekommen, dass es sich bei dem imposanten Bau um die Bartholomäus-Kirche handelt. In der Georgenkirchstraße ist etwas ganz Wichtiges untergebracht: die Verwaltung der evangelischen Kirchengemeinden in Berlin und Brandenburg. Das große graue Haus hinter der Kirche, heute ein Hotel, war ehemals die Verwaltung des „VEB Kombinat Kraftwerksanlagenbau".
In der Kaufhalle in der Niederbarnim-/Georgenkirchstraße arbeitete ich 1991 - 93. Kunden erzählten mir, dass das Areal, auf dem dieser Supermarkt steht, bis in die 1970er Jahre hinein ein Frauengefängnis war … wie passend!

23

Die Georgenkirchstraße selbst war vor dem „sozialistischen Umbau" der Berliner Innenstadt Ost länger.
Ursprünglich und noch bis in die 60er Jahre hinein lief die damalige Lenin- heute Landsberger Allee vom jetzigen „Platz der Vereinten Nationen" aus direkt auf den Alexanderplatz zu. Und genau dort, wo die Landsberger Allee auf den Alex stieß, endete auch die Georgenkirchstraße an der Georgenkirche. Die Lenin-/Landsberger Allee wurde beim Neubau der Innenstadt verlegt, die Georgenkirchstraße arg verkürzt und die gleichnamige Kirche - sie war im Krieg schwer zerstört worden - abgerissen und nicht mehr aufgebaut.

Eine ganz interessante Zahl hab ich von einem Teilnehmer der Kiezspaziergänge im letzten Monat gehört. Etwa nur 4.800[5] betriebsfähige und im Einsatz befindliche Straßen-Gas-Laternen gibt es WELTWEIT noch, davon soll über die Hälfte allein in Berlin leuchten. Wie VIELE davon in Prenzlauer Berg sind habe ich nicht erfahren können - ich wüsste auch nicht wo! Unklar ist mir aber, ob die historischen Leuchten in der Husemannstraße mit Gas oder elektrisch betrieben werden. Die typischen Berliner Gaslaternen in Nähe von Prenzlauer Berg stehen meines Wissens nach erst in der Voltastraße in Wedding.

Und noch einen Exkurs gestatten Sie mir bitte. Ich möchte auf das Denkmal im Friedrichshain am Hang zur Margarete-Sommer-Straße, vormals „Werneuchener Straße", hinweisen. Es ist das „Ehrenmal für den gemeinsamen Kampf der polnischen Soldaten und deutschen Antifaschisten im II. Weltkrieg". Nach meiner Kenntnis der einzige Ort in Berlin, an dem man das DDR-Emblem noch

---

5   … falsche Zahlen … es gibt weltweit noch knapp 40.000
    Gaslaternen, von denen steht aber knapp die Hälfte in
    Berlin … die Berliner Gaslaterne ist ja schließlich auch eine
    Berlinerin, deren Erfinder auf dem Georgenfriedhof liegt

nicht vernichtet hat. Der Platz an der Margarete-Sommer-Straße gehörte ursprünglich zum Friedrichshain und wurde in den 60er Jahren dem Prenzlauer Berg zugeschlagen. Er war eine Standortalternative für den Bau des Fernsehturms. Nachdem dieser dann am Alexanderplatz stand, hatte man Pläne für einen FDJ-Palast, der sicher eine Mischung aus dem heutigen FEZ - dem damaligen „Pionierpark" in der Wuhlheide - und dem „Palast der Republik" werden sollte. Was man derzeit mit der Brache plant ist unklar. Allerdings wäre eine Brache der Bebauung sicher vorzuziehen.

Wir haben im Archiv des Prenzlauer-Berg-Museum in der Mülhauser Straße wieder einige interessante Bilder für Sie ausgegraben. Eines davon zeigt „Max Schulzes Familienheim – Bier- & Actien-Brauerei", vermutlich in der Immanuelkirchstraße. Unter dem Titel „Familienheim" firmierten damals wie heute auch Genossenschaften, die sich dem Wohnungsbau widmeten. Der Name „Max Schulze" taucht in diesem Zusammenhang mit alten Bildern aus dem Bötzowkiez relativ häufig auf. Nun ist „Schulze", verzeihen Sie mir, eher ein „Sammelbegriff" als ein Name, über den man bei den Recherchen um historische Ereignisse oder Kleinigkeiten nicht wirklich Greifbares erfährt.

Dann haben wir noch diese Abbildung eines Teils des Arnswalder Platzes, bzw. die Bötzowstraße mit diesem Platz auf der linken Seite. Aufgenommen sind die Bilder zum einen vor der Kreuzung an der Pasteurstraße und einmal an der Einmündung der heutigen Dietrich-Bonhoeffer-Str. (die von 1902 bis 1974 „Woldenberger Str." hieß) in die Bötzowstraße. Der Platz wirkt hier noch relativ kahl - klar, die Bäume sind erst frisch gepflanzt und nicht schon uralt.
Mich fasziniert an diesen alten Fotos immer das komplette Fehlen von Autos. Heute ist die Bötzowstraße durch die vielen geparkten Autos eher eng, und beim Zeitung ausfahren merken wir dann immer, wie eng! Damals war die

Straße breit! Die Leute liefen teilweise auf der Fahrbahn. Hin und wieder mal ein einzelner Klepper vor einem Lieferwagen oder von fern eine Straßenbahn, das wars!

Ein weiteres Foto, das mich im Archiv faszinierte, ist eine Ruine (… nochmals vielen Dank an das Prenzlauer Berg Archiv für die freundliche Unterstützung!) Es müsste sich um das Eckhaus Danziger/Bötzowstraße handeln. Etwa achtzig Prozent des Wohnraums in Berlin waren nach dem Zweiten Weltkrieg beschädigt oder vernichtet. Dabei kam der Prenzlauer Berg noch relativ glimpflich bei weg. Es gab nur wenige echte Bombenlücken, vieles wurde erst in den Jahren danach abgetragen, beispielsweise wenn es sich nicht mehr lohnte, ein durch den Krieg beschädigtes Haus wieder aufzubauen.

Auch auf den Nachkriegsbildern sieht man immer wieder mit Pappe und Holz vernagelte Fenster. Damit hatte es folgende Bewandtnis: Eigentlich sollten, so ein guter Rat des Zivilschutzes im „III. Reich", die Bewohner vor den Bombenangriffen ihre Fensterflügel aushängen und in Decken eingewickelt in den Wohnungen abstellen, damit die Scheiben nicht durch die Druckwellen der Bombenexplosionen zerstört werden. Das erzählte mir jüngst ein etwas betagterer Nachbar. Aber viele Menschen machten das in den letzten Kriegsmonaten nicht mehr. Es war kalt, es war Winter und so hofften die Anwohner, dass sie nach einem Bombenangriff, wenn sie aus den Luftschutzräumen wieder heraus durften, zurück in ihre wohlig warm geheizten Wohnungen könnten. Waren die Scheiben ganz geblieben war ja auch alles gut … bis zum nächsten Luftangriff! Aber man hatte auch vielfach Pech und die Fensterscheiben waren zerborsten, die Glassplitter in der ganzen Wohnung verteilt. Deshalb diese vielen vernagelten Fenster im und nach dem Krieg an Häusern und in U-, S-, Straßenbahnen und Bussen.

*

Bötzow II – Mai 2009 – am 21.4.2009

So schnell gerät Geschichte in Vergessenheit. Für mich war das Areal „Margarete-Sommer-Straße / Danziger / Am Friedrichhain" immer nur Wiese und irgendwie dem F-hain zugehörig, aber unser Leser Ralf Rohrlach von den „Berliner Unterwelten e.V." stellte nun richtig, dass dieses Karree einst bebaut war (ich vermute, im gleichen Stil, wie die gesamte Gegend), dass diese Wohnhäuser dann aber schon im Krieg zerbombt wurden und die noch stehenden Ruinen schließlich, um vom Flakturm im F-hain ein besseres Schussfeld auf die vorrückende Sowjetarmee zu haben, auch noch kurz vor Kriegsende gesprengt wurden.[6]

Aber wenden wir uns nun der Bötzowstraße zu. Noch bis vor wenigen Jahren (1994 ?) fuhr die Buslinie 9 von der Bötzowstraße/John-Schehr-Straße über die Bötzowstraße, am Alex und ehemaligen Staatsratsgebäude vorbei, durch die Französische Straße bis zum Pariser Platz. Die Buslinie 30 kam aus Richtung Conrad-Blenkle-Straße, fuhr über John-Schehr-Straße, Greifswalder Straße (parallel zur Straßenbahn) und schließlich ab Moll/Otto-Braun- (damals: Hans-Beimler-)Straße bis zur Hannoverschen Straße in Mitte, bis, ich glaube 1972/73 z.T. auch noch als O-Bus (Oberleitungsbus). Letzte Teile und Reste der Oberleitungsverankerung findet man noch immer an den Hauswänden unsanierter Gebäude in der Conrad-Blenkle-Straße. Der O-Bus-Betrieb wurde in Ost-Berlin 1973 eingestellt. In Deutschland gibt es derzeit nur noch drei Obusbetriebe: einen mittelgroßen in Solingen (50 Fahrzeuge, sechs Linien) sowie zwei kleinere in Eberswalde (15 Fahrzeuge, zwei Linien) und in Esslingen am Neckar (9 Fahrzeuge, zwei Linien).

---

6   ... nicht ganz richtig, die bis dahin unbeschädigten Wohnhäuser wurden erst am 2. Mai 45 von der Wehrmacht gesprengt

Aber greifen wir uns einige Kleinode aus dem Bötzowkiez heraus.

Die Ecke Greifswalder Straße / Prenzlauer Berg / Friedenstraße kennt man gemeinhin als „Königstor". Dem liegt die Verwaltungsgliederung Berlins von vor dem Zusammenschluss von mehreren Städten, Gemeinden, Dörfern 1920 zu „Groß-Berlin" zugrunde. Entlang der Greifswalder Straße lagen um 1900 die städtischen Verwaltungseinheiten „Königsviertel I – IV". Zu DDR-Zeiten überlebte der Name als mündliche Überlieferung in der Bevölkerung vor dem Hintergrund, dass über die Greifswalder Straße und das „Königstor" die Regierenden, aus Wandlitz kommend, in die Stadt einfuhren.

Das „Projekthaus der Demokratie und Menschenrechte" in der Greifswalder Straße 4 und somit in unmittelbarer Nähe des Königstors, beherbergt ungefähr siebzig humanistische, linksliberale und linksradikale Organisationen und Vereinigungen, wie die Grüne Liga und die Humanistische Union, die anarchistische Bibliothek und viele andere mehr. Das ursprüngliche „Haus der Demokratie" in der Friedrichstraße 165 wurde im Dezember 1989 vom Zentralen Runden Tisch der DDR aus dem SED-Parteivermögen an die ostdeutschen Bürgerbewegungen übergeben. Fast alle unabhängigen Gruppen und Bewegungen der Wendezeit bezogen dort eigene Büros.

Nach einem seit Mitte der 1990er Jahre andauernden Streit über die ungeklärten Eigentumsverhältnisse an der Immobilie und nach der Entscheidung der Parteivermögenskommission gegen die Nutzung des Hauses durch die politischen Bewegungen erfolgte im Herbst 1999 der Umzug in das doppelt so große, aber etwas dezentraler gelegene Gebäude in der Greifswalder Straße 4.

Eine feste Verwurzelung im Bewusstsein der P-berger hat das Haus bis heute leider nicht.

Ein ganz anderes Kleinod ist dagegen der Arnswalder Platz. Er wurde im Zuge der Bebauung des Bötzowviertels zwischen 1900-1904 angelegt. Seit den Hobrechtschen Plänen hieß das Areal einfach Platz A, bei der ersten Bebauung rundherum erhielt er 1902 den Namen Arnswalder Platz nach der ehemaligen Kreisstadt Arnswalder (Provinz Pommern), heute Choszczno. Von den Nationalsozialisten wurde der Platz 1937 in Hellmannplatz umbenannt und hieß noch bis 1947 so, danach wieder Arnswalder Platz. Zwischen 1974 und 1993 war das Areal auf Beschluss des Rates des Stadtbezirks ohne Namen, weil direkt auf dem Platz niemand wohnte, er somit keine postalische Bedeutung besaß. Für in diesen Jahren erst Zugezogene in den Prenzlauer Berg war es halt „der Platz mit dem Stierbrunnen". Erst am 1. Februar 1993 erhielt er seinen früheren Namen zurück und steht mittlerweile unter Denkmalschutz. Während des sogenannten „Volks-aufstandes" am 17.Juni 1953 standen am Arnswalder Platz mehrere sowjetische Panzer. Eltern ließen an diesem Tag aus Angst vor diesen Panzern ihre Kinder in dieser Gegend nicht zur Schule gehen.

Der Stierbrunnens selbst ist aus rotem Rochlitzer Porphyrtuff. Diese Anlage war in den 20er Jahren, in der „Weimarer Republik", ein Auftragswerk des „Magistrats von Groß-Berlin" an den Hamburger Bildhauer Hugo Lederer.
Die doch recht monumentale Brunnenplastik war ur-sprünglich zur Aufstellung auf dem Forckenbeckplatz in Friedrichshain geplant. Die Steinmetzarbeiten begannen 1927 und wurden erst 1934 beendet. Nach Fertigstellung der tonnenschweren Einzelteile stellte sich jedoch heraus, dass der sumpfige Baugrund am Schlachthof[7]gelände zur Aufstellung des Brunnens nicht geeignet war. Daraufhin wurde der auf einem eiszeitlichen Grundmoränenrücken

---

7 Zentralviehhof

liegende Arnswalder Platz als provisorischer Aufstellort ausgewählt, wo der Brunnen seit 1934 steht. Die durch die Machtergreifung zwischenzeitlich an die Regierung gekommenen Nationalsozialisten lehnten die Abnahme der Brunnenplastik ab, bis sie, man höre erstaunt, per Gerichtsentscheid zur Übernahme der Kosten gezwungen wurden.

Im Jahre 1959 wurde die Brunnenanlage renoviert und mit einer Unterwasserbeleuchtungsanlage versehen, die die Fontaine bei Dunkelheit illuminierten. Seit 1990 fehlt dem Bezirk das Geld für eine umfassende Sanierung: Zur Zeit gehen die Bauarbeiten eher schleppend voran.

Zur Geschichte: Entstanden ist das Viertel um 1900 zwischen den bereits bebauten Ausfallstraßen Am Friedrichshain und Greifswalder Straße. Die repräsentativen Gründerzeit- und Jugendstilwohnhäuser in Blockrandbebauung entstanden für den Mittelstand. Namensgebend für das Viertel war der Brauereibesitzer Julius Bötzow, der in diesem Gebiet Ländereien besaß.
Geprägt war das Viertel vom Arnswalder Platz und den Geländen der Actien-Brauerei Friedrichshain mit Saalbau und der Brauerei Schneider mit dem großen Biergarten Schweizer Garten.
Den Zweiten Weltkrieg überstand das Wohngebiet weitgehend unversehrt, verfiel aber zunehmend in der DDR. Nach der Wende wurde das Viertel zum Sanierungsgebiet. Zahlreiche Gebäude stehen heute unter Denkmalschutz, wie das 1924/1925 erbaute Filmtheater am Friedrichshain, die Kurt-Schwitters-Gesamtschule, das Gelände der Brauerei Schneider sowie der Arnswalder Platz.

Der Platz wurde im Zuge der Bebauung des Bötzowviertels zwischen 1900-1904 angelegt, die Ausführung erfolgte nach Entwürfen des Landschaftsgärtners Hermann Mächtig.

*

Bötzow – März 2011 – am 24.2.2011

Liebe Leser, den gesamten Februar und den halben März war/bin ich, dank Jobcenter, in einer Beschäftigungsgesellschaft (ohne Zuverdienst von 1,50 €) untergebracht und habe dabei, in dieser Einrichtung, sogar noch was gelernt. Ich bin nun also soweit am PC fit, dass auch ich nun langsam überlege, mein altes Windows 2000 aufzugeben und mir statt dessen Vista installieren zu lassen. Deshalb heute ausnahmsweise einmal weniger Recherche und ein inhaltlich etwas dünneres Textchen.

Dass Mainz für uns Berliner einfach nur'n verschlafenes Kuh-Kaff ist, in dem sich Gottschalk und Schächter gute Nacht sagen, wissen wir ja! Für das ZDF existierte die Berliner Volksabstimmung zur Offenlegung der Wasserverträge am 13.Februar offenbar nicht! Die Abstimmung, ... übrigens Glückwunsch, Nachbarn, dass Ihr alle dabei so schön mitgezogen habt, ... war dem ZDF nicht mal'ne Kurzmeldung wert, auch nicht als Videotext.
Auf meine erboste E-Mail ans ZDF hin kam ein sehr, sehr nettes, aber nichts sagendes Schreiben, so von wegen, die Nachrichten beim ZDF seien von ganz besonderen Gesichtspunkten bestimmt und man würde meinen Vorschlag in die Redaktion hinein weiter reichen!
Übrigens war dem ZDF am gleichen Tag eine Abstimmung in der Schweiz über ein Waffengesetz doch noch'n paar bewegte Bilder wert. Warum man die Volksabstimmung in Berlin zum Wasser beim ZDF so konsequent ignorierte, ist wohl nur Intendant Schächter klar!
Vielleicht liegt ja die Schweiz, rein geographisch, näher an Mainz, als Berlin, das ja für ganz alte ZDF Hardliner noch die Insel mitten in der roten Zone zu sein scheint!
Man könnte aber auch durchaus der Meinung sein, eine gelungene Volksabstimmung in Berlin sei dem ZDF einfach ein Dorn im Auge!

Wer weiß! Wenn man sowas publik macht, macht direkte Demokratie in Deutschland eventuell noch Schule und in anderen Bundesländern versucht man das dann auch.
Und das dann unter Umständen bei dem von der Politik so schön ausgehebelten „Stuttgart 21“! Vielleicht sind ja Schweizer Waffen ein knalligerer Aufmacher, als labbriges Berliner Wasser?
Ich jedenfalls verstehe die Nachrichtenpolitik des ZDF nicht, denn das Vorenthalten von Informationen ist schließlich auch eine Art von Zensur! ... obwohl ... unter diesem Gesichtspunkt verstehe ich das ZDF dann schon!
Gute Nacht, ZDF!

Nun aber zum Spaziergang selbst. Der Bötzowkiez ist zu meinem eigenen Erstaunen bislang noch ohne Parkraumbewirtschaftung. Ein entsprechender Antrag der Anwohner beim Bezirksamt, endlich nun auch hier Parkuhren aufzustellen, um den Parkdruck im Gebiet zu mindern, kann so schnell, also nicht mehr in diesem Jahr durchgeführt werden.
Eine der betroffenen Straßen ist die zur Bötzowstraße parallel verlaufende Hans-Otto-Straße. Das Hans-Otto-Theater in Potsdam dürfte Kunstfreunden wegen seiner oft recht progressiven Aufführungen ein Begriff sein. Hans Otto (* 10. August 1900 in Dresden; † 24. November 1933 in Berlin) war ein deutscher Schauspieler. Als einer der ersten Künstler linker Gesinnung wurde er von Nationalsozialisten ermordet.
In der Schule besuchte Otto dieselbe Klasse wie Erich Kästner. Im Februar 1933 wurde er nach den Vorgaben der NS-Kulturpolitik gekündigt. Seine letzte Vorstellung gab er am 23. Mai 1933. Seit 1924 Mitglied der KPD, zog er sich bald darauf in die illegale politische Tätigkeit zurück. Ein Angebot von Max Reinhardt, nach Wien zu wechseln, hatte er nicht angenommen. Am 14. November 1933 wurde er wegen seiner kommunistischen Haltung verhaftet und

während eines Verhörs schwer misshandelt. Hans Otto wurde in einem Restaurant am Viktoria-Luise-Platz in Berlin von der SA verhaftet, in das Lokal Café Komet in Stralau-Rummelsburg verschleppt und dort erstmals misshandelt. Danach erfolgte der Transport nach Köpenick. Anschließend wurde er in ein SA-Quartier in die Möllendorffstraße verschleppt und von dort in das Gestapo-Hauptquartier in der Prinz-Albrecht-Straße 8. Die letzte Station seines Leidens spielte sich in der Voßstraße ab, wo sich eine SA-Kaserne befand. Hier stürzte man ihn nach einem Verhör aus dem dritten Stockwerk, wobei ein Selbstmord vorgetäuscht werden sollte. Am 24. November 1933 starb er in einem Berliner Krankenhaus an seinen Verletzungen. Joseph Goebbels verbot die Bekanntgabe seines Todes und die Teilnahme am Begräbnis, das von Gustaf Gründgens bezahlt wurde.

Hans Otto ist auf dem Wilmersdorfer Waldfriedhof Stahnsdorf beerdigt.

Die Hans-Otto-Straße hieß vom 15.9.1903 bis zum 4.9.1974 noch Braunsberger Straße. Braunsberg, war eine Kreisstadt in der früheren Provinz Ostpreußen, Regierungsbezirk Königsberg, heute Braniewo, Kreisstadt in der Woiwodschaft Warminsko-Mazurskie (Ermland-Masuren, Hauptstadt Olsztyn), Polen. Braunsberg wurde - als der Deutsche Ritterorden 1240 in Warmien eindrang - als Ordensburg "Brunsberge" gegründet. Wiederholt zerstört und nacheinander unter der Herrschaft des Deutschen Ritterordens, der Pruzzen, der Polen und der Schweden, kam die Stadt - Mitglied der Hanse und Bischofssitz - nach der ersten Teilung Polens 1772 an Preußen. Ihre wirtschaftliche Bedeutung lag vor allem im Seehandel mit Skandinavien, Flandern und England. Ihr Anschluss an die Ostbahn 1852 ließ den Seehandel etwas zurückgehen. Im Ergebnis des Zweiten Weltkrieges, in dem sie schwer zerstört wurde, kam die Stadt an Polen.

Braniewo hat 17 000 Einwohner (1997).

Eine ganz kleine und winzige Straße war für die Entwicklung dieser Zeitung hier einmal von Bedeutung. Jahrelang entstanden die Prenzelberger Ansichten in der Dietrich-Bonhoefer-Str. 11. Die Straße hieß vom 11.Juni 1902 bis zum 4.September 1974 Woldenberger Straße.
Woldenberg/Neumark, ist eine Stadt in der früheren Provinz Pommern, Regierungsbezirk Schneidemühl, Kreis Friedeberg/Neumark; heute Dobiegniew, Woiwodschaft Lubuskie (Lebus, Hauptstadt Gorzów Wielkopolski/Zielona Góra), Kreis Strzelce-Drezdeno (Strelce Krajenskie), Polen. Um 1250 befand sich die Siedlung "Dubbegnek" in polnischem Besitz, wovon eine Schenkungsurkunde an das Kloster Ovinsk berichtete. Es wird vermutet, dass die Stadt um 1298 von einem askanischen Markgrafen gegründet wurde. 1313 wurde sie als civitas (Siedlung mit einer Verwaltung) mit Brandenburger Recht erwähnt. 1368 ist sie erstmals mit dem Namen Woldenberg genannt. Die Region mit dem Ort gehörte seit etwa 1268 zu Brandenburg und zwischen 1402 und 1454 zum Herrschaftsgebiet des Deutschen Ritterordens. Die Stadt lebte vorrangig von der Landwirtschaft, der Tuchproduktion und bis 1847 von der Papiermühle. Seit 1796 erst lag Woldenberg an einer Poststation, die ab 1829 über eine Chaussee die Verbindung zwischen Königsberg und Berlin hielt. Seit 1847 gibt es die Eisenbahnlinie Stargard-Woldenberg. Er war stets ein wohlhabender Ort. Im Ergebnis im Ergebnis des Zweiten Weltkrieges kam die Stadt zu Polen.

*

Bötzowkiez - Februar 2011 -   am 10./11./17./18.1.2011
>Radiotextteil< am 25.12.2010

In schöner Regelmäßigkeit gehe ich in die Kieze hinein und schreibe Ihnen auf, was mir dort so an Altem, Interessantem oder Neuem über den Weg läuft.
Was wissen Sie noch nicht?

Vielleicht, dass auch der Bötzowkiez an das Berliner Wassernetz angeschlossen ist und Sie am 13.Februar mit JA für die Offenlegung aller Verträge stimmen sollten, wenn auch Sie wollen, dass die Wasserpreise in Berlin nicht noch weiter steigen.

Die Wohngegend entlang der Bötzowstraße ist zum Glück noch nicht ganz so aufgetakelt, wie andere Gegenden im Stadtteil, wobei leider auch hier die Mieten, halt weil es Prenzlauer Berg ist, allmählich recht scharf anziehen. Noch immer leben in diesem Kiez viele Ureinwohner, wie zum Beispiel der Liedermacher Tom Duerner, der sich sehr für die Einführung des Bedingungslosen Grundeinkommens engagiert - am 10.Februar ist er deshalb mein Gast im OKbeat. Was mir regelmäßig in der Berufsschule in der Greifswalder Straße kurz vor der Käthe-Niederkirchner-Straße passierte, hab ich meinen Hörern von "Pommes rot - weiß" auf Rockradio.de letztens erzählt:

>Meine Lehrzeit in der Ausbildung zum Wirtschaftskaufmann vor über dreißig Jahren war nicht so einfach für mich, denn wir hatten einen relativ hohen Theorie-Anteil in der Ausbildung – im 1.Lehrjahr dreiviertel, im zweiten Lehrjahr noch die Hälfte der Zeit, in der wir in der Berufsschule in der Greifswalder Straße Höhe Käthe-Niederkirchner-Straße saßen. Nicht so einfach war dieser Theorieteil deshalb für mich, weil ich in der Klasse als einziges Männchen achtundzwanzig teils bezaubernde, teils putzige, manchmal auch höchst kesse junge Frauen gegen mich hatte. Ich war damals, mit siebzehn, noch mehr als schüchtern und so wurde ich nicht zum Hahn im Korbe, sondern eher zum Gänseklein.

Die Stunden mit dem Fach „Politische Ökonomie des Sozialismus" begannen immer mit dem Auftauchen eines schon hoch betagten Dozenten in weißem Kittel, der sich immer als erstes, wenn er den Raum betrat, ich saß in der

ersten Reihe direkt am Fenster ganz allein, an mich wandte, mit den Worten: „Und, sie leiden sicher sehr unter diesen vielen schönen Frauen! Geht's ihnen denn heute gut?"
Und noch während ich ein Nicken andeutete, bläkte von hinten Uta quer durch den ganzen Raum: „Unserm Sohny geht's bei uns immer ganz prima!"
Woraufhin sich der Dozent so wie immer an die Dame direkt vor ihm, erste Bank Mitte, wandte und leise zu trällern anfing „... für Gabi tu ich alles ..." ... und unsere arme Gabriele einen hochroten Kopf für den Rest der Unterrichtsstunde bekam, weil der Pauker auch während der gesamten Unterrichtseinheit immer mal wieder zwischendurch gut gelaunt „für Gabi tu ich alles" trällerte, summte oder pfiff. Ach, unsere arme Gabi!<

Die Greifswalder Straße war noch im Mittelalter Teil der Berliner Feldmark mit dem Georgentor, dem Vorgänger des Königstores, von dem sternförmig drei Fernstraßen, nach Landsberg, nach Bernau (frühere „Neue Königstraße") und nach Prenzlau abzweigten. Die Greifswalder Straße hieß im 18. + 19.Jahrhundert noch „Bernauische Straße". Der Name „Greifswalder Straße" ist erst seit 1868 gebräuchlich. Im Jahre 1700 als Haupt- und Poststraße von Berlin nach Stettin im Verzeichnis der Heer- und Handelsstraßen ausgewiesen, zog der preußische König Friedrich I nach seiner Krönung in Königsberg 1701 auf dieser Straße nach Berlin ein. 1800 / 03 wurde sie befestigt und zur Chaussee ausgebaut.
Der Name „Königstor" für die Ecke an der Friedenstraße bekam unter den Anwohnern während der deutschen Teilung nach dem Krieg eine neue Bedeutung, da die Greifswalder Straße zur „Protokollstrecke" wurde und über sie morgens und abends die DDR-Polit-Prominenz, Honni und Konsorten, von und nach Berlin, aus Wandlitz kommend, aus- und einschwebte.[8]

---

8   ... die DDR-Könige gewissermaßen

Die von mir oben genannte Schule wurde wieder einmal von Ludwig Hoffmann 1913/14 als „Königstädtisches Oberlyzeum" erbaut. Ein „Lyzeum" ist in Mädchengymnasium, in dem nur das weibliche Geschlecht zugelassen ist. Zunächst wurden spezielle Gymnasien für Mädchen nur deshalb gegründet, weil das allgemeine Bildungssystem keine höheren Schulen für Mädchen vorsah, so werden sie heute – bei erreichter Chancengleichheit im Bildungswesen – vor allem als Alternative zum koedukativen (geschlechtergemischten) Unterricht verstanden.

In meiner Berufsschulzeit liefen wir im Sportunterricht immer die Käthe-Niederkirchner Straße zum Volkspark hinauf. Käthe Niederkirchner, genannt Katja, (* 7. Oktober 1909 in Berlin; † 28. September 1944 im Konzentrationslager Ravensbrück) war eine Widerstandskämpferin im Dritten Reich. Nach ihr waren mehr als 300 Kollektive und Betriebe, Kindergärten und Sportvereine in der DDR benannt. Viele Einrichtungen tragen ihren Namen auch heute noch. Ihre Nichte praktizierte als Kinderärztin in Berlin und war 23 Jahre lang Abgeordnete der Volkskammer der DDR; als deren Vizepräsidentin bereitete sie 1990 den Einigungsvertrag mit vor. Die Straße hieß vom 23.4.1902 bis 4.9.1974 Lippehner Straße und erst seit 4.9.1974: Käthe-Niederkirchner-Straße. Lippehne ist eine Stadt in der früheren Provinz Brandenburg, Regierungsbezirk Frankfurt, Kreis Soldin; heute Lipiany, Woiwodschaft Zachodniopomorskie (Westpommern, Hauptstadt Szczecin), Kreis Mysliborz, Polen. Erstmals erwähnt wurde Lippehne 1268. Als civitas (Siedlung mit einer Verwaltung) verbürgt ist sie ab 1302. Die Stadt lebte vorrangig vom Ackerbau. Zwischen 1402 und 1455 war Lippehne Eigentum des Deutschen Ritterordens, der die Neumark erworben hatte. Durch den Anschluss an die Eisenbahn Küstrin-Stargard nahm die Stadt wirtschaftlichen Aufschwung. Im Ergebnis des Zweiten Weltkriegs kam sie zu Polen.

Zwischen Esmarch- und Bötzowstraße befand sich in der Käthe-Niederkirchner etwa bis zur „Wende" einer der letzten privaten Läden mit wirklich allem, was man zum Leben brauchte. Keine Selbstbedienung, sondern in diesem Laden wurde man bedient. Da lag der Kamm noch neben der Butter und das Nähgarn neben dem Seifenpulver und der Dosenwurst. Meine damalige Geliebte Birgit O. und ich standen dort 1988 öfter mal in der langen Schlange der Wartenden mit an. ... Und nicht nur wegen ihr liebte ich bald dieses Viertel!

Auch die Schule in der Bötzowstraße wurde von dem oben genannten Architekten, allerdings schon 1910, gebaut, wie auch der Schulkomplex in der Pasteurstraße. In der Pasteurstraße 9 war es eine „Königstädtische Oberrealschule", in der Pasteurstraße 10 mal wieder eine Gemeindedoppelschule.

Der Arnswalder Platz wurde im Zuge der Bebauung des Bötzowviertels zwischen 1900 und 1904 angelegt, die Ausführung erfolgte nach Entwürfen des Landschaftsgärtners Hermann Mächtig. Seit dem Hobrecht-Plan 1862 hieß das Areal einfach Platz A, bei der ersten Bebauung rundherum erhielt er 1902 den Namen Arnswalder Platz nach der ehemaligen Kreisstadt Arnswalde (Provinz Pommern), heute Choszczno. Es war eine Art Wegekreuz, mit Rasenflächen und Blumenbeeten dazwischen, auf welchem nach und nach ein Buddelplatz angelegt, ein kleiner Springbrunnen und eine Rotunde als Pissoir aufgestellt wurden. Von den Nationalsozialisten wurde der Platz 1937 in Hellmannplatz umbenannt und hieß noch bis 1947 so,danach wieder Arnswalder Platz. Zwischen 1974 und 1995 war das Areal auf Beschluss des Rates des Stadtbezirks ohne Namen, weil direkt auf dem Platz niemand wohnte, er somit keine postalische Bedeutung besaß. Erst im Februar 1995 erhielt er seinen früheren Namen Arnswalder Platz zurück, seit dem Ende des 20. Jahrhunderts steht er unter Denkmalschutz.

Der „Stierbrunnen" wurde 1927/34 aus rotem Porphyr von Hugo Lederer gebaut und hat 8 m im Durchmesser. Restauriert wurde er 1959 und noch einmal vor wenigen Jahren, wobei sich diese Reko sehr, sehr lange hinzog. Ist sie mittlerweile überhaupt schon abgeschlossen?

P.S.: „Eule" und „Rundkopf" für die einstigen S-Bahnbaureihen „Wannseebahn" und „Olympia" sind mir ja noch geläufig, aber neulich hörte ich die Ausdrücke „Coladose", „Taucherbrille" und „Toaster" für die derzeit aktiven S-Bahnbaureihen. Hab darüber herzhaft gelacht. Sie können ja mal selbst überlegen, welche Bezeichnung zu welcher Baureihe passt!

*

Bötzowstraße – am 21.1.2010

Das war für mich in diesem Monat gar nicht so einfach! Wir waren mit dem Ausfahren der Januarausgabe gerade fertig und ich hatte den Firmenwagen ein paar Stunden vorher Herrn Steinbach zurück gebracht, als ich ausrutschte, hinfiel und mir den Meniskus im linken Knie fast zerriss. Laut Arzt sollte ich mich so wenig wie möglich bewegen und so verzichtete ich auf Vor-Ort-Recherche und textete am „grünen Tisch", zumal nun auch noch mein Vater als Quelle ausfiel, weil er sich nämlich bereits seit 3.Januar erst im Krankenhaus Herzbergstraße aufhielt, dann in die Unfallklinik Marzahn verlegt wurde wegen Nierenversagen, Thrombosen im ganzen Körper, Not-OP an der Wirbelsäule, künstlichem Koma usw. usf.

Den Bötzow-Kiez liebe ich, natürlich neben meinem eigenen, am meisten! Liegt es an Birgit O. oder Coni S. denen ich dereinst am Busen lag oder daran, dass in diesem Kiez noch viele Prenzelberger Ureinwohner leben und er deshalb noch nicht ganz überkandidelt ist, ich kann es nicht sagen. Es wundert einen schon, wie man ausgerechnet, wie

jetzt im Januar geschehen, in der Bötzowstraße Nachts einen Juwelier knacken kann. Mensch fettere Beute gibt's doch in der Friedrichstraße, am Ku'damm oder in Schmargendorf!
Bis vor wenigen Jahren war die Bötzowstraße noch Hauptstraße und der 9er Bus rumpelte laut scheppernd über das holperige Kopfsteinpflaster zur Französischen Straße. Mittlerweile ist der gesamte Kiez verkehrsberuhigt und die Bötzowstraße ist durch die Neueinrichtung von Querparkplätzen wesentlich schmaler geworden, was sicherlich die Anwohner freut und Transit-, Durchgangsverkehr mindert. In dem vorwiegend mit Wohnhäusern bebauten Viertel befindet sich neben mehreren Schulstandorten das Haus der Demokratie und Menschenrechte vorn an der Greifswalder Straße. Entstanden ist der Kiez um 1900 zwischen den bereits bebauten Ausfallstraßen Am Friedrichshain und Greifswalder Straße. Die repräsentativen Gründerzeit- und Jugendstilwohnhäuser in Blockrandbebauung entstanden für den Mittelstand. Namensgebend für das Viertel war der Brauereibesitzer Julius Bötzow, der in diesem Gebiet Ländereien besaß.
Die Brauerei befand sich Saarbrücker Straße Ecke Prenzlauer Allee.

Aber der Urberliner, vor allem der Nordberliner, verbindet mit dem Namen Bötzow noch etwas anderes! Die Bötzow-Bahn! Unmittelbar nach dem Inkrafttreten des Preußischen Kleinbahngesetzes im Jahre 1893 beschlossen der Landkreis Osthavelland in der Provinz Brandenburg und die Gemeinden Nauen und Ketzin sowie die Zuckerfabrik Nauen, das Kreisgebiet mit Eisenbahnstrecken in der Fläche zu erschließen.

Als erste Strecke wurde die 16 Kilometer lange Kleinbahn Nauen–Ketzin am 4. Oktober 1893 für den Güterverkehr und am 13. Dezember 1893 für den Personenverkehr eröffnet. Sie begann im Kleinbahnhof der Kreisstadt an der

Berlin–Hamburger Eisenbahn und führte nach Süden bis zur Havel. Dabei kreuzte sie die Berlin-Lehrter Eisenbahn bei Röthehof, von wo seit dem 1. Juli 1896 eine Verbindungsbahn für die Übergabe von Güterwagen zur Station Neugarten bestand. Von der Zwischenstation Bötzow zweigte am 1. Juni 1908 (Personenverkehr ab 1. Mai 1909) noch die „Bötzow-Bahn" zum Spandauer Johannesstift ab. Ab 1. Mai 1912 wurden die Gleise weiter bis zum Kleinbahnhof Spandau West geführt, der direkt neben dem Vorortbahnhof Spandau West lag.

Die Osthavelländische Kreisbahnen AG baute in den Jahren 1903/04 die Kleinbahnstrecke Velten–Bötzow–Nauen und 1908/09 die Strecke Bötzow–Spandau. In den Nachkriegsjahren ging der Verkehr auf der Strecke Bötzow–Spandau immer weiter zurück. 1953 wurde diese Strecke eingestellt, um den Berliner Außenring aufzubauen, der heute in der Nähe Bötzows verläuft. Auf der Strecke Velten–Bötzow–Nauen wurde der Personenverkehr 1963 eingestellt und 1964 auch der Güterverkehr. Lediglich ein acht Kilometer langer Abschnitt auf West-Berliner Gebiet zwischen Bürgerablage und Spandau West blieb bis heute erhalten. Aber eigentlich war alles ganz anders! Bötzow hieß ursprünglich Cotzebant und das heutige Oranienburg Bötzow. Erstmals wurde das Dorf "Cotzebant" 1355 in einer Urkunde erwähnt. Diesen Namen trug der Ort bis zum Jahr 1694. Nachdem Kurfürst Friedrich III das Dorf von Heinrich Wilhelm von der Gröben erworben hatte, taufte er es in Bötzow um.
Von 1650 an war Cotzebant/Bötzow die Hauptpoststation für das Land Glien an der Poststraße Berlin - Hamburg.

Mit dem Einzug der Großindustrie in Hennigsdorf und dem damit verbundenem Bedarf an Arbeitern und deren Unterbringung, wurde 1926 eine Siedlung Neu-Bötzow gegründet. Diese entstand auf den schlechtesten Böden des

1919 aufgelösten Bötzower Gutes. Im Jahr 1936 wurden Bötzow und Neu-Bötzow zu Bötzow zusammengefasst.

Noch vor der Deutschen Einheit und vor dem Bau des Westlichen Berliner Autobahnringes, umfuhren wir, auf dem Weg nach Brieselang, Westberlin und kamen dabei immer, erst auf dem Rücksitz von Vaterns „Sperber" (ein Moped), später im Trabi, durch dieses idyllische Dörfchen.
Den Namen Bötzow trug das heutige Oranienburg bis zu seiner Umbenennung im Jahr 1653. Archäologische Funde zeigen, dass O-burg aus einer slawischen Siedlung entstanden ist, die vermutlich den Namen Bochzowe trug. Die deutsche Besiedlung des heutigen Stadtgebietes erfolgte im Zuge der zweiten Ostexpansion im 12. Jahrhundert unter Beibehaltung des alten slawischen Namens. Im Jahre 1216 wurde Oranienburg als „Bochzowe" erstmals urkundlich erwähnt und erhielt 1232 das Stadtrecht.

Wie auch das damals junge Berlin lebten die Einwohner der Stadt von Fischfang und vom Handel mit landwirtschaftlichen Erzeugnissen. Aus „Bochzowe" entstand 1483 der Amtssitz Bötzow. Mit der Eroberung von Gebieten, die weiter östlich der Stadt lagen, verlor die Burg an Bedeutung, und an ihrer Stelle wurde ein zweistöckiges Jagdschloss errichtet. Im Dreißigjährigen Krieg wurde Bötzow niedergebrannt und geplündert. Im Jahre 1650 schenkte der brandenburgische Kurfürst Friedrich Wilhelm seiner Frau Louise Henriette von Oranien die Domäne Bötzow. Dort wurde 1652 ein Schloss im holländischen Stil errichtet, das den Namen Oranienburg erhielt. Hier richtete Louise Henriette 1663 das erste europäische Porzellankabinett ein. Der Schlossname wurde schließlich auf die Stadt übertragen. Wie Stadt und Dorf Bötzow mit der Brauereifamilie und den Gütern in Berlin zusammen hängen, werde ich noch genauer recherchieren.

*

Der Friedrichshain, der „Mont Klamott" - am 22.3.2009

Ich hatte in der Schule gelernt, dass der Friedrichshain einst zu Kaiser's Zeiten als Pedant zum West-Berliner Tiergarten errichtet worden sei, um im jungen, aufstrebenden Kapitalismus die Arbeitskraft des Arbeiters erhalten und somit besser ausbeuten lassen zu können.
Alles Quatsch! Der Tiergarten lag einst vor den Toren (nämlich dem Brandenburger Tor) Berlins!
Der Friedrichshain ist die erste wirkliche kommunale Parkanlage Berlins, die nach einer Idee von Peter Joseph Lenné 1840 anlässlich des Thronjubiläums Friedrich II., für den dicht besiedelten Berliner Osten als Erholungspark errichtet werden sollte, so ein Beschluss der damaligen Berliner Stadtverordnetenversammlung.

Die Gestaltung des ältesten Teils erfolgte 1846–48 nach Plänen von Johann Heinrich Gustav Meyer (eine Gustav-Meyer-Allee gibt's übrigens im Wedding, ist eine Parallele zur Voltastraße und führt direkt entlang am Volkspark Humboldthain). Nach den blutigen Aufständen der bürgerlichen Revolution 1848 wurde der Friedhof der Märzgefallenen im Park angelegt. Man findet ihn an der Landsberger Allee. Das Krankenhaus im Friedrichshain, heute noch eines der modernsten der Stadt, zu DDR-Zeiten mit einer großen Abteilung für Augenheilkunde, entstand 1868–74 nach Plänen von Martin Gropius und Heino Schmieden. Als Ausgleich für den damit verbundenen Flächenverlust wurde 1874/75 der Park um den Neuen Hain erweitert. Nach zwölfjähriger Bauzeit wurde 1913 nach Entwürfen von Ludwig Hoffmann mit dem Märchen-brunnen eine der schönsten Brunnenanlagen der Stadt fertig gestellt. Die Modelle der Brunnenfiguren, die Szenen aus Märchen der Brüder Grimm zeigen, wurden von Josef Rauch, Ignatius Taschner und Georg Wrba gefertigt.

Heute kennen wir den Park nur als Hügel, dabei war er ursprünglich normales, flaches Land.

Nach einem Angriff von 29 britischen Bombern im August 1940 befahl Hitler persönlich den Bau der Berliner Flaktürme in öffentlichen Parkanlagen, die immer als Paar (auch „Zwillinge" genannt) errichtet wurden und jeweils aus einem ein Leit- und einem Gefechtsturm bestanden.
Vier davon waren waren geplant, nur drei wurden letztendlich gebaut.
1 Paar 1: Tiergarten[9]
2 Paar 2: Volkspark Friedrichshain
3 Paar 3: Volkspark Humboldthain
4 Geplantes Paar 4: Volkspark Hasenheide

Im Oktober 1941 wurde im Volkspark Friedrichshain das Turmpaar II fertiggestellt. Im kleineren Leitturm wurden bedeutende Gemälde und Skulpturen der Berliner Museen eingelagert, von denen vermutlich 434 im Mai 1945 unter ungeklärten Umständen verbrannten
Die Flaktürme dienten mit ihren dicken Betonwänden nebenbei, wirklich nebenbei (!) auch der Berliner Bevölkerung als Schutzräume bei den immer häufiger werdenden Luftangriffen der Alliierten. Im sogenannten „Endkampf um Berlin" Ende April 1945 hatten die sowjetischen Streitkräfte wirklich Schwierigkeiten, gerade an diesen Flaktürmen vorbei in Richtung Innenstadt zu kommen, da sich in ihnen aufgeputschte, fanatische Truppenteile von SS, SA, HJ und Resten der Wehrmacht befanden. Die kommandierenden sowjetischen Generäle lösten das Problem, indem sie die Türme erst einmal gewissermaßen links liegen ließen und auf anderen Wegen ins Berliner Regierungsviertel vordrangen.

---

9   ... Tiergarten ist falsch, er war für Spandau geplant, wurde aber statt dessen „etwas" weiter nordwestlich, in Hamburg gebaut. Der NDR sendete ab 1952 von hier aus Fernsehen.

Die Flaktürme im Friedrichshain wurden dann im Mai 1946 von der Roten Armee gesprengt, was allerdings nur teilweise gelang. Auch die Flaktürme im Humboldthain waren schwer zu knacken. In diesem Falle verzichtete man dann aber bei dem Turm, der zur Hochstraße hin gelegen ist, auf die vollständige Sprengung, weil man damit die Gleise der Berliner S-Bahn und die Zufahrt zum Nordbahnhof vollständig verschüttet hätte.

Anschließend wurden in beiden Fällen die durch die Sprengung beschädigten Bunker 1946–50 mit Bauschutt der Ruinenstadt Berlin verfüllt und mit Erde überdeckt. Auf diese Weise entledigte man sich auf recht elegantem Wege des Schutts, der nicht mehr durch die Trümmerfrauen verarbeitet werden konnte.

Die so entstandenen Hügel im Friedrichshain, der Große und der Kleine Bunkerberg, prägen heute als Trümmerberge die Parklandschaft am Friedrichshain. Die Parkerneuerung geschah nach einem Entwurf von Reinhold Lingner. Auf der Kuppe des Großen Bunkerbergs entstand auf heute noch sichtbaren Teilen des Gefechtsturms eine Aussichtsplattform, die allerdings durch die inzwischen gewachsenen umliegenden Bäume im Sommer fast keine Aussicht mehr ermöglicht.

Reine Trümmerberge sind dagegen die beiden Hügel des Volksparks Prenzlauer Berg, an der Hohenschönhauser Straße. Sie entstanden erst ab 1963 und wurden 1971 endgültig fertig gestellt.[10]

Der Bau der Flaktürme 1941 sowie die folgenden Luftangriffe vernichteten den alten Baumbestand fast vollständig. Im Neuen Hain gibt es einen alten Eichenbestand, einzelne Bäume sind als Naturdenkmal ausgewiesen.

---

10 ... auch nicht ganz richtig. Trümmer wurden hier bis 1982
   abgeladen

1950 wurde die Freilichtbühne im südlichen Bereich des Parks errichtet. Hier finden heute im Sommer oft Kinovorführungen statt.

Von 1949–1951 baute man in Vorbereitung der „III. Weltfestspiele der Jugend und Studenten" an der Stelle eines früher vorhandenen Sportplatzes im Neuen Hain das Schwimmstadion im Friedrichshain, das 1952 in Karl-Friedrich-Friesen-Stadion benannt wurde. Es war eine reine Freiluftanlage mit zwei Becken: einem 5 Meter tiefen Becken für die Sprungtürme und einem 50 Meter langen Schwimmbecken mit 8 Wettkampfbahnen. An den Längsseiten wurden unter Zuhilfenahme von Kriegstrümmern Zuschauertribünen für 8000 Besucher eingebaut. Um 1963 wurde das Schwimmbecken mit einer zusammenschiebbaren fahrbaren Überdachung für den Winterbetrieb versehen, die jedoch unsachgemäß ausgeführt wurde und zu niedrig lag. Im Stadion fanden Schulschwimmveranstaltungen, Training und Wettbewerbe statt, es diente aber auch anderen Massenveranstaltungen, wie beispielsweise einen Auftritt von Hauff und Henkler 1973 anlässlich der „X. Weltfestspiele der Jugend und Studenten". Sowohl der unsanierte Zustand der Wasserbecken als auch die ungepflegten Zuschauertribünen führten ab 1999 zum Abriss der gesamten Anlage. Dadurch wurde im Rahmen der Neugestaltung des Parks 1995–2004 die Wiederherstellung des Neuen Hains möglich. Im Jahr 2000 wurde auch das verschollene Denkmal Friedrich II., nach dem man den Park benannt hatte, wieder aufgestellt. Die wieder aufgefundene Büste Friedrichs nach einem Modell von Christian Daniel Rauch war zuvor rekonstruiert worden.

Die „Gedenkstätte der 3000 Interbrigadisten" im Spanischen Bürgerkrieg, die sich an der Friedenstraße befindet, entstand 1968. Die 6 m hohe Bronzefigur eines Spanienkämpfers schuf Fritz Cremer, die Reliefs S. Krepp. 1969–73 wurde der Park umgestaltet und Pavillons sowie Sport- und Spielplätze gebaut. 1972 wurde das Denkmal des gemeinsamen Kampfes polnischer Soldaten und deutscher Antifaschisten geschaffen. 1981 entstand das Sport- und Erholungszentrum (SEZ). 1989 wurde eine Friedensglocke der japanischen Organisation World Peace Bell Association eingeweiht.

Die brache Wiese an der Margarete-Sommer-Straße, auf der sich heute nur eine Tankstelle befindet, gehört eigentlich mit zum Park.[11] In den 60er Jahren war hier ursprünglich die Errichtung des Berliner Fernsehturms geplant. Als der dann am Alex erbaut wurde, hielt man das Gelände für den Bau eines Hauses für die „Jungen Pioniere", einen sogenannten „Pionierpalast", vor.

Legendär sind die Pressefeste des „Neuen Deutschland", die immer zu Pfingsten im gesamten Volkspark Friedrichshain statt fanden. Das „N.D." war in der DDR eines der wichtigsten Propagandawerkzeuge der SED und für jeden Genossen eigentlich Pflichtlektüre. Die Konzentration auf die Partei- und Staatsführung der DDR ging so weit, dass in einer Ausgabe vom 16. März 1987 anlässlich der Eröffnung der Leipziger Messe 41 Fotos von Erich Honecker, dem damaligen Staatsratsvorsitzenden und Generalsekretär des ZK der SED, zu sehen waren. Im Gegensatz zu den sonstigen DDR-Tageszeitungen verfügte das Neue Deutschland über ein größeres Format und eine überdurchschnittliche Papier- und Druckqualität. Vor der deutschen Wiedervereinigung hatte das ND eine Auflage von einer Million Exemplaren und war damit nach der Jungen Welt die DDR-Tageszeitung mit der zweithöchsten Auflage. Danach sank die Auflage kontinuierlich, heute hat sie eine verkaufte Auflage von 42.418 Exemplaren. Die Mehrzahl der Leser ist bereits über 60 Jahre alt.

---

11 … das ist falsch – siehe oben

Das Pressefest des „N.D." war, im Gegensatz zur Zeitung selbst, bei der Bevölkerung sehr beliebt. Auf unzähligen Bühnen wurde Dixieland, Jazz aber auch Rock und Pop kostenlos angeboten. Im Jahr 1983 beispielsweise erlebte ich so in der ersten Reihe die Gruppen „Karat" und „Mondy". Der Silly-Song „Mont Klamott" dröhnte schon von weitem aus dem Park hinaus und lockte die Menschen, die sich dann bei Bier aus dem Pappbecher und pappiger Bockwurst mit Brot auf den Wiesen und vor den Bühnen umlagerten.

Und noch heute verbindet man mit Friedrichshain automatisch die Band Silly und ihren Hit „Mont Klamott". Hier noch kurz die Chartplatzierungen von Silly in der DDR:
Der letzte Kunde – Platz 18 – 1982
Mont Klamott – Platz 4 – 1983
Die wilde Mathilde - Platz 36 – 1983
Ein Lied für die Menschen - Platz 6 – 1984
So 'ne kleine Frau - Platz 15 – 1985
Bataillon d'Amour – Platz 4 – 1986
So 'ne kleine Frau – Platz 33 – 1986
Schlohweißer Tag – Platz 20 – 1987
Panther im Sprung – Platz 28 – 1987
Verlorene Kinder – Platz 5 – 1989
Über ihr taute das Eis – Platz 24 – 1989
S.O.S. – Platz 13 – 1990
Beleg: Rocklexikon der DDR

Chartplatzierungen in der Bundesrepublik Deutschland – Alben - Paradies - D: 59 – 16. August 1996 – 5 Wo.
Bye Bye... – Best of Silly, Vol. 1 - D: 31 - 1. November 1996 – 10 Wo.
P.S. – Best of Silly, Vol. 2 - D: 49 - 4. April 1997 – 6 Wo.
Ostrock in Klassik (Silly, Puhdys, Karat und andere) - D: 39 - 13. Juli 2007 – 11 Wo.

*

Die Familie Bötzow – am 18./23.2.2010

Ob die Familie Bötzow und das märkische Dorf Bötzow irgendwie zusammenhängen, lässt sich auch trotz intensiver Recherche nicht sagen.
Ich mach es mal konkret: Nichts genaues weiß man nicht!

Ich hatte ja auch mal vor einigen Jahren intensiv danach geforscht, welchen Wahrheitsgehalt die mir von meinem Opa immer wieder erzählte Geschichte, an die sich übrigens auch noch mein Vater und meine Cousine erinnerte, hätte, wonach unsere Familie angeblich direkt vom ersten Wandalenkönig Geiserich abstammte. Mein Opa hatte diese Geschichte schon von seinem Vater erzählt bekommen und der wiederum von seinem usw. usf. Nach Monaten hatte ich es dann. Da die Wandalen durch die Byzantiner vernichtend geschlagen wurden, verstreute sich das Volk in alle Himmelsrichtungen. Hinzu kamen zwei Lautverschiebungen in den germanischen Sprachen einige Jahrhunderte nach dieser Vertreibung. Dann lassen wir noch äußerst unregelmäßige Aufzeichnungen zu, Brände, die mögliche vorhandene Aufzeichnungen vernichteten, des Schreibens unkundige Kirchenmitarbeiter, die Schriftrollen nur abmalten, den Messdiener, der Wein über Pergament verschüttete, die Pest, die alle Arbeiten verhinderte, die nicht unbedingt Lebensnotwendig waren, dann Kriege ... ... und wir kommen auf eine Wahrscheinlichkeit von etwa ... naja ... sagen wir 50 % - Kann also sein, dass ich vom Wandalenkönig Geiserich abstamme, kann aber auch nicht sein.
So ist es auch mit der Familie Bötzow! Unvollständige Aufzeichnungen aus früheren Jahrhunderten, abgebrannte Kirchenarchive, die Umbenennung des Dörfchens Bötzow in Oranienburg und die Namensübertragung „Bötzow" auf die Ansiedlung Cotzebant, Schriftkopierer die eigentlich Analphabeten waren usw. usf.

Nicolas de Botzowe ist der erste Bötzow, der geschichtlich erwähnt wurde. Niedergeschrieben im „Urkundenbuch Berlin", genannt am 2.Juni 1284 und 24.Mai 1288. Wobei mich die Daten, gefunden übrigens dankenswerter Weise im Archiv des Prenzlauer Berg Museums in der Mühlhauser Straße, verwundern, schreiben wir doch die erste urkundliche Erwähnung Berlins dem Jahre 1237 zu (und das weiß ich noch ganz genau, weil ich mich an die 750-Jahr-Feier Berlin 1987 erinnere! Ich war live dabei!). Aber man kann davon ausgehen, das es sich dabei um einen Nicolas aus dem Orte Bötzow handelte und hier noch der Familien- mit dem Ortsnamen gleichgesetzt wurde.

Dann taucht in den Berliner Archiven plötzlich im Jahre 1461 ein Claus Bötzow auf und als nächstes 1556 Martin Bötzow als ein kurfürstlicher Silberdiener. Der Silberdiener war ein sehr vertrauenswürdiger und mit relativ vielen Privilegien ausgestatteter Hofbediener, welcher das Silbergeschirr unter seiner Aufsicht hatte und es durch die Silberwäscher reinigen ließ.

Besagter Martin Bötzow war auch Besitzer des Hauses Klosterstraße 88 und er war der erste, der regelmäßig in Berlin Erwähnung fand. Zu welchem Zweig der Familie er gehörte, ist unklar. Erwähnt wird er nochmals um 1600 mit seinem Sohn Martin I. und Tochter Catharina.

Auch im Jahre 1600 wird Hans Bötzow mit seiner Tochter Anna erwähnt. Er war ein Tagelöhner aus Pankow. Der Begriff „Tagelöhner" kommt daher, dass diese Leute nicht stundenweise, sondern tageweise bezahlt wurden. Sie hatten in der Regel keinen bestimmten Beruf, oder konnten ihn nicht mehr ausüben. Deshalb boten sie ihre Arbeitskraft an. Davon konnte man zwar eher schlecht als recht, dennoch durchaus einen bescheidenen Lebensunterhalt verdienen. Sie standen somit meist weit unten in der gesellschaftlichen Hierarchie.*

Erwähnt werden in diesem Zusammenhang auch noch Joachim Bötzow und dessen Kinder.

Eine belegbare und chronologisch zusammenhängende Stammfolge ergibt sich erst ab dem 18.Jahrhundert. Sie beginnt mit Georg Friedrich Bötzow, der am 22.Mai 1718 Anna Marie Hübner heiratete und von dem nicht viel mehr bekannt ist, als dass er Zeitpächter der Meierei des Dorotheen-Hospitals in der Bernauer Straße war und ihm Gelände nordöstlich der Stadt (Berlin) gehörte, das später in Erbpacht überging. Und diese Erbpächter, denen weite Teile des heutigen Ortsteils Prenzlauer Berg gehörten, gründeten die gleichnamige Brauerei, deren Reste und Ruinen sich heute an der Ecke Straßburger Straße / Prenzlauer Allee, gegenüber der Backfabrik befinden. Am 13. April 1864 eröffnete der 1839 geborene Berliner Großgrundbesitzer Julius Bötzow seine Brauerei in der Alten Schönhauser Straße 23/24. Diese Brauerei galt später als die größte Privatbrauerei Norddeutschlands. Laut der historischen Quellen „... war allerdings die Qualität der Biere umstritten. ...“ Ab 1929 wurde die Marke Bötzow-Privat hergestellt.

Wie ich bei meinen Recherchen entdeckte, gehörte zu diesem ganzen Bötzow-Clan auch der Familien-Zweig Gilka, die unter anderem auch in Berlin eine Schnapsbrennerei hatten und zum Beispiel den „Gilka-Kümmel“ wohl bis nach dem Kriege herstellten. ... Und erst jetzt ging mir auf, warum mein Opa immer einen Kümmelschnaps meinte, wenn er sagte: „Gib mal'n Gilka!“

Auf der offiziellen Homepage von Pankow steht:

„Pressemitteilung - Berlin, den 09.04.2008

Eine Veranstaltung zur Vorstellung der Familiengeschichten der alten bekannten Berliner Familien Gilka, Bötzow und Gilka-Bötzow findet am Samstag, dem 12. April 2008 um 20 Uhr im Museum Prenzlauer Berg, Prenzlauer Allee 227 statt. Erwartet werden ca. 80 Angehörige aus allen drei Familien.

Diese Familiengeschichten wurden auf Veranlassung von Alfred Gilka Bötzow verfasst, einem direkten Nachfahren des Gründers der Gilkaschen Likörfabrik in der Schützenstr. 9 im Jahre 1836 (heute Teil des sog. Rossi-Viertels in Mitte). Diese Firma wurde weltbekannt durch ihren Gilka-Kümmel, existierte bis zur Enteignung 1954 in der Schützenstrasse und dann in Hamburg. 1972 wurde sie an Underberg verkauft."

Nachsatz: Auch heute noch gibt es Tagelöhner in Berlin. Als einzige seriöse Stelle gilt die Vermittlung in der Beusselstraße 44 N - Q. Sie ist Montags bis Freitags 3.30 Uhr bis 11.30 Uhr und Sonnabends von 5.30 bis 8.30 Uhr geöffnet. Telefon 5555 84 11 01.

*

Zwischen Gleimstraße und Arnimkiez – Februar 2012
am 21./23.1.2012

Kommerz geht vor Historie! äumliche Geschichtsfälschung im Arnimkiez!

Kommt man aus Richtung Wedding über die Bornholmer Straße, fährt man über die „Böse-Brücke". Am 5. Juli 1948 wurde sie nach dem 1944 hingerichteten Widerstands-kämpfer Wilhelm Böse benannt. Sie ist die erste genietete Stahlbrücke Berlins, steht unter Denkmalschutz und trug von 1916 bis 1948 den Namen Hindenburgbrücke. Die Brücke aus Nickelstahl wurde am 11. September 1916 feierlich eingeweiht. Der S-Bahnhof war ab dem 13.August 1961 ein sogenannter „Geisterbahnhof" und wurde erst am 22.Dezember 1990 zum Teil wiedereröffnet. Vom alten Haupteingang des S-Bahnhofs aus rechts, dort wo sich einst an der Brückenabfahrt die Grenzabfertigungsanlagen befanden, steht bereits seit November 2010 ein neuer Supermarkt mit großem Kundenparkplatz genau an der Stelle, an der sich einst die PKW-Abfertigung der DDR-Grenzer befand.

Der auf dieser Seite 1990 errichtete Stein, der an den Mauerfall genau an dieser Stelle am 9.November 1989 erinnerte, hat die Straßenseite gewechselt. Am 9. November 2010 wurde an der östlichen Seite der Bösebrücke nördlich der Bornholmer Straße der „Platz des 9. November 1989" eingeweiht, auf dem eine Bildergalerie mit Fotos der Maueröffnung zu sehen ist, mit der an die Geschichte des Grenzübergangs auf der Bösebrücke erinnert wird und halt auch mit dem dort hin versetzten Gedenkstein.

Eigentlich ist die Umsetzung dieses Steins und die Errichtung dieses Platzes eine räumliche Geschichtsfälschung. Genauso gut könnte man dann auch Mauergedenkstätten am Bahnhof Zoo, auf der Münchener Festwies'n, vor dem Dresdner Zwinger oder im amerikanischen Disneyland errichten! Wieder einmal geht so Kommerz vor Geschichte und einkaufen, teuer wohnen und gut parken können geht vor Kultur, … wie man ja jetzt auch bei der Schließung des Kulturareals im Thälmannpark sieht.

Kultur ganz anderer Art, eher Kulturen, befinden sich ganz in der Nähe der Bornholmer Straße, an der Esplanade, genauer in der Stavanger Straße, „unser" „Diplomatenviertel". Der ganze Block zwischen Bornholmer Str. und Esplanade ist so ganz anders Prenzlauer Berg, wie auch das Viertel rund um die Syringenplatz oder der „Volkspark Prenzlauer Berg" an der Hohenschönhauser Straße.

In der Stavanger Str. 20 ist die Botschaft der Republik Kuba. Das Land hat noch immer unter Sanktionen Seitens der USA zu leiden und galt unter Präsident G.W. Bush als „Schurkenstaat". Auch heute noch dürfen gewisse Güter durch die westlichen Staaten nicht nach Kuba exportiert werden, sonst werden diese Staaten ihrerseits sanktioniert. Im Kommunismus ging Kuba seinen eigenen, etwas lockereren Weg. Die Staatsführung besteht aus dem Castro-Clan. Trotz großer Armut des Landes, sind gewisse Erfolge Kubas nicht von der Hand zu weisen. Niemand hungert, es gibt keine Analphabeten und die Gesundheitsversorgung ist für alle kostenlos. Das Land ist im Vergleich zu anderen lateinamerikanischen Ländern mit Computern relativ gut ausgestattet. Allerdings wird statt „Windows" überwiegend die Freeware „Linux" auf Kuba eingesetzt. Die deutsche Botschaft von Kuba ist derzeit im Internet nicht erreichbar. Wer mag, kann „Kuba" in der besten aller Wirtschafts-simulationen, im PC-Game „Tropico", gewissermaßen nachspielen.

Die Botschaft des Staates Eritrea ist in der Stavanger Str. 18 untergebracht. Auf der Webseite begrüßt der Botschafter alle Internetnutzer mit den Worten: „Liebe Besucher, willkommen auf der Website der Botschaft des Staates Eritrea. Auf diesem Wege haben Sie die Möglichkeit Informationen über Eritrea, den jüngsten Staat des afrikanischen Kontinents, zu erhalten - einem Staat, der sich nach 30 Jahren Befreiungskampf seinen rechtmäßigen Platz im Kreise der Weltgemeinschaft hart erarbeitet hat. ..."
Eritrea war lange Zeit Teil einer italienischen Kolonie und später eine „Provinz Äthiopiens".

In der Ibsenstraße 14 ist die Botschaft von „Bosnien und Herzegowina".Die unabhängige Republik ging 1992 aus der jugoslawischen Teilrepublik Bosnien und Herzegowina hervor und hat wie diese fast dieselben Grenzen, die das österreichisch-ungarische Okkupationsgebiet Bosnien und Herzegowina 1878 auf dem Berliner Kongress erhielt. Bosnien und Herzegowina besteht seit dem Abkommen von Dayton aus zwei weitgehend autonomen Gliedstaaten (Entitäten), der Föderation Bosnien und Herzegowina und der Republika Srpska, sowie dem Sonderverwaltungsgebiet Brčko-Distrikt. Eine Besonderheit ist sicher die Währung. Die Konvertible Mark (Abkürzung KM, im internationalen Zahlungsverkehr Abkürzung BAM nach ISO 4217) ist seit 22. Juni 1998 in ganz Bosnien und Herzegowina gültiges Zahlungsmittel. Die KM steht im festen Verhältnis

1,95583:1 zum Euro, an den sie gebunden ist, und entspricht somit dem Wert der früheren D-Mark. Es gilt als gesetzeswidrig, mit einer anderen Währung im Gesamtstaat zu bezahlen. Laut Gesetz müssen alle Rechnungen im Inland mit der Konvertiblen Mark ausgewiesen werden. Dennoch gibt es vereinzelt Geschäfte, die den Euro annehmen, und auch die kroatische Kuna. Allerdings bemüht man sich, diesen Vorgang zu unterbinden.

In der Stavanger Str. 17 ist die Botschaft der Republik Ghana, früher „Goldküste" in Westafrika, der an die Elfenbeinküste, Burkina Faso, Togo sowie im Süden an den Golf von Guinea (Atlantischer Ozean) grenzt. Ghana ist fast so groß wie Großbritannien, mit dessen Geschichte es durch die Kolonialzeit eng verbunden ist.

Die Botschaft der Republik Kap Verde ist in der Stavanger Str. 16. Kap Verde ist ein afrikanischer Inselstaat, bestehend aus den Kapverdischen Inseln mit neun bewohnten Eilanden im Zentralatlantik, 460 Kilometer vor der Westküste Afrikas. Der Archipel hat eine Landfläche von 4033 km² und etwa 516.000 Einwohner. Die Hauptstadt der kleinen Inselrepublik ist Praia.

Die Republik Moldau sitzt mit ihrer Botschaft in der Gotlandstr. 16. Moldawien oder Moldau (offiziell auf Rumänisch Republica Moldova, deutsch Republik Moldau, vereinzelt auch Moldova) ist ein Staat in Südosteuropa. Er grenzt im Westen an Rumänien, im Norden, Osten und Süden wird die Republik Moldau von der Ukraine umschlossen.

Historisch gehörte das Territorium zum Einflussbereich des Osmanischen Reiches sowie des Russischen Kaiserreichs. Als eigenständiger Staat existiert die Republik Moldau erst seit 1991, als die ehemalige Sowjetrepublik sich während der Auflösung der Sowjetunion für unabhängig erklärte.

Das Land hat nur etwa so viele Einwohner, wie Berlin, ca. 3,5 Millionen.

*

Zwischen Gleimstraße und Arnimkiez – Februar 2012
am 20./21.2.2012

Ich möchte mal noch einen kleinen Nachschlag zum „Diplomatenviertel" aus meinem Artikel im letzten Monat geben. Hatte ja, um Ihnen diesen Block einfach einmal zu zeigen, einen kleinen Kiezspaziergang angekündigt und wollte davor dann nochmals im Internet ein paar Informationen zu diesem Areal nachreichen. Aber kurioser Weise landete ich bei meinen Recherchen letztendlich immer nur bei Artikeln von mir selbst. Dennoch ein paar Informationen dazu nachträglich. Der Name „Diplomatenviertel" ist eine reine Erfindung ... von mir. Intern sprach man früher bei den Anwohnern der Gegend immer von „den Botschaften An der Esplanade". Das Viertel wurde so ab ca. 1972 bebaut, davor gab es dort, meines Wissens nach, nur Kleingärten, deren Reste sich an der Ibsenstraße/Björnsonstraße mit der „Kleingartenkolonie Bornholm 1 + 2" befinden. Die Gebäude der Botschaften wurden in normierter Plattenbauweise errichtet.
Die Esplanade stellte bis zur Gründung von „Groß-Berlin" die Berliner Stadtgrenze dar.

>> ... Das „Gesetz über die Bildung einer neuen Stadtgemeinde Berlin" wird in der Kurzform „Groß-Berlin-Gesetz" genannt. Es wurde am 27. April 1920 vom Preußischen Landtag beschlossen und trat am 1. Oktober 1920 in Kraft. ... Im Laufe der Jahrzehnte verschwand der Begriff „Groß-Berlin" immer mehr aus dem Sprachgebrauch, war aber in der Verwaltung weiterhin präsent. So wurde er auch in das Grundgesetz für die Bundesrepublik Deutschland vom 23. Mai 1949 auf-genommen, wo er bis zur Wiedervereinigung und der damit verbundenen Aufhebung des damaligen Artikels 23 im Jahr 1990 stand, und sich zwar de facto auf die ganze Stadt, aber praktisch nur auf Berlin (West) bezog. Auch nannte sich die

Stadtverwaltung in Ost-Berlin bis 1977 noch „Magistrat von Groß-Berlin"... << ... so Wikipedia.

Also mir ist die Bezeichnung „der Magistrat von Groß-Berlin", von amtlichen Schreiben her, auch noch aus den späten achtziger Jahren geläufig.

Bleiben wir doch noch ein wenig in den 70ern. Die Verkehrsströme der damaligen Zeit waren ganz andere, als heute. Die Friedrichstraße in Berlin-Mitte war fast schon Stadtrand. Die Schivelbeiner Str., die in jener Zeit Willi-Bredel-Straße hieß, endete genauso im „Nirvana", wie die Gleimstraße. Die letzte Verbindung zwischen den Vierteln am Falkplatz und am Arnimplatz war die Fußgängerbrücke an der Sonnenburger Straße. Die Behmstraße war für Normalbürger schon nur noch mit einem Passierschein zu betreten, wenn man dort nicht gerade seinen festen, im Personalausweis eingetragenen Wohnsitz hatte.

Selbst die riesige, breite Leipziger Straße in Berlin-Mitte endete quasi im Nichts ... an der Mauer. Bis etwa 1971 herum hatte es dort auch noch Straßenbahn gegeben. Die Linie 64 aus Hohenschönhausen kommend endete in der Nähe des Leipziger Platzes, aber mit der neuen Bebauung fiel dieses Verkehrsmittel weg. Alles drängte sich in die damalige U-Bahnlinie AII (heute U2). Berlin-Mitte war damals vor allem Arbeitsstätte für die tausenden Angestellten der DDR-Ministerien. Ein- oder zweimal pro Jahr, wenn überhaupt, besuchte man als normaler Berliner die Gegend um den Spittelmarkt. Dort gab es u.a. ein riesiges Jugendmode-Kaufhaus, in dem Heerscharen von Jugendweihlingen ausgestattet wurden. Daneben gab es den landesgrößten Hochzeitsausstatter, der immer auch besondere Ware für diese besonderen Anlässe zugeteilt bekam. Ihm verdanke ich ein Jahr vor meiner Jugendweihe meinen ersten Kassettenrecorder, Typ „Sonett"[12]. Es gab an den Spittelkolonaden das Kulturzentrum der Tschechoslowakei und es gab je einen Zweigeschossigen

---

12 ... dank Beziehungen meines Vaters

Bau für „Exquisit-" und für „Delikat-Erzeugnisse". Im „Exquisit" kaufte man, also vor allem Frau, bessere Mode zu horrenden Preisen.

„Delikat" war der Zweig für Lebensmittel aller Art, die nicht staatlich gestützt wurden. Dort bekam man zum Beispiel richtig original schottischen Whiskey für 180 Mark die Flasche oder den in der DDR selbst gebrannten „Falkner"-Whisky für „nur" 37,50 M.

Ich rede bei „Exquisit" und „Delikat" von Bezahlung in „Mark der DDR". Für D-Mark konnte man nur im „Intershop" einkaufen. Ab den frühen 80er Jahren wurde angestrebt, dass DDR-Bürger, die von ihren West-Verwandten D-Mark geschenkt bekommen hatten, dass diese D-Mark dann vorher auf der Bank in sogenannte „Forum-Schecks" umgetauschten sollten, da man als DDR-Bürger offiziell keine „Devisen" besitzen durfte. Mit diesen „Forum-Schecks" durfte man dann aber in den „Intershops" einkaufen. Aber ich kenne nur wenige, die sich an diese Umtauschvorschrift auch hielten..

Die „Delikat-Erzeugnisse" gab es in beschränktem Umfang auch in den „Kaufhallen", so hießen die Supermärkte damals.

Ich komme ja nun aus diesem Einzelhandel. Im Eingangsbereich dieser Märkte, dort wo die Einkaufswagen stehen und wo es heute bei Kaiser's und Edeka die Backshops gibt, war damals der, intern nur „Tabakstand" genannte Verkauf. Also in jeder dieser „Kaufhallen" gab es diese extra abgeschlossene Bude, meist mit kleinem, eigenem angeschlossenen Lager direkt dahinter. Dort wurde der Kunde durch die Verkäuferin bedient![13] Das war dann meist die „Erste Kassiererin". Der Posten an diesem Stand war bei den Mitarbeiterinnen immer sehr beliebt, weil man da „sein Ding" machen konnte und ansonsten halt in Ruhe gelassen wurde.

---

13 … bezahlt werden musste dort auch sofort …

Neben allen Tabakwaren wurde dort vor allem Kaffee verkauft, das Viertelpfund, also 125 Gramm kosteten, je nach Sorte, zwischen 8,75 (Marke „Mocca-Fix") und 10,00 Mark (Marke „Rondo-Melange ganze Bohne"). Zusätzlich gab es dort auch einige der oben hin erwähnten „Delikat-Erzeugnisse", meist Spirituosen. Und immer genau einen Tag vor Heiligabend, am 23.Dezember, gab es so quasi als Überraschung, auch für uns Mitarbeiter, eine Lieferzuteilung von West-Schokoladenweihnachtsmännern (meist die Firma „Brandt"), die zu horrenden Preisen, die vorher die staatliche Plankomission DDR-weit festgelegt hatte, über diesen Tabakstand verkauft wurden.[14]

Wie ich oben hin erwähnte, waren alle Kieze in Mauerreichweite schon Stadtrand. Der Unterschied damals hätte kaum größer sein können. In der Schönhauser Allee wuselte der Verkehr auf Straße, S- und Hochbahn, bog man in die Schivelbeiner Straße oder die Gleimstraße ein, bekam man von den Verkehrswogen vielleicht noch was bis zur Rhinower Straße oder bis zur Seelower Str. mit, danach herrschte dann Ruhe. Dieser Trubel in der Schönhauser herrschte aber auch nur in der Woche. Spätestens wenn am Samstag um 11.30 Uhr die Geschäfte schlossen und die Kinder aus der Schule kamen (tja, liebe Kids, wir hatten noch Samstags Unterricht!) erstarb das Leben, ganz besonders im Sommer, auch auf den Hauptstraßen und eine große Stille legte sich über die ganze Stadt.

Ich entsinne mich noch, meine Eltern feierten am Dienstag den 4.März[15] ihre Silberhochzeit. Ich hatte aus diesem Grunde zwei Tage Sonderurlaub von meinem Grundwehrdienst in der NVA. Und die West-Berliner Verwandtschaft, die uns sonst immer nur an Samstagen oder Feiertags besuchte, kam nun also auch mal mitten in der

---

14 … auch mit Osterhasen lief das so
15 Gemeint ist das Jahr 1986

Woche. Mit dem Cousin meiner Mutter, nur unwesentlich älter, als ich, machte ich mich dann mal auf, zu 'ner Stunde Tour durch die Stadt. Und der staunte über die Hektik und den Verkehr in der Schönhauser Allee in der Woche, die er so nicht kannte. „Mensch, hier ist je richtig was los! Fast so wie bei uns in der Wilmersdorfer!"

Belassen wir es für heute bei diesen alten DDR-Geschichten, die heute kein Mensch mehr, mich eingeschlossen, hören mag. Bleibt mir nur noch u erwähnen, dass ich in der Willi-Bredel-Straße/Schivelbeiner Str. 43 am 12.März 1985 zur „Einberufungsmusterung" im dortigen „Wehrkreiskommando" war. Was es mit dem sogenannten „M-Befehl", den ich dort im Oktober 1988 überreicht bekam, auf sich hatte, kann ich Ihnen gerne in einem Kiezspaziergang erzählen.

*

Göhrener Ei – am 12.4.2007

Äh? Ostern ist doch vorbei? Machen wir bei unseren Kiezbeschreibungen in diesem Monat einmal halt im „Göhrener Ei", denn so wird unter Einheimischen die verschlungene, an eine Brezel erinnernde Göhrener Str. genannt, die in der Senefelder Str. beginnt, erst parallel zur Danziger Str. läuft, dann diese wunderbare Schlaufe macht und schließlich parallel zur Senefelder Str. in die Raumer Str. zwischen Senefelder und Dunckerstr. mündet. Früher hätte ich gesagt, dass diese Straße auf Satellitenbildern wie ein, sich in das Karree hineinfressendes Krebsgeschwür aussieht. Nun habe ich jedoch zu meinem Glück, vor etwa vier Jahren, die helfende Barmherzigkeit christlicher Nächstenliebe am eigenen Laibe erfahren dürfen, habe daraufhin meinen persönlichen Frieden mit der Kirche gemacht, was mich heute zu der Aussage verleitet, dass die Göhrener Str. aus dem All wie ein halb liegender Engel mit offenen Armen aussieht. Dabei möchte ich auch bleiben.

60

Das Gebiet insgesamt wurde, wie bereits bekannt, um die Jahrhundertwende (1900) herum bebaut[16]. Unter dem Helmholtzplatz liegen nach wie vor die Überreste einer alten Ziegelei aus jenen Tagen. Dominiert wird die Göhrener Str. mit Sicherheit durch den Platz in der besagten Schlaufe. Am hinteren Ende, in der Hausnummer 11, befindet sich die „Superintendentur ... " (was immer das auch sein mag – wohl so etwas sie ein Zentralbüro) „...Berlin Stadt III" oder „...Berlin-Nord", dem die im Bezirk ansässigen evangelischen Kirchengemeinden unterstehen. Natürlich auch im Hause selbst schon die „Elias-Gemeinde" sowie eine Kita des Diakonischen Werks. Gottesdienste werden abgehalten, vor einiger Zeit bestand noch ein eigener Kirchenchor, von dem mir nicht klar ist, ob er noch immer existiert. In Hausnummer 7 dann ein kleiner Verlag, Kneipen (Café's) gibt es hin zur Raumer Str.

Die Möglichkeit der, aus militärischer Sicht, relativ leichten Abriegelung des Göhrener Ei's führte nach dem II.Weltkrieg dazu, dass sich in der Göhrener Str. die Besatzungsmacht einnistete. Das gesamte Göhrener Ei wurde abgesperrt und die sowjetischen Familien hier konzentriert. Das Gemeindehaus der Elias-Gemeinde in der Hausnummer 11 wurde dabei gleichfalls von der Sowjetischen Militäradministration beschlagnahmt. Dort druckte man die „Tägliche Rundschau", die erste Tageszeitung, die nach Kriegsende in Berlin erschien.
Mitten im Bezirk gelegen, ist das „Göhrener Ei" ein vollkommen unspektakuläres Kleinod, das noch auf die Entdeckung durch Touristen und Reisegruppen wartet. Der Sommer steht doch vor der Tür! Schlendern Sie doch mal mit Ihren Gästen hier durch! Es ergeben sich vollkommen neue Einblicke! ... und die evangelische Gemeinde freut sich sicher über Ihren Besuch ...

*

---

16 Falsch! Es wurde zwischen 1871 und 1892 bebaut!

Mit dem 1.September 1939 begann der vom Hitler-Regime angezettelte II.Weltkrieg. Ab dem 12.August 1940 wurden erstmals durch Bomber der Deutschen Wehrmacht die britischen Inseln direkt angegriffen.

Dieser so beginnenden „Luftschlacht um England" war gewissermaßen eine Testphase der „Legion Condor" voraus gegangen. Die „Legion Condor" war eine verdeckt, das heißt ohne deutsche Uniformen oder Hoheitszeichen, operierende Einheit der deutschen Wehrmacht im Spanischen Bürgerkrieg.

Sie wurde 1936 unter strengster Geheimhaltung ins Leben gerufen, griff in alle bedeutenden Schlachten ein und war wichtig für den Sieg der Putschisten unter General Franco über Spaniens demokratisch gewählte Regierung. Ihre Existenz wurde bis 1939 geleugnet. Die Legion Condor errichtete die erste Luftbrücke, führte den ersten massiven Luftkrieg der Geschichte gegen die Zivilbevölkerung eines europäischen Landes und verübte die ersten Verbrechen der Wehrmacht. Bekannt wurde die Legion Condor insbesondere durch die völkerrechtswidrige Bombardierung und Zerstörung Guernicas 1937, das so zu einem weltweiten Symbol für die Gräuel des Krieges wurde.

In England waren die ersten Ziele der deutschen Luftwaffe im Krieg ab 1939 natürlich Flughäfen, militärische Objekte, Hafenanlagen und schließlich Industriegebiete. Sie sollten England so weit schwächen, dass es entweder freiwillig aufgab oder eine deutsche Invasion, eine Anlandung auf den britischen Inseln möglich machte.

Durch die deutsche Wehrmacht wurden dann aber tatsächlich nur einige britische Inseln im Ärmelkanal, wie z.B. Jersey okkupiert.

Großbritannien wehrte sich ziemlich schnell. Bereits am 5.September 39 hatte die britische „Royal Air Force" (RAF) Wilhelmshaven angegriffen.

Berlin wurde durch die RAF vom 25.August 1940 bis zum 30.März 1945 bombardiert. Da hieß der Chef der Deutschen Luftwaffe, Herrmann Göhring, schon lange in der Berliner Bevölkerung nur noch Meier, hatte doch der, wie er auch hieß, „Goldfasan" oder „Lametta-Heini", bei Kriegsbeginn vollmundig erklärt, er wolle Meier heißen, sollte jemals ein alliiertes Flugzeug Berlin erreichen.

Mit dem Eintritt der USA in den Krieg, nach dem Angriff der Japaner auf den US-Stützpunkt Pearl Harbor in Oahu auf Hawaii am 7.Dezember 1941, teilten sich Briten und Amerikaner die Luftangriffe auf Deutschland. Tags über griff die damalige US-Army-Air-Force (USAAF) die Industriegebiete und Verkehrsadern an, Nachts terrorisierte die RAF die Zivilbevölkerung.

In Berlin wurden vom ersten Kriegstage an Bordsteinkanten mit Leuchtfarbe gestrichen, denn eine Straßenbeleuchtung gab es Nachts im Krieg nicht mehr. Auch wurde Nachts Verdunklung angeordnet. Die Menschen mussten Fensterläden schließen und Rollos herunter lassen. Autos, Straßen- und S-Bahnen fuhren mit Tarnscheinwerfern, die nur noch einen kleinen Lichtschlitz nach vorn warfen, Grundwehrdienstleistende der NVA werden diese noch aus eigenem Erleben kennen.

Aber auch in den Bussen und Bahnen selbst war „Verdunklung" angesagt, die Fahrgastkabinen hatten an den Scheiben selbst Rollos und wurden innen nur schummerig beleuchtet. Die S-Bahnen zum Beispiel hörte man eher in die, gleichfalls unbeleuchteten Bahnhöfe, einfahren, bevor man sie sah. Da in dieser permanenten Dunkelheit und bei Gedränge auch oft die Zugtüren kaum von Wagenzwischenräumen zu unterscheiden waren, schweißte man recht bald und nach einigen Unfällen, bei denen Menschen von Bahnsteigkanten auf Gleise und Stromschienen gefallen waren, Metallbügel in Brusthöhe an die Waggonenden.

Das Leben unter diesen permanenten Luftangriffen muss zermürbend für die Zivilbevölkerung gewesen sein. Ständig auf gepackten Koffern sitzen, oder im Luftschutzraum Stunden lang, Tage lang herum sitzen, warten und hoffen, dass man den nächsten Luftangriff auch wieder übersteht.
Ein Soldat hat es da besser, denn er kann bei einem Angriff entweder zurück schießen und sich selbst verteidigen, sich selbst eingraben, weg laufen oder sich selbst die Kugel geben. All diese Möglichkeiten hat ein Zivilist nicht.

Mein Vater, in der Pappelallee 62 aufgewachsen und bei Kriegsende gerade erst vier Jahre alt (und leider schon am 29.Januar 2010 verstorben) erzählte mir immer, wie schlimm gerade die letzten Kriegstage waren. Ständig raus aus dem warmen Bett, rein in den kalten, muffigen Keller des Hauses, warten. Dann war auch plötzlich mal seine Mutter weg, weil sie von irgendwoher was zu essen organisierte und die dann wohl bei einem dieser „Ausflüge" nur um Haaresbreite einem Scharfschützen entging … .
Und dann die letzten Tage, wo sie dann gar nicht mehr aus den Kellern heraus kamen.
Das war dann auch schon eine Zeit, in der viele Leute die Fenster in ihren Wohnungen mit Holz und Pappe vernagelt hatten. Durch die Druckwellen bei den Luftangriffen waren die meisten Fensterscheiben in der Stadt zersprungen. Glas war Mangelware und viele, die dann neue Glasscheiben hätten bekommen können, vernagelten trotzdem lieber ihre Fenster, denn beim nächsten Luftangriff splitterten die Scheiben ohnehin wieder. Hinzu kam die dann noch erhöhte Verletzungsgefahr durch eben jene Glassplitter.
In den letzten Kriegstagen gab es schließlich keinen eindeutigen Frontverlauf in der Stadt mehr. Saßen um zwölf Uhr im Keller des Vorderhauses die Russen und im Dachgeschoss des Seitenflügels noch die Wehrmacht, konnte das eine Stunde später bereits wieder umgekehrt sein.

Hinzu kam, dass die meisten Keller eines Häuserblocks untereinander verbunden waren. Die Häuser trennenden Wände waren überall bereits zu Kriegsbeginn nur lose zugemauert und sollten als Fluchtweg, für die in diesem Schutzraum Sitzenden dienen, sollte deren Haus von Bomben getroffen worden sein. Zum Kriegsende hin waren die meisten dieser Mauerdurchbrüche von der Bevölkerung längst begehbar gemacht.

Mein Vater erzählte mir davon, wie er noch so einiges von diesen letzten Kampfhandlungen mit bekam und wie ständig Soldaten in anderen Uniformen durch die Keller flitzten.

Kurz vor der eigentlichen Kapitulation Berlins am 2.Mai 1945, brach noch eine Gruppe von SS- und Wehrmachtssoldaten aus dem Berliner Kessel in Richtung Norden, genau durch diese Keller in der Pappelallee, aus.[17]

Von den Kampfhandlungen in Berlin zeugen die bis heute sichtbaren Einschusslöcher in den Fassaden der wenigen noch nicht sanierten Häuser, davon auch einige in der Pappelallee und vom dortigen Friedhofspark aus erkennbar.

Auf Humann- und Helmholtzplatz waren im Krieg Löschteiche angelegt worden. In diesen verscharrte man nach den Kämpfen eiligst Soldaten beider Armeen.

Ich habe nicht heraus bekommen, ob diese jemals wirklich exhumiert wurden, aber anzunehmen ist es.[18]

Unser Bild hier zeigt den Helmholtzplatz vermutlich im Frühjahr 1946. Wir können es leider nicht direkt datieren.

---

17 … erst später erfahren: dieser Ausbruchsversuch fand erst nach der Kapitulation Berlin, aber vor der Kapitulation Deutschlands statt, also in der Zeit 3. - 8. Mai 45

18 … die Sowjetarmee entsorgte gleich ihre Toten, die deutschen Opfer wurden später umgebettet und liegen auf dem ehemaligen Friedhof in der Pappelallee, direkt hinter der Mauer an der Pappelallee.

Die gröbsten Kriegsschäden scheinen bereits beseitigt, jedoch sieht man überall noch diese mit Holz und Pappe vernagelten Fenster. Der Platz ist weitest gehend abgeholzt.

Nach der Katastrophe „Krieg" kam es 1945/46 zum „Hungerwinter". Die Männer waren meist noch in Gefangenschaft, die Äcker waren im Frühjahr 1945, aus verständlichen Gründen, nicht oder kaum bestellt worden, Brennmaterialien gab es, wegen der fehlenden BergMÄNNER, auch kaum, dazu kamen die fast komplette Zerstörung der Infrastruktur und der Verkehrswege in Deutschland, Gerangel der Alliierten um Kompetenzen untereinander, zugige, weil meist kaputte Wohnungen und eine besonders harte Kältewelle. Viele, die den Krieg überlebt hatten, erfroren in diesem Winter. In seiner Not, den Menschen irgendwie helfen zu wollen, gab der Berliner Magistrat deshalb die Fällung von Straßenbäumen frei und verteilte die Bäume, auch in Parks und auf Plätzen, an die Hausgemeinschaften, …. also sie wies diesen dann bestimmte Bäume zur Fällung zu. Was zum Beispiel an Bäumen im Tiergarten den Endkampf um Berlin überlebt hatte, wurde dann dort in diesem Winter abgeholzt.

Deshalb ist der Helmholtzplatz auf diesem Foto auch so kahl. Ein nächster Schritt des Berliner Magistrats, um dem Hunger Herr zu werden, war dann, dass alle Plätze beackert werden durften. Und so sehen wir auf diesem Bild hier offenbar ganze Hausgemeinschaften auf dem Helmholtzplatz bei der Gartenarbeit im Frühjahr 1946. Es ging dabei vor allem um den Anbau von Kartoffeln und um Kohl- oder Steckrüben.
Und dann sind mir auch noch die Geschichten meines Vaters und meiner 1982 verstorbenen Großmutter mütterlicherseits in Erinnerung, die mir davon berichteten, wie man nach dem Krieg überall, wo man es konnte, Nahrung herstellte. Kaninchen und vor allem Hühner wurden (nicht Art gerecht)

in kleinen Verschlägen auf Balkonen oder sogar in Küchen gehalten. Und in Blumenkästen und als Zimmerpflanzen gediehen vor allem Tabak und Rüben.

*

Helmholtz – Oktober 2009 – am 21.9.2009

Warum sind wohl Eckkneipen in Hausecken unter gebracht? Der Helmholtzplatz ist rechteckig und bildet den zentralen Platz des Kiezes. Benannt wurde er nach dem Physiker Hermann von Helmholtz. Der Platz ist relativ stark bewachsen, mit mehreren Kinderspielplätzen und einem Kieztreff und liegt etwa drei Meter über dem Niveau der ihn umgebenden Straßen. Das kommt daher, weil unter ihm noch die Reste der einstigen Ziegelei liegen. Diese errichtete man damals, als die Gegend um den Platz erstmals bebaut wurde, als erste, um keine allzu langen Transportwege für die Baumaterialien zu haben. Das ist ja auch heute noch auf Großbaustellen so Usus, dass gewisse Baumaterialien erst vor Ort hergestellt werden, wie zum Beispiel das mischen von Beton. Der Helmholtzplatz vermittelt den Charakter eines kleinen Parks inmitten des dicht besiedelten Altbaugebiets. Trotzdem man Seitens der Politik versuchte, dem entgegen zu steuern, hat sich die Bevölkerungsstruktur der Gegend im letzten Jahrzehnt von Grund auf gewandelt. Wobei der Bereich zwischen Pappelallee und Schönhauser Allee stabiler blieb, als der Großteil des Kiezes.
Ist die Lychener Straße schon seit Jahren eine bekannte Modeadresse, so ist die Raumerstraße berühmt für ihre vielen Gaststätten, Cafés und Kneipen, aber für Touristen noch immer ein Geheimtipp. Eine der ältesten noch bestehenden ist „Speiches Blueskneipe“.
Ich bekam vor einigen Tagen eine Leseranfrage auf den Tisch. Jemand fragte an, ob ich wisse, warum es in Berlin so viele Eckkneipen gibt, dass es dafür sogar ein eigenes Wort, halt das nämliche, gibt. Bei Wikipedia steht unter „Kneipe“:

>Die Kneipe ist eine Gaststätte, die hauptsächlich dem Verzehr von Bier, aber auch anderen alkoholischen und nicht-alkoholischen Getränken dient. Der formalere Begriff für „Kneipe" ist „Schankwirtschaft" im Gegensatz zu „Speisewirtschaft" (Restaurant). Da in Kneipen häufig auch kleine Speisen angeboten werden, ist die Grenze zum Restaurant fließend.<

Die Bezeichnung „Kneipe" wurde um die Mitte des 19. Jahrhunderts aus der Studentensprache in die allgemeine deutsche Umgangssprache übernommen. Mundartlich gibt es in Österreich die Bezeichnung Beisl, in der deutschsprachigen Schweiz Beiz, in Altbayern Boazn und teilweise in Baden-Württemberg Boitz. In der Oberlausitz wird der Begriff Kretscham verwendet.

Schänke weist auf den Ausschank als Hauptmerkmal einer Kneipe hin. Als Bumslokal oder auch Bums(e) (österr.: "Bums'n", auch "Rumms'n") wird eine Kneipe "zweifelhafter Art" mit lauter Tanzmusik bezeichnet, die keine Diskothek ist. In einem Höchstmaß abwertend sind schließlich die Ausdrücke Spelunke bzw. Kaschemme für eine heruntergekommene Kneipe.

Tavernen waren bereits im alten Rom bekannt. Die mittelalterlichen Vorläufer der Kneipe sind die nach Ständen getrennten Patrizierstuben, Zunftstuben und Schänken. Letztere entwickelten sich mit Industrialisierung und Verstädterung im 19. Jahrhundert zu Arbeiterkneipen, die entweder als Stehausschank oder als Eckkneipe mit Sitzgelegenheiten auftraten.

Typisch für Kneipen ist der Ausschank von Fassbier am Tresen, an welchem Gäste häufig auf Barhockern Platz nehmen können. Im Gastraum befinden sich dann weitere Tische und Stühle. Häufig gehören zur Einrichtung einer Kneipe auch Spielgeräte wie Billardtische, Kicker, Dartsbretter, Flipper oder Spielautomaten.

Im Gegensatz zu allen anderen deutschen Städten und Gemeinden gibt es in Berlin keine Sperrstunde. Auch die

Briten (und vor allem die Londoner) beneiden uns darum. In der Urberliner Kneipe zu Zilles Zeiten gab es als Verzehr meist nur Sol-Eier (hart gekochtes, in Salzwasser eingelegtes Ei), saure Jurken (eigentlich Salzgurken, vorwiegend aus dem Spreewald), Schmalzbemmen, Schusterjungs (Roggenbrötchen – im Gegensatz zum Weizenbrötchen das in Berlin traditionell „Schrippe" heißt) oder (Pferde)-Bulette, die im sogenannten „Hungerturm", einer Glasvitrine, die im Gastraum stand, auslagen. Zu DDR-Zeiten wurde allgemein in den Berliner Kneipen Bockwurst oder Bulette mit Kartoffelsalat (nach Berliner Art mit Öl) oder Schrippe serviert.

Aber, warum nun Kneipen so oft in Hausecken untergebracht sind, darauf wusste ich keine Antwort, auch habe ich darüber keine Informationen gefunden! Gut, dachte ich, dann frag doch mal vor Ort nach, bat unseren Fotografen Bernd Kähne, mich zu begleiten und stiefelte los. Das „Houndini", Raumer-/Lychener Straße: „Ja, das wissen wir leider auch nicht. Es ist aber eine gute Gegend hier für uns." Im „Girasol", Senefelder-/Raumerstraße: „Die Lage ist gut. Man kann uns hier von vier Straßen aus sehen. Und dann hat man zwei Frontseiten und somit sehr viele Fenster, an denen die Gäste gern sitzen. Außerdem hab ich vom Tresen aus einen guten Überblick."
Bei „Bresch", Urberliner Institution Greifswalder / Danziger Straße: „Weiß ich nicht. Damit hab ich mich noch nie befasst. Ist aber eine ganz witzige Frage!"

Nun war ich genauso weit, wie vorher. Also versuchte ich mir klar zu machen, wie denn eine Kneipe und auch der Einzelhandel zur damaligen Zeit, so um 1900, funktionierte und da wurde mir einiges klar.
Man müsste die Frage umdrehen!
Warum gab es so wenig Einzelhandelsgeschäfte in Hausecken?

Bei einer Kneipe möchte man, dass da möglichst viele Kunden hinein kommen, im Gegensatz zum damaligen Einzelhandelsladen. Der lief damals vollkommen anders ab. Beide Räume sind viereckig. Bei der Eckkneipe können wir uns den Raum wie ein Viertel eines Kreises vorstellen, mit dem Tresen, von dem man alles mit einer Vierteldrehung im Blick hat, als Radnabe. Je weiter man sich von dieser Radnabe entfernt, um so größer ist die Fläche, in die man Tische, Stühle, Gäste platzieren kann. Wenn man den Bürgersteig mit nutzt, vergrößert sich diese Fläche noch weiter, so dass man immer mehr mögliche Kunden an ihren Tischen bedienen und überschauen kann.

Der Einzelhandel funktionierte damals vollkommen anders, als heute. Es gab keine, hunderte, tausende von Quadratmetern große Einkaufstempel. Es passierte alles in kleinen, heute würden wir sagen „Tante Emma Läden"; wobei man sich in diesen heute auch schon zum Großteil selber bedienen darf. Damals dagegen wurde man bedient. Natürlich hatten die auch Angst vor Kundendiebstählen, also waren an den DREI Wänden Regale angebracht, davor, in ausreichendem Abstand, dass zum einen die Kunden nicht darüber hinweg langen konnten, zum anderen, damit sich die möglicherweise zwei, drei Verkäuferinnen nicht über den Haufen rannten, die Ladentheke.
Nun betrat Frau Müller den Laden.
Die Bedienung: „Bitte, was wünschen sie?"
Frau Müller: „Also ich hätte gern ein Päckchen Persil."
Die Bedienung wackelte darauf zum Regal, erklomm möglicherweise sogar eine Leiter oder einen kleinen Tritt, bottete zurück, zu der Stelle, an der Frau Müller an der Theke stand und stellte das Päckchen auf dem Ladentisch ab.
Frau Müller begutachtete nun das Päckchen Persil.
Frau Müller: „Dann hätte ich gern noch ein halb Pfund Butter".

Also machte sich die Bedienung zum anderen Ende des Ladens auf den Weg, öffnete das Butterfass, nahm einen Bogen Pergamentpapier, dann den großen Holzschaber, spachtelte einen Teil der losen Butter auf das Papier, wog 250 g ab, verpackte es ordentlich und legte es vor Frau Müller auf den Tresen
Frau Müller: „Und dann hätte ich gern noch ein Viertelpfund Hackepeter.“
Die Bedienung bottete nun zur hinteren Tür, die, die den Laden von den Handwerksräumen trennte und blökte nach hinten: „Meister! Kriegen wir heut' noch Hacke?“
Meister, von hinten: „Ja, inner Viertelstunde! Ich bin grade am durchdrehen!“

Als ich mir das Kundengespräch bis dahin ausgemalt hatte, wurde mir an dieser Stelle auf einmal alles klar! Die meisten Einzelhändler brauchten auch noch Gewerberäume in den Seitenflügeln der Häuser, eine Kneipe brauchte die nicht![19] Und solche gleich am Laden anhängenden Seitenflügel hatten Hausecken nicht!

In diesen Gewerberäumen hinter den Läden waren die Bäckereien untergebracht, der Schlächter, kleine Molkereien, die die Milch noch selber entrahmten und Butter allein herstellten. Die Kühltechnik war damals noch nicht so weit fortgeschritten, so dass man alles frisch herstellen musste. Möglicherweise hatte man auf den Innenhöfen in den Hinterhäusern noch Pferdeställe, um sich selber Waren zu holen oder um halbe Schweine, Mehl oder Milch geliefert zu bekommen. Kneipen hatten da kaum Platzbedarf. Die Brauereien lieferten, die Fässer wurden kollernd direkt von der Straße in die Keller hinab gelassen, das wars.
Und das ist auch die Erklärung, die ich an dieser Stelle anbiete.

---

19 Eckkneipen brauchten nur einen Keller für die Bierfässer

Die Einzelhändler brauchten die Gewerberäume in den, den Geschäften anhängenden Seitenflügeln der Häuser und die Kneipen nicht. Wobei natürlich, wegen der Kühlung, alle Lebensmittelhändler auch Waren im Keller direkt unter dem Laden lagerten. Und die ganz billigen Läden gab es dann im Souterrain, halb im Keller, so dass man von der Straße einige Stufen hinab gehen musste.

Solch ein Gewerbe wäre heute den Anwohnern kaum noch zuzumuten, begannen doch die Bäckereien schon mitten in der Nacht mit der Produktion, das Fleischerhandwerk war zum Teil blutig, es roch, stank, muffelte nach frischem Brot, fauligen Kartoffeln, Urin bei der Verarbeitung von Nieren und laut war es immer.

Eine Kneipe brauchte damals nicht unbedingt eine Küche, aber der Einzelhandel brauchte, gerade da, wo es im frische Lebensmittel ging, immer Gewerberäume im Seitenflügel.

Indirekt bestätigte mir das der Chef vom „Yellow Star", der mir erklärte, ursprünglich sei sein Tee-Laden ein Bäcker gewesen der, weil dem Haus ein Seitenflügel fehlte, eine Backstube im Erdgeschoss hinten anbaute.

*

Hollywood am Helmholtzplatz
(Helmholtz – Oktober 2011) am 19./21./23.9.2011

Mein Kumpel Peter erzählte mir Unglaubliches! Angeblich sei einmal die kleine Naugarder Straße, übrigens die einzige Straße in Berlin, die Magnolien (die derzeit gerade noch Früchte tragen), diese „Tulpenbäume", als Straßenbäume hat, ursprünglich mal als Ausfallstraße Richtung Prenzlau gedacht war. Sieht man auch auf Karten, dass die Prenzlauer Promenade eigentlich die direkte Verlängerung der Naugarder Str. ist. Und genau an dieser Ecke Naugarder Str./Rietzestr. habe es dereinst, seit der Stummfilmzeit und wohl bis 1961, ein Kino, unter wechselndem Namen, gegeben. Was in so fern nicht ganz abwegig wäre, als dass in Weißensee, vor dem Boom in Babelsberg, die größten Filmstudios Deutschlands, als direkte Konkurrenz zu Hollywood, lagen, das damals noch ein verschlafenes, unbedeutendes Nest war. Und während man in Weißensee bereits 1906 einen höheren Filmausstoß, als Hollywood hatte, war an Babelsberg, 1911 gegründet, noch gar nicht zu denken.

Überhaupt wurde ja im Prenzlauer Berg eigentlich Filmgeschichte geschrieben.
Max Skladanowsky (* 30. April 1863 in Pankow bei Berlin; † 30. November 1939 in Berlin) war ein Wegbereiter des Films. Mit seinem Bruder Emil Skladanowsky (1866–1945) entwickelte er das Bioscop, mit dem sie am 1. November 1895 erstmals kurze Filmsequenzen vor einem zahlenden Publikum projizierten. Mit dieser Pionierleistung ging Skladanowsky in die Filmgeschichte ein. Die ersten Aufnahmen wurden vom Dach des Hauses Schönhauser Allee, Kastanienallee gedreht. Noch heute ist jener Blickwinkel auf diese quirlige Kreuzung bei Filmemachern, Fotografen und bildenden Künstlern hoch begehrt und diente u.a. für ein gemaltes Cover-Bild von Kosak für die Sampler-LP „zwischen Prenzlauer Berg und Mont Klamott", die anlässlich der 750-Jahr-Feier Berlins im Jahre 1987 veröffentlicht wurde.[20]

Rund um den Helmholtzplatz, so die Berichte meines Vaters, gab es nach dem Krieg wohl mehr als ein Dutzend „Flohkisten", kleine Kinos für's schmale Portemonnaie. In denen gab es kein Popkorn und in den seltensten Fällen Getränke und ans läutende Mobilfunktelefon war damals schon gar nicht zu denken, aber echte Flöhe gab es garantiert. Kinos waren u.a. vorn in der Pappelallee, dort, wo heute dieser Verlag unter gebracht ist, dann Schliemannstr/Raumerstr, da, wo heute ein Edeka ist., in der

---

20 … es gibt dazu noch eine Einlassung ins Straßenpflaster auf
 dem kleinen Platz an der Ecke

Lettestraße, in der Lychener gleich mehrere. Mein Vater erzählte etwas von den „ärmeren Leuten", die wohl vor allem in der Lychener wohnten.

Der Prenzlauer Berg war auch noch nach dem Krieg etwa dreimal dichter besiedelt, als heute, eine Bekannte erzählte mir jüngst etwas von ca. 450.000 Einwohnern im Jahre 1920, nach dem Krieg und bis in die frühen 60er Jahre hinein waren es noch etwa 325.000 Menschen, um 1989 herum etwa 139.000. Familien mit vier bis sechs Kindern teilten sich Stube und Küche. Das Gemeinschaftsklo war eine halbe Treppe tiefer oder sogar auf dem Hof. Um dieser bedrückenden Enge zu entgehen, brachen die Männer nach Feierabend meist in die nächste Kneipe auf, in der es allerdings meist auch kuschelig eng war. Die letzte wirkliche Kneipe im gesamten, mittlerweile auf Schickie-Mickie getrimmten Kiez, ist Speiches-Blues-Kneipe in der Raumerstraße. Speiche ist[21] eine Berliner Musikerlegende, der sich mit dieser Kneipe einfach nur ein zweites Standbein aufgetan hat. Hin und wieder steht er in seinem eigenen Laden aus selbst hinter der Theke.
Rockradio.de sendet von hier aus jeden Dienstag ab 18.00 Uhr live mit mobilem Studio.

Jedenfalls junge Pärchen, wenn sie allein sein wollten, verdrückten sich weit vor und nach dem Krieg in eine dieser kinematographischen Flohkisten, die diesen Namen sicher nicht ganz zu Unrecht trugen. Gab es bis zum Kriegsende noch Goebbelsche Propagandaschinken und leichte Unterhaltung zum Durchhalten für den Endsieg, so gab es dann nach dem Krieg sowjetische Propagandaschinken und russische Heimatfilme, die zwar deren melancholischer Seele entsprachen, die aber kaum deutsches Publikum lockten, wenn Mann nicht gerade mit der neuen Flamme

---

21 … leider 2020 gestorben, die Kneipe wird seitdem von
    Rockradio e. V. betrieben

ungestört sein wollte. Und der Wedding, in dem billige Western und kleine Gangsterfilme lockten, war da ja auch noch in Reichweite.

Und dann darf man nicht die Macht der Filmnachrichten vergessen. Bis Kriegsende mit der „Wochenschau", nach dem Sieg über Hitler, im kalten Krieg mit der „Neuen Deutschen Wochenschau", der „Fox-Tönende-Wochenschau", „Welt im Film" und vielen anderen im Westberliner Teil, in Ostberlin hieß es „Der Augenzeuge". Er erschien mit einer Länge von 15 Minuten vom 19. Februar 1946 bis zum 19. Dezember 1980 (Ausgabe 52/1980). Vor dem eigentlichen Hauptfilm lief die Wochenschau, danach, im Westberliner Kino Cartoons und Werbung … und in Ostberlin …. also an kommerzielle Werbung für irgendwas im Kino kann ich mich beim besten Willen nicht mehr erinnern. …

Im Fernsehprogramm der ARD gibt es noch heute den „Wochenspiegel".[22]

Diese Wochenschauen im Kino waren also bis weit in die Fernsehzeit hinein die oftmals einzige Möglichkeit für die Menschen, Nachrichten mit bewegten Bildern zu sehen.

Das ist nicht ganz ungefährlich! Mit unterlegter Musik, der Bildabfolge, der Schnittgeschwindigkeit, den Kamera-positionen, mit der Art der Bilder, aber natürlich auch mit den unterlegten Kommentaren oder mit „Umfragen" kann man natürlich ganz hervorragend und glaubhafter manipulieren, als beispielsweise im Hörfunk. Die letzten Ausgaben der „Deutschen Wochenschau" kurz vor Kriegsende kann man sich bei den entsprechenden Anbietern im Internet ansehen. Das ist gruselig! Da sieht man nur fröhliche Soldaten, lachende Menschen, glückliche Kinder, siegreiche deutsche Helden, brennende sowjetische Panzer … … …

Und natürlich war es im Kino auch warm, gerade im Hungerwinter 45/46, als so viele froren.

---

22 Im Jahr 2014 von der ARD eingestellt

Von der einstigen Kinovielfalt ist nicht viel geblieben. Selbst das „Blow up" in der Immanuelkirchstraße ist ja vor einigen Monaten geschlossen worden. Kino gibt's im Prenzlauer Berg nur noch in der Kulturbrauerei, im Colosseum, Am Friedrichshain und im „Filmcenter" in der Schliemannstraße, gegenüber vom „Intersoup". Ist also doch noch was vom Kino im Kiez übrig geblieben.

Kino …. also kleinere Filmveranstaltungen … gab es, so ich mich recht entsinne, bis vor einigen Jahren auch gelegentlich in der „Seniorenbegegnungsstätte Herbstlaube". Mittlerweile ist die Herbstlaube insgesamt mal wieder an einer Insolvenz vorbei geschrammt.
Für mich nicht weiter verwunderlich, denn trotz allen Engagements durch deren Leiterin, Frau Ehrlich, hing diese Einrichtung, wie so viele andere, mit am staatlichen Tropf.
Auch nutzte man nicht die Möglichkeiten, die die dort vom Jobcenter hin geschickten MAE-Kräfte (Ein-Euro-Jobber) boten. Hätte man diese nämlich etwas besser behandelt, wären mit Sicherheit einige von ihnen nach ihrem Pflichteinsatz dort, dem Verein auch ehrenamtlich verbunden geblieben. Mich zum Beispiel musste im Jahr 2007 meine Psychologin als MAE-Kraft, „außer Gefecht setzen", weil ich mir in dem „Betriebsklima"der Herbstlaube nach nur sechs Wochen Arbeit einen „Waschzwang" eingehandelt hatte, der genau in dem Moment verschwand, als sicher war, dass ich dort nie wieder mehr hin muss! Dennoch ist das Engagement der Mitglieder des Vereins zu bewundern und auch der Erhalt des kleinen Museums über das Berliner Leben zur Zeit der Bebauung, fast direkt über der Begegnungsstätte. Allerdings musste man die kleine Galerie schließen.

Was den Helmholtzkiez für viele Zugezogene wahrscheinlich etwas abstoßend macht, ist die auf dem Platz noch immer vorhandene „Trinker- und Obdachlosenszene".

Dadurch ist die Gegend noch nicht ganz so stromlinienförmig und glatt gebügelt, was mir das Leben dort wieder sehr sympathisch macht.

Und ein letztes mal möchte ich Sie heute mit dem Medium Film in diesem Kiez konfrontieren. Mein absoluter Lieblings-Berlin-Film „Sommer vor'm Balkon" wurde überwiegend im Eckhaus Dunckerstraße / Raumerstraße, dort in der obersten Wohnung und auf deren Balkon und auch in der Apotheke gleich gegenüber gedreht. Wolfgang Kohlhaase (Buch) und Andreas Dresen (Regie), setzten in diesem Film aus dem Jahre 2005 mit sehr schmalen Mitteln die immer wiederkehrenden Ereignisse im ganz normalen Leben junger Berlinerinnen als exzellente Milieustudie um.

*

Helmholtzkiez – November 2010 - am 18.10.2010

Eines der Vermächtnisse meines, erst am 29.Januar diesen Jahres verstorbenen Vaters, ist ein Buch Namens
„Die Bau- und Denkmale in der DDR – Hauptstadt Berlin – Teil I" im Henschelverlag 1984 erschienen. Das Buch ist schon etwas abgeranzt, hat z.T. vergilbte Seiten und einen zerfledderten Schutzumschlag, aber ich möchte es dennoch als eine künftige und für diese Ausgabe der Prenzelberger Ansichten wichtigste Quelle mit angeben, denn für die Vorbereitung meiner ersten Stadtführung habe ich gerade in diesem „Schinken" genau die Informationen gefunden, die ich suchte..

Der 1858 / 62 von James Hobrecht im Auftrage des Berliner Polizeipräsidenten aufgestellte Bebauungsplan legte nach seiner Genehmigung durch den preußischen König die Entwicklung der zu diesem Zeitpunkt bereits mit ca. 600.000 Einwohnern dicht bevölkerten Stadt Berlin für die Zukunft fest.

Hobrechts Plan lehnte sich, Lennès Ideen verwendend, auf königlichen Wunsch an die Pariser Stadterweiterung unter Napoleon III durch Haußmann an.

Die geltende Baupolizeiordnung von 1853 gestattete für die Berlin Innenhöfe eine Mindestgröße von nur 5,5 m x 5,5 m im Quadrat, die zum Umdrehen einer Feuerspritze erforderlich war, und erlaubte eine Umbauung dieser winzigen Höfe bis zur Höhe des Vorderhauses, d.h. in der Regel bis zu fünf Geschossen. Mietskasernen von etwa 20 m Breite und etwa 60 m Tiefe konnten somit etwa 300 bis 400 Menschen beherbergen. Diese Bauordnung galt bis 1887! Bereits 1865 betrug die Einwohnerzahl Berlins bereits 650.000, um 1890 lag sie bei etwa 1,5 Millionen.

Der Schulbau direkt an der S-Bahn in der Dunckerstr.64 entstand 1913/14 nach Entwürfen von Ludwig Hoffmann und war ursprünglich eine Gemeinde-Doppelschule mit Schulzahnklinik. Das Gebäude Dunckerstr. 65/66 auf der anderen Seite der Ringbahn entstand gleichfalls nach den Entwürfen von Ludwig Hoffmann, aber in den Jahren 1899 / 1900. Es handelte sich dabei um eine Gemeindeschule für Knaben und eine „Vorlesehalle“, die jährlich von bis zu 121 000 Personen besucht wurde, die hier „ihre Bildung zu vervollständigen strebte“.

Auch die Schule in der Greifenhagener Straße 58/59 entstand als Gemeinde-Doppelschule wiederum nach Plänen von Ludwig Hoffmann und zwar im Jahr 1904
Die Fußgängerbrücke in der Greifenhagener Straße, die über die Ringbahn führt, wurde 1909/11 nach Entwürfen von Fritz Hedde und Arno Körnig gebaut. Der Fachwerkträger hat eine Stützweite von 45 m, die Kunstschmiedearbeiten am Geländer sind von E. Puls.

Das Gemeindehaus im „Göhrener Ei“ entstand 1927 nach Plänen von Otto Werner-Steglitz.

Beim Schulgebäude in der Lychener Straße 97/98 begegnet uns, was für ein Wunder, als Architekt schon wieder Ludwig Hoffmann. Die Schule wurde 1905 als Gemeindedoppelschule errichtet. Von den drei Flügeln blieb nach dem II.Weltkrieg nur der Nordflügel erhalten.

Der Friedhof in der Pappelallee 17 / Lychener Straße wurde 1846 für die Freireligiöse Gemeinde angelegt und 1970 geschlossen. Heute ist er als „Friedhofspark" am Tage geöffnet.

Die Berufsschule Pappelallee 30/31 ist erstaunlicher Weise noch immer eine solche. Sie heißt jetzt ganz offiziell: „Oberstufenzentrum Bürowirtschaft und Dienstleistungen, Berufsschule, Berufsfachschule, Fachoberschule". Erbaut wurde sie 1873/74 als Gemeindedoppelschule und ist eine der ältesten Anlagen dieses mehrfach wiederholten Schultyps mit jeweils sechzehn Klassenräumen für Jungen und Mädchen (so mein Buch von 1984), einer gemeinsamen Aula und einer Turnhalle im Hof.

Dem gegenüber, in der Pappelallee 61 (genau im Nachbarhaus, in der Pappelallee 62, wuchs mein Vater auf), ist das katholische St. Josefheim. Schon in den 80er Jahren den 20.Jahrhunderts ein Seniorenheim, jedoch von Maria-Teresa Tauscher 1891 als Heim für Obdachlose Kinder gegründet und 1892/93 erbaut. „Im Garten Bildstock, Sandstein, mit Gemälde das hl.Michael, wohl 18.Jh. und wahrscheinlich süddeutscher Herkunft, angeblich von dem Grundstück Schönhauser Allee 55 übernommen", so das obengenannte Buch auf Seite 392 Spalte 2 Absatz 1.

Das Fabrikgebäude Pappelallee 78/79, zur Zeit der Veröffentlichung meiner Quelle Sitz u.a. von „VEB Metallmöbel", ist um 1910 von Jacobowitz als Wäschefabrik gebaut worden. Heute ist das Gebäude, tja, eigentlich erst seit ein paar Monaten, Hauptsitz des renommierten Suhrkamp-Verlages.[23] So ich mich recht entsinne war in den Häusern vor einigen Jahren noch das Finanzamt untergebracht, vor dem „VEB" gab es nach dem Krieg auch einige Zeit lang darin ein Kino.

Die Eliaskirche in der Senefelderstr. 5 wurde nach Plänen G.Werner 1908/1910 gebaut. Das Schulgebäude im Nebenhaus, in den 80er Jahren Sitz der „Otto Schieritz Oberschule", wurde in den Jahren 1907 / 08 als Gemeindedoppelschule nach Plänen von, Sie ahnen es, Ludwig Hoffmann gebaut.
Bis in die frühen 40er Jahre des 20.Jahrhunderts, ich wollte jetzt nicht mit dem schweren Holzhammer „bis zum Ende des Naziregimes am 8.Mai 1945" kommen, also, bis in diese frühen 40er Jahre war Unterricht in gemischten Klassen eher unüblich.Deshalb wurden seit dem Kaiserreich in den Städten immer sogenannte Doppelschulen errichtet, ein Aufgang für die Mädchen-, ein Aufgang für die Jungenschule. In typischen Dorfschulen, die es übrigens, auch wenn es das Volksbildungsministerium unter Margot Honecker leugnete, bis in die frühen 70er Jahre in der DDR, zum Beispiel auch im Kreis Nauen, westlich von Berlin, gab, da wurde schon bis zur, ich glaube vierten Klasse gemischtgeschlechtlicher Unterricht in nur einem Klassenraum für alle Schüler des entsprechenden Alters gemeinsam durchgeführt. Ich selbst kenne nur den guten, alten Frontalunterricht, bei dem ich noch heute am besten Wissen in Fortbildungen aufnehme, und kann mir beim besten Willen nicht vorstellen, wie man heutzutage nach der Bildungsreform in Berlin den Kindern noch Wissen in diesen gemischten Jahrgangsklassen einflößen kann. Vielleicht lädt mich ja mal eine Schule im Prenzlauer Berg zur Hospitanz zum Unterricht ein, damit ich mir eine Vorstellung davon machen kann.

---

23 … mittlerweile ist der Verlag auch schon wieder verzogen

Der Ringbahnhof der S-Bahn in der Prenzlauer Allee 179 wurde am 1.Mai 1892 für den Personenverkehr eröffnet. Die Ringbahn selbst, der Ostring zwischen Jungfernheide und Zentralviehhof, heute Bf. Storkower Straße, ging ab 1871 in Betrieb, der Bf. in der Prenzlauer Allee diente in den ersten Jahren noch überwiegend dem Güterverkehr. Er ist einer der letzten Ringbahnhöfe in seinem Ursprungszustand.

Der Ringbahnhof Schönhauser Allee entstand 1889/90 und sah dem Ringbahnhof Prenzlauer Allee recht ähnlich. Im Jahre 1913 erhielt der Zugang zur Greifenhagener Straße ein separates Empfangsgebäude. Wann und wohin es verschwunden ist, darüber schweigen meine Quellen. Der Zugang zur Schönhauser Allee wurde 1962 komplett erneuert. Es entstand ein hohes, sehr repräsentatives Gebäude mit viel Glas und Stahl. Ich selbst entsinne mich noch sehr gut diesen lichtdurchfluteten Glaskastens, mit den Wannen für die Fahrkartenknipser, an deren Stelle später die ... ja ... ähm ... standen da Zahlboxen, wie in den Straßenbahnen? Ich glaube ich, eher nicht, aber statt dessen solch orangenen Kästen, in die man die Fahrscheine Steckte, bei denen man oben auf den Kopf hauen musste, um per Stempel oder Lockcode, das weiß ich nicht mehr, die Fahrkarte zu entwerten. Aber die Wannen mit den Fahrkarten knipsenden Reichsbahnern mit ihrer großen Zange, die ein „Sch" oder so etwas aus dem Rand dieser Papp-Billetts stanzten, sind mir noch sehr gut im Gedächtnis, wie auch der lange Glastunnel, der in der Mitte durch ein Geländer bis zum Treppenabgang zum Bahnsteig die Laufrichtungen teilte.
Ja, ja, die Fahrscheine für die BVG (sie hieß ja ab 1. Januar 1969 in Ost-Berlin „BVB – VEB Berliner Verkehrsbetriebe" und dazu gehörte, neben U-Bahn, Straßenbahn, Bus und Fähre auch noch der Betrieb Taxi und die Fahrschule in der Milastraße dazu) waren aus, naja, etwas stabilerem Papier und hatten diese typische Billett-Größe. Als Sammelkarten

gab es dann Streifchen in halber Breite. Fahrkarten bei der S-Bahn oder im S-Bahnbereich gekauft (dazu zählten auch noch der Außenring und Strecken u.a. nach Nauen, Wustermark, Velten, Beelitz Heilst., Werder, Stahnsdorf, Rangsdorf, Ludwigsfelde, Wünsdorf, Fürstenwalde, Petershagen / Rüdersdorf, Werneuchen und Basdorf dazu – galt alles als S-Bahnbereich Berlin!) waren hingegen gelbe, stabile Pappe. Und, falls das der eine oder andere vergessen hat, es kostete nicht jeder Fahrschein 20 Pfennige, sondern es gab damals auch in diesem S-Bereich verschiedene Tarifzonen. Dieses Acht-Tarifzonen-System, das bei der S-Bahn bis zur Deutschen Wiedervereinigung galt, wurde bereits im Oktober 1944 bei der Reichsbahn eingeführt und vereinfachte die bis dahin gültigen insgesamt 28 unterschiedlichen Zonen (bei zweiter und dritter Wagenklasse).

Die Vereinfachung geschah wegen der „... Notwendigkeiten, der aufs äußerste gesteigerten Kriegsaufgaben, als Freimachung von Kräften und Einsparung von Material ... " (Quelle: „Die Berliner S-Bahn im Jahr 1945" im Verlag GVE 2005).

Und so entsinne ich mich noch an die Fahrkarten der „Preisstufe 4" für 70 Pfennige pro Fahrt, die wir in Brieselang für unsere Heimfahrt nach Berlin-Leninallee (heute Landsberger Allee) kaufen mussten.

Diese gelben S-Bahn-Billetts waren in Ost-Berlin und im Berliner Umland schwarz bedruckt, die Fahrscheine der S-Bahn-Billetts aus West-Berlin waren rot bedruckt! Die West-Berliner S-Bahn wurde ja bis zum großen S-Bahner-Streik 1982 von der Deutschen Reichsbahn mit eigenem Personal mit betrieben. In einem Abkommen zwischen den Alliierten, dem West-Berliner Senat, dem Ost-Berliner Magistrat und der Deutschen Reichsbahn wurden zum 9. Januar 1984 der West-Berliner BVG die Betriebsrechte über die S-Bahn übertragen (Ausnahmen waren die Nord-Süd-S-Bahn und die Strecke Bf. Friedrichstraße – Lehrter

Stadtbahnhof (heute Berlin-Hauptbahnhof) die zwar von West-Berliner BVG-S-Bahnzügen, aber von Ost-Berliner-Reichsbahnpersonal gefahren wurden. Der Fernbahn- und der gesamte Güterverkehr auf der Schiene in Westberlin verblieb gleichfalls bei der Deutschen Reichsbahn. Dass die Reichsbahn und nicht die Westdeutsche Bundesbahn die alleinigen Betriebsrechte in ganz Berlin nach dem Krieg und auch nach der Aufspaltung in zwei deutsche Staaten hatte, lag an dem, von den Vier-Mächten besetzten Berlin und seinem besonderen Status. Zum 1.Januar 1993 übergab dann die Gesamt-Berliner BVG den Wagenpark und ihre West-Berliner-S-Bahnstrecken zurück an die Deutsche Reichsbahn, ein Jahr später ging die Deutsche Reichsbahn in der Deutschen Bahn auf.

*

Kastanienallee im Frühjahr 1931 - am 8.3.2011

Stellen Sie sich vor, Sie seien heute morgen um 4.00 Uhr aufgestanden, hätten sich ein paar Scheiben eines echten Holzofenbrotes mit dem großen Brotmesser zurecht gesäbelt, die hauchdünn mit Schmalz bestrichen und in schon mehrfach von ihnen benutztes knitteriges Pergamentpapier eingepackt. Während Sie in der morgendlichen Kälte drei Etagen im Hausflur hinunter, quer über den Hinterhof, bibbernder Weise zur Latrine huschen, erwärmt sich auf der, schnell mit Holz angeheizten Kochmaschine in der Küche ihr Muckefuck aus gerösteten Zichorien- (Neudeutsch: Chicorèe-) Wurzeln und / oder Getreide.
Eine halbe Stunde später sind Sie mit ihrem nagelneuen Fahrrad von ihrer Wohnung in der Kastanienallee 86 ausschließlich über Kopfsteinpflasterstraßen, zum Teil so richtig diese fiesen, großen Katzenköppe, Ihre Zähne klappern noch Stunden lang weiter, zum Straßenbahndepot Niederschönhausen-Nordend unterwegs.
Eine weitere halbe Stunde später, es sollte jetzt etwa zehn nach fünf sein, falls Sie den Fahrplan eingehalten haben,

biegen Sie von der Schönhauser Allee aus in die Kastanienallee ein. Ihr Fahrtziel ist der bis heute älteste noch immer von diesem Nahverkehrsmedium angefahrene Punkt an sich, die Station „Am Kupfergraben" in Berlin-Mitte, die älteste Straßenbahnhaltestelle der Welt!
Beim Einbiegen in die Kastanienallee rumpelt Ihr Triebwagen sehr und der Beiwagen droht in den ausgeschlagenen Gleisen fast aus den Schienen zu springen, deshalb drosseln Sie mit der Kurbel den Fahrstrom etwas.
Und heute, ausgerechnet heute, kommt Ihnen der alte Gaul mit seinem Wagen vom Gemüsekrauter wieder fast in die Quere, so dass Sie doch noch eine Vollbremsung mit der Bahn hinlegen müssen und froh sind, dass der hintere Schaffner das Unglück auch fast hat kommen sehen und schon griffbereit an der Handbremse des Beiwagens stand.
Puh! Glück gehabt! ... der Gaul und Sie, ... während der Kutscher selbst, Fritze halt, der alte Dämel, vorn auf seinem Bock noch halb seinen Rausch von gestern auspennt und von all dem überhaupt nüscht mitgekriegt hat.

Von fern betrachtet, unterscheidet die Szene von vor achtzig Jahren sich kaum von heute: ein riesiges Gewimmel an dieser Ecke. Von nahem unterscheidet sie sich sehr.
Keine Jogger, keine Menschen, die sich mit jemandem unterhalten, der gar nicht neben ihnen läuft, kaum Autos, dafür fast nur Pferdefuhrwerke, dazu die Pferdeäpfel auf den Straßen ... natürlich die meisten genau da, wo die Fußgänger die Straßen überqueren. Eine Straßenbahn = Arbeitsplatz für gleich drei Menschen: Fahrer und zwei Schaffner. Strom und Gas werden in den Häusern wöchentlich abkassiert. Der Gasmann kommt zu Ihnen! Erinnern Sie sich an den Film „Der Gasmann" aus den 30er Jahren mit Heinz Rühmann, nach einem Roman von Heinrich Spoerl?
Radios sind in dieser Gegend hier eher noch spärlich, Hauptunterhaltung deshalb der Leierkastenmann und abends die Kneipe, die Spelunke oder der Prater.

In jedem Haus „nützliche“ Geschäfte, vor allem Lebensmittel, denn Supermärkte gibt's noch nicht. Kartoffeln werden, wenn man das Geld dazu hat, oder eine Laube mit Garten, eingekellert.

Mitten auf der Kreuzung keifen sich zwei Zeitungsjungen an. Die Frühausgabe der „BZ am Mittag“, die erste Boulevardzeitung Berlins, (die ursprüngliche B.Z. erschien erstmals am 1. Januar 1878 im kurz zuvor gegründeten Ullstein Verlag als „Berliner Zeitung“, 1904 überarbeiteten die Zeitungsmacher das Konzept des Blattes und am 22. Oktober 1904 erschien erstmals die US-amerikanischen Vorbildern folgende „B.Z. am Mittag“, die letzte Ausgabe erschien am 26. Februar 1943, danach wurde die Zeitung als eine der Maßnahmen des "Totalen Krieges" eingestellt) und „Der Völkische Beobachter“ (den gibt's von 1920 – 30.April 1945 ... diese letzte Ausgabe wurde niemals ausgeliefert) kommen sich in der Zeitungsstadt Berlin (was sie damals schon war und heute wieder ist) öfters mal in die Quere. Jetzt fehlt eigentlich nur noch der Bengel, der die „Rote Fahne“ verhökert, damit es zu einer ordentlichen Massenkeilerei unterm U-Bahn-Viadukt kommt, aber der nächste Wagen der Linie 51 brettert schon mit Karacho auf die Kreuzung und so stoben die Jungen von allein auseinander und brüllen sich nur noch aus der sicheren Entfernung der gegenüberliegenden Straßenecken an, ... „Du Jurke!“ „Du Primel!“, bevor der nächste hastig vorbei eilende Passant sie in ein Verkaufsgespräch drängt.
„Wat steht denn heute drinne? ... Na, Jöbbels traut sich wohl wieder nich alleene zum Prater.“

Wer öfter als einmal pro Woche zum Vollbad ins Stadtbad Oderberger Straße geht, ist entweder belächelnswert reinlich („Vom zu vielen Waschen wird die Haut zu dünn!“, hat mir meine Uroma, zur Kaiserzeit geboren, immer gesagt.) oder hat einfach beneidenswert viel Geld für solche „Kinkerlitzchen“ übrig.

Die ganze Luft in Berlin riecht noch anders. Zu den Abgasen aus zu vielen Fabrikschloten und versotteten Kohleöfen in den Mietskasernen mischen sich noch die Ausdünstungen zu vieler Menschen (Deo's gibt's noch nicht und „47-11" ist zu teuer) und der Geruch nach echtem Land, nach den Hinterlassenschaften von Pferd, Kuh und von auf Balkonen gehaltenem Kleinvieh.

Keine Frau auf der Straße trägt ihr Haar offen! ... Nein, also vermummt ist auch keine, aber eine „anständige" Frau, noch dazu verheiratet, hat ganz einfach ihr Haar zu bedecken, wenn sie das Haus verlässt! In gehobeneren Kreisen leistet man sich mondäne Hütchen, die Arbeiterfrauen am Prenzlauer Berg tragen dagegen meist Kopftuch!

„Eine Frau aber entehrt ihr Haupt, wenn sie betet oder prophetisch redet und dabei ihr Haupt nicht verhüllt. Sie unterscheidet sich dann in keiner Weise von einer Geschorenen.", Bibel, EÜ: 1. Korinther 11,5

Im orthodoxen Judentum bedecken verheiratete Frauen ihr Haar aus religiösen Gründen mit einem Tuch oder einer Perücke. Bereits die hebräische Bibel (Altes Testament) redet von einer Verschleierung der Frauen.

Was in den letzten Jahren erst wieder „nach historischem Vorbild restauriert" wurde, stand 1931 noch keine zwanzig Jahre: das Hochbahnviadukt. Dort, wo es heute steht, flanierten um 1910 noch gut betuchte Bürger mit Zylinder, Rüschenrock und Schoßhündchen. Die Schönhauser Allee sah damals wohl so ähnlich aus, wie heute die Greifswalder Straße zwischen Danziger und Königstor: in der Mitte der Streifen zum Flanieren, rechts und links davon Straßen- und Fahrbahn. Wer den „Bürgersteig" mal dereinst erfunden hat, darüber habe ich im Internet leider keine Informationen finden können.

Eines aber erkennen wir an dieser Szene im Jahre 1931. Aber dazu müssen wir erstmal aus der Straßenbahn der

Linie 51 aussteigen ... Mist.... fährt schon wieder an ... also abspringen und beginnen, zu suchen!
„Hallo! Hallo sie! .... können sie mir .... mein Gott, ist der schnell, in seine Quadratlatschen. ... Hallo ... bleiben Sie doch mal bitte stehen ... ich hab nur mal eine Fra.... ... das ist ja hier wie bei unserer monatlichen Straßenumfrage ..... Tschulligung, nur'n Moment bitte .... nun fejen sie mir doch nich gleich von'n Pflaster....!!!"
Aber jetzt entdecken wir das, was wir suchen. Ein unscheinbarer Bauchladen! Am 4. Oktober 1930 gründete Max Konnopke mit seiner Frau Charlotte die bekannte Wurschtbude als Bauchladen. Als Lokalpatriot, die Assoziation zum Namen meiner Sendereihe „"Pommes rot - weiß" bei Rockradio hatte ich an diesem Stand, hielt ich Konnopke immer für den Erfinder der Currywurst. Dem ist aber leider nicht so. Die Erfindung der Currywurst wird Herta Heuwer zugeschrieben, die nach eigenen Angaben erstmals am 4. September 1946 an ihrem Imbissstand an der Ecke Kant-/Kaiser-Friedrich-Straße in Berlin-Charlottenburg gebratene Brühwurst mit einer Sauce aus Tomatenmark, Currypulver, Worcestershiresauce und weiteren Zutaten anbot. Konnopke führte 1959 die Currywurst dagegen „nur" in Ost-Berlin .... und damit in der DDR ein. Und ich gebe gerne zu, dass ich auf dem Weg zu „alex" in die Voltastraße im Wedding zu meinem wöchentlichen OKbeat IMMER an dieser Ecke mein Würstchen verputze.
Wem diese Wurscht, nicht wurscht, sondern einfach nur viel zu teuer ist .... und das ist sie wirklich, damit sind wir endlich im Jahre 2011 angelangt, dem sei erzählt, dass im besetzten Haus in der Kastanienallee 86 von der dortigen freien linken Kommune regelmäßig kostenlos Essen an Bedürftige verteilt wird. Diese Leute sitzen auch in der Brunnenstraße 7 und verteilen dort auch. Sie organisieren das ganze ehrenamtlich und mit viel Engagement.

*

Kastanienallee - erstellt am 2.7.09 auf der Basis zweier Texte vom 17.05.07 + 19./22.1.09

Pappelallee und Kastanienallee sind mit die ältesten Straßen des Prenzlauer Bergs. Wilhelm Griebenow legte beide Straßen noch vor dem Inkrafttreten des Hobrechtplans (... ist die übliche Bezeichnung für den nach seinem Hauptverfasser James Hobrecht genannten und 1862 in Kraft getretenen Bebauungsplan der Umgebungen Berlins ... – Quelle: Wikipedia) 1826 an, womit sich ihr ungewöhnlicher Straßenverlauf, jenseits von anderen Radiallinien und Diametralachsen erklären lässt.
Die Kastanienallee hatte ihren Namen nach den hier ursprünglich gesetzten Straßenbäumen, den essbaren Edelkastanien.
Die Bepflanzung von Stadt- und Landstraßen mit Bäumen war keine gute Geste rühriger Gentleman oder früher Umweltschützer, sondern schlichte Notwendigkeit, um das damals wichtigste Transportmittel, das Pferd, zu schonen und um ihnen im Sommer ein wenig Schatten bei ihrer schweren Arbeit zu gönnen. Pferde waren (und sind) teuer und wurden deshalb von ihren Besitzern sehr umhegt! Es gab überall auf den Hinterhöfen Stallungen und die großen Tordurchfahrten mit ihren riesigen Flügeltüren sind für Pferdewagen mit ihren eisenbeschlagenen Holzrädern und den großen Achsnaben gemacht. Deshalb diese Spursteine rechts und links in den Einfahrten der Häuser!
Von den Bäumen der Kastanienallee sollen angeblich einige noch aus der Mitte des 19.Jahrhunderts stammen.

Früher hatten die Städte so ihre eigenen Gassen für jedes Gewerbe, die Färbergasse, die Schänkengasse, die Töpfergasse ... . Berlin ist ja heute größer, als die alten Hansestädte einst und so sprechen wir hier von „Meile", ... Biermeile, Gaststättenmeile, Nuttenmeile, Touri-Meile, ... Besuchen wir heute also die Fashion-Meile am Prenzlauer

Berg. Wenn Mode in Berlin konzentriert passiert, dann hier! Die Touristen wissen das längst. Mir ist Mode schnurzpiepe, Hauptsache die Klamotten passen, halten warm, haben Taschen und das Material ist nicht vom toten Tier, eben Kunststoff ... aus Erdöl, ... also doch vom toten Tier, aber halt nicht für den Zweck der Materialgewinnung getötet. Wolle, arme, frierende Schäfchen, geht da auch noch, aber sie pikt!

Die Kastanienallee ist die direkte Fortsetzung der Pappelallee. An ihrem Beginn in der Schönhauser Allee, direkt bei den leckeren Würschtchen von Konnopke erinnert eine Einlassung ins Straßenpflaster, dass Max Skladanowski hier sein Filmatelier hatte, 1892 Filmversuche starteten und vom Dach des Eckhauses die ersten Dokumentaraufnahmen der Filmgeschichte gedreht wurden.

Schräg gegenüber der Prater, ... der Berliner Pratergarten und sicherlich bewusst ein Pendant zum Wiener Prater, denn die Berliner mochten die Ösis schon immer ... also meistens jedenfalls! „Prater" (lat. „pratum") bedeutet übersetzt Wiese und bezeichnet zugleich den ältesten Biergarten Berlins.

Er wurde ursprünglich nur als Bierausschank im Jahre 1837 gegründet. Durch die Familie Kalbo, welche das Etablissement 1852 erwarb und ausbaute, entwickelte der Prater sich zu einer populären Freizeit- und Vergnügungsgaststätte.

Das Stadtbad in der Oderberger Straße wurde bereits am 1.Februar 1902 eröffnet. Warum auch immer, musste unsere Abschlussklasse 1978, aus dem tiefsten Hohenschönhausen kommend, unsere Sportprüfung im Schwimmen in diesem Bad machen. (Das einzige mal im Leben, dass ich einen Kopfsprung hinbekommen habe!)

Am 11. Dezember 1986 musste es seinen Badebetrieb auf Grund baulicher Mängel einstellen.

Seit 1994 organisiert eine Bürgerinitiative immer wieder kulturelle Aktivitäten im Stadtbad.

Im Januar 2007 kaufte die Stiftung Denkmalschutz Berlin

das Gebäude für 100.000 Euro. Zunächst soll das Bad für rund fünf Millionen € baulich saniert werden und anschließend an eine Schweizer Firma übergeben werden, die das Bad betreiben und zu diesem Zweck weitere rund acht bis neun Millionen € investieren will. Ein genauer Zeitpunkt für den Beginn der Sanierungsarbeiten ist noch nicht bekannt. Derzeit rottet das Bad vor sich hin. Man sieht eingeschlagene Scheiben, rostende Zäune und das ganze Areal macht eher einen sterbenden Eindruck.[24]

Auf der anderen Seite der Kastanienallee in der Oderberger Straße dann die Feuerwache, wiederum eine der ältesten in Berlin.[25] Weiter geht es nun auf der Kastanienallee Richtung Innenstadt. Kneipe an Kneipe, Modeboutiquen, Second-Hand-Läden für Mode, Plattenläden, dann noch letzte besetzte Häuser die sich, den ökonomischen Zwängen ergeben und im Erdgeschoss Kaffee und Snacks servieren. In der Hausnummer 81 der Mann, der dafür sorgt, dass ich auch morgen noch kraftvoll zubeißen kann, mein Zahnarzt Dr. Dreves![26] Guter Mann! Nur manchmal geht er mir auf den Nerv! Der beste Zahnarzt Berlins, ... in meinen Augen, denn man lässt sich ja schließlich nicht von jedem Menschen im Maul herum grabbeln ... also reine Vertrauenssache.

Ein wenig hinter dem Kirchgebäude[27] kreuzt dann die Schwedter Straße, die an dieser Stelle die Bezirksgrenze zu Mitte darstellt. Ab Schwedter / Choriner Straße bildet dann letztere Richtung Innenstadt die Grenze nach Mitte, zwischen Oderberger und Schwedter Straße hingegen ist die Choriner Straße eine ganz normale, kleine Geschäftsstraße ohne größere Bedeutung, allenfalls vielleicht als 30 km/h-Schleichweg von Mitte bis zur Kulturbrauerei gern genutzt.

---

24 ... das Bad gehört mittlerweile zum Campus der GLS
   Sprachenschule
25 ... sogar die älteste Berufsfeuerwache Deutschlands
26 ... schloss eine Praxis 2021 aus Altersgründen
27 Gebäude der Heilsarmee

Sicherlich in Vergessenheit geraten ist der Tiergarten, den es vor der städtischen Bebauung der Gegend an der Ecke Oderberger, Choriner Straße, Schönhauser Allee von 1865 - 1875 gab. Der „Loßberger Tierpark" zeigte in der Art der damals üblichen Kuriositätenkabinette unter anderem Affen, Wölfe, Füchse, Löwen, Tiger und Leoparden. Diese Tiere wurden damals garantiert nicht artgerecht gehalten!

An selber Ecke gab es von 1887 – 1890 ein Gartenlokal mit Bühne und Tanzsaal ähnlich dem Prater, aber für einfachere Leute. Die Veranstaltungen wurden teilweise mit solch skurrilen Sprüchen angekündigt, wie zum Beispiel: „Sonntag: Tanz und Keilerei!"
Alljährlich fand das „Fliegenfest der Raschmacher" statt. „Raschmacher" waren „Weber von wollenem Kleiderstoff".
Die Anekdote dazu:
Die Berliner Innung der Raschmacher wollte Ende der 90er Jahre des 19. Jahrhunderts eigentlich nur einmalig ein Fest veranstalten. Während sie in einem Biergarten noch diskutierten, sammelten sich Fliegen auf dem Rand des großen Glases, aus dem reihum (Iiih-gitt! Wie unhygienisch! Alle schlürfen aus einem Glas und sabbern da rein!) schön, süßes Berliner Weißbier (ähnlich „Berliner Weiße") getrunken wurde. So kam es zu dem Namen „Fliegenfest"!
Es wurde eine regelmäßige Einrichtung und ein Festumzug. Gestartet wurde Landsberger Allee / Barnimstraße. Der Zug führte dann zum Schönhauser Tor und von dort über die Schönhauser Allee bis nach Niederschönhausen (Pankow) mit Halt in jedem Bierlokal auf der Strecke.
Die Raschmacher-Innung wurde erst 1924 aufgelöst. Damit starb auch das Fest.

Feste gefeiert wurden auf dem legendären Hirschhof. Er befindet sich dort, wo bis zum Zweiten Weltkrieg das

Gelände einer Käserei in der Oderberger Straße zu finden war. Die Käserei wurde im zweiten Weltkrieg zerstört. Der Straßenblock lag zu Zeiten der DDR in unmittelbarer Nähe die Berliner Mauer. Die Altbauten waren zunehmend verfallen. Die Behörden planten daher den Abriss des Straßenblocks, um hier Plattenbauten zu errichten. Die Anwohner wehrten sich jedoch erfolgreich gegen diese Pläne. Ich trieb mich selbst 1987/88 recht häufig in den abrissreifen Häusern der Kastanienallee herum, bewunderte die noch vorhandenen gedrechselten Treppengeländer, die Reste alter Kachelöfen und den Stuck der Wohnungen. Viele der Häuser waren damals schon entmietet. Weil sich viele damals gegen den Abriss ihres Kiezes wehrten, wurden auf Initiative der Wohnbezirksausschüsse einige Hofabschnitte zusammengelegt. Es entstand 1982 ein kleiner Park, der von den Anwohnern angelegt und von staatlicher Seite mit finanziert wurde. Im Sommer 1985 fand dann die Eröffnung des Hirschhofes statt. Er erlangte bei den Anwohnern bald als Grünfläche inmitten des dichtbebauten Gebiets große Beliebtheit, befanden sich in dieser Gegend doch kaum Grünflächen, den Mauerpark gab es schließlich damals noch nicht .... weil dort die Mauer selbst noch stand und der Humboldthain genauso unerreichbar war, wie der „Central Park" in New York!

Ein Hirsch aus Metallschrott ist namensgebend für den Hirschhof, eine bunt bemalte Konstruktion aus Metallschrott der Künstler Anatol Erdmann, Hans Scheib und Stefan Reichmann und kein Relikt deutscher Wohnzimmer-spießigkeit mit dem röhrenden Hirsch am Waldesrand als Ölbild. Unter ihm führt heute ein Weg hindurch. Im Hirschhof gab es zu DDR-Zeiten auch eine Kulturbühne. So entwickelte sich der Kiez bald zu einem Treffpunkt der Untergrundkultur Ostberlins. Die Staatssicherheit führte in der Folge eine Akte "Hirschhof". Jährlich fand das Hirschhoffest statt. Es gab eine Freiluftbühne mit verschiedenen Aufführungen.

Im Umfeld des Spielplatzes findet sich auch heute noch eine Reihe von Trümmerblöcken, die in den Spielplatz eingebettet sind. Früher ist davon ausgegangen worden, dass es sich hierbei um Teile des Berliner Stadtschlosses handele, das von der DDR-Regierung gesprengt worden war. Dieses Gerücht bescherte der Oderberger Straße Touristenströme. Laut der Kunsthistorikerin Gabi Ivan handelt es sich hierbei jedoch um Trümmer des Berliner Doms, die von den Hirschhofinitiatoren aus der Deponie an der Falkenberger Chaussee geholt wurden.

Bekanntlich ist ja auch ein Teil des Berliner Doms nach dem zweiten Weltkrieg abgerissen worden.

Die Häuser der Straßen um den Hirschhof waren beim Fall der Mauer in einem schlechten Zustand oder waren gar unbewohnbar, wiesen jedoch einen Charakter der Gründerzeit auf. Mit der Zeit fanden sich Investoren, die einige der Häuser nach und nach sanierten. Allerdings stiegen dadurch auch die Mietpreise stark an. Mit der Aktion „Wir bleiben alle (WBA)" konnte man sich jedoch gegen Luxussanierungspläne wehren, die den Hirschhof womöglich bedroht hätten. Der Bezirk sanierte den Hof für 50.000 Euro.

Entlang der Kastanienallee findet man noch relativ viele alternative Geschäfte, von denen es einst mehr im Prenzlauer Berg gab. Leider ist es in weiten Teilen spießig geworden. Man hat sich eingerichtet und es ist viel zu oft einfach nur chic im, nun teuren Prenzlauer Berg zu wohnen, auf Ökomärkten shoppen zu gehen, um dann am Wochenende mit dem Daimler-Coupé oder dem Porsche nach j.w.d. zu rasen. Entlang der Kastanienallee spürt man jedoch noch nicht zu viel davon und genau deshalb ist es lohnenswert, wieder einmal entlang dieser Straße die noch so „in" und gar nicht angepasst ist, zu schlendern.

*

Die bittere Wahrheit über Rolf Gänsrich
(Kolle-Kiez Juli 2011) am 7./20./21.6.2011

Das ist ja 'n Ding, dieses Foto hier. Walter Ulbricht und Nikita Chruschtschow im offenen Tschaika ...??? .... nee, das war damals 'n original „Sachsenring" - Spezialanfertigung – Miniserie von nur sechs Fahrzeugen .... an der Ecke Dimitroff (Danziger) Str. / Schönhauser Allee. Beim Schreiben dieses Textes hier, liegt mein fuzzichster Geburtstag noch vor mir, beim Ausliefern dieser Ausgabe hier, hab ich den „Club der alten Herren" bereits erreicht. Peter Alexander und ... Walter Ulbricht (der, der die Berliner Mauer angeblich nie bauen wollte) haben mit mir Geburtstag. Das fand ich als Kind immer schlimm, denn wenn Cornelia Behnke, die damals schräg gegenüber von uns wohnte und ich an diesem, unserem Ehrentag vor die Klasse treten mussten, gabs als Ständchen der Mitschüler immer irgendwelche doofen „Kampflieder der Arbeiterklasse" für uns.
Mit Chruschtschow verbindet mich etwas anderes. Als Neugeborener hatte ich genau so eine kahle Atta, wie der, weshalb ich man mich in den ersten Lebensjahren „Nicki" nannte, später wechselte das dann über lange Jahre in „Bummi" wegen meiner blonden Löckchen. Das „Bärchen" hab ich aber erst seit meinem Tagesklinikaufenthalt 2003.

Übrigens an genau jener Ecke, Danziger / Schönhauser, sprach mich am Pfingstmontag ein Leser mitten auf der Straße an und machte mich auf einen Fauxpas aufmerksam.
Also ich für meinen Teil bin ja mal in Hohenschönhausen groß geworden, weiß also noch, wo die Stasi welches Objekt dort hatte. Falls von Leserseite aus Interesse besteht, kann ich gern auch mal einen Kiezspaziergang durch Hohenschönhausen machen! Will sagen, 1987 war ich zwar schon vier Jahre im Prenzlauer Berg polizeilich gemeldet, lebte aber, nach Abzug meines NVA-Grundwehrdienstes,

erst gut zwei Jahre hier und so fragte ich meinen Vater, wo denn überhaupt die Husemannstraße sei, als in der Zeitung berichtet wurde, Erich Honecker besucht die. Und ich war mir sicher, dass dem auch so war, denn vor meinem geistigen Auge hab ich noch die Fotos dazu in der „BZ am Abend". Aber, unser Leser klärte mich am Pfingstmontag auf, Erich Honecker kam nie. Er sagte diesen Besuch kurzfristig ab.[28]

Über die Danziger 50 habe ich wohl noch nie ausgiebig berichtet.
Soweit ich noch weiß, übernahm der Kulturverein Prenzlauer Berg im Jahre 2005 dieses marode Gebäude. Es ist eigentlich eine ehemalige Schule und genutzte Schulgebäude sind noch die Bauten, die man über die Tordurchfahrt erreicht, aber das Vorderhaus war 2005 im Inneren eine Ruine. In mühevoller, vorwiegend ehrenamtlicher Arbeit wurde die Danziger 50 denkmalgerecht saniert und im Jahr darauf als Kulturzentrum eröffnet. Die Arbeiten wurden aus Mitteln der Europäischen Union und des Landes Berlin gefördert. Vor wenigen Tagen, am 25.Juni, gab es aus diesem Anlass einen „Tag der Offenen Tür".
Der Kulturverein Prenzlauer Berg bewirtschaftet auch u.a. „Betreutes Wohnen für Alleinerziehende" in der Kollwitzstraße 94.

Die Danziger Str. 50 wurde ursprünglich als Doppel-Schulgebäude mit einem ehemaligen Rektorenwohnhaus in der Danziger Straße 50 Ecke Dunckerstraße 64, 1893/1894 als 162. und 197. Gemeindeschule für Knaben errichtet.
Es ist ein roter Klinkerverblendbau mit grün glasierten Schmuckziegeln, Baumeister waren Hermann Blankenstein und Vinzent Dylewski.

---

28 … es kam statt dessen „nur" Willi Stoph, Vorsitzender des
   DDR Ministerrats

Hinweisen möchte ich bei dieser Gelegenheit auch schnell noch auf ein auffälliges Gebäude, dem gegenüber, auf das Wohnhaus Danziger Straße 57 Ecke Senefelderstraße, das um 1895 nach Plänen von Eugen Reethen erbaut wurde und ein fünfgeschossiger Klinkerverblendbau mit reich geschmückter Fassade im Neorenaissance-Stil mit Eckerkern und aufgesetzten sechseckigen Ecktürmen ist.

Klaus Störtebeker, auch Klaas Störtebecker, Claas Störtebeker oder Nikolaus Storzenbecher (* um 1360; † vermutlich am 20. Oktober 1401 in Hamburg) war einer der Anführer der Vitalienbrüder und der wohl bekannteste Seeräuber, der aus den Reihen dieser auch als Likedeeler (Gleichteiler) bezeichneten Männer hervorging und zu denen ebenfalls die berüchtigten Kapitäne Gödeke Michels, Hennig Wichmann, Klaus Scheld und Magister Wigbold zählten. Das Störtebeker-Museum ist in Hamburg.
Die Störtebeker-Festspiele finden seit 1993 jeweils von Ende Juni bis Anfang September am Ufer des Großen Jasmunder Boddens in Ralswiek auf der Insel Rügen statt. Sie sind Deutschlands erfolgreichstes Open-Air-Theater. Jedes DDR-Kind kannte Klaus Störtebeker, den, so wurde er uns damals dargestellt, „Robin Hood der Ostsee", der den Reichen nahm und den Armen gab. Sowas wie ein erster „revolutionärer Vorkämpfer" für den „kleinen Mann" und somit zum DDR-Helden tauglich.
Ein Freund des Bieres übrigens.[29]

Die Berliner Kulturbrauerei ist ein 25.000 m² großes Bauensemble. Sie steht seit 1974 unter Denkmalschutz und gehört zu den wenigen gut erhaltenen Berliner Industriearchitekturdenkmälern vom Ende des 19. Jahrhunderts.Der Apotheker August Heinrich Prell gründete im Jahr 1842 in Kreuzberg eine kleine Brauerei. Sein im

---

29 … mich wundert dieser Textabsatz, weil er keinen
   Zusammenhang zum Prenzlauer Berg hat

Keller hergestelltes untergäriges Bier bot er vor Ort in einem Ausschank an. Trotz 35 weiterer Brauereien im Berliner Raum florierte das Geschäft, so dass Prell neue Lagerkeller in der Schönhauser Allee 39 an der Stelle der heutigen Kulturbrauerei einrichtete. Nach dem Tod des Firmengründers im Jahr 1853 übernahm Jobst Schultheiß das Unternehmen.1891 fusionierte die Brauerei mit der „Tivoli-Brauerei", und stieg daraufhin mit 43 Niederlagen mit Eiskellern, 19 Ausschanklokalen, 65 Eisenbahnaggons, 533 Wagen und 537 Pferden zur größten Brauerei Deutschlands auf. Nach dem Zusammenschluss mit der „Patzenhofer-Brauerei-AG" im Jahr 1920 entstand die weltgrößte Lagerbierbrauerei mit Hauptsitz in der Schönhauser Allee. Während des Zweiten Weltkrieges wurden in den Kellern der Brauerei „Kriegswichtige Artikel", wie z.B. Funkgeräte, gebaut.

Auch dienten die Gebäude als Lager für die SS. Noch in den letzten Kriegstagen verschanzte sie sich auf diesem Gelände und wagte von hier aus, noch kurz vor der Kapitulation Berlins, einen Ausbruch durch die Keller, auch in der Pappelallee, wie mir mein Vater in seinen Erinnerungen immer wieder berichtet hatte, in Richtung Norden.

Mit Befehl der Besatzungsmacht vom 30. Oktober 1945 wurde das Unternehmen beschlagnahmt und bis zur Umwandlung in den volkseigenen Betrieb VEB Schultheiß-Brauerei Schönhauser Allee als sowjetische Aktiengesellschaft weitergeführt.Allerdings folgte im Jahr 1967 das definitive Ende des Brauereibetriebes.

Viele kleinere Betriebe nutzten in den darauf folgenden Jahren das Areal. Ein Gast meines Kiezspaziergangs im Mai erinnerte mich an das Möbellager auf dem Gelände, von dem auch, und da erinnerte ich mich nun wieder, meine Eltern ihre erste Schrankwand abholten.

Witziges am Rande, eines der ersten Worte, die die Tochter einer hier anliegend wohnenden Bekannten nach „Mama" und „Papi" sagte war „Kulturbrauerei".

Ein Tipp von mir: hüten sie sich vor der Silvesterparty auf dem Gelände.Wenn Sie eng gedrängelt kurz vor der Atemnot mit vielen Menschen gleichzeitig „kuscheln" wollen, können sie auch 'ne S-Bahn oder eine Straßenbahn der M 4 mitten im Berufsverkehr nehmen. Da müssen Sie sich die Kulturbrauerei nicht antun.

*

„Hunderttausende an Berliner Geschichte und Gegenwart Interessierte aus Nah und Fern haben in den letzten Jahren unser Internetangebot gern und oft genutzt. Kontinuierlich wurde die Qualität und Quantität unserer Informationen verbessert und erweitert. Die Internetplattform des Luisenstädtischen Bildungsvereins, die durch ehrenamtliche Arbeit aufrechterhalten wird, bot den umfassendsten Zugang zu Personen, zur Geschichte und zum öffentlichen Raum der deutschen Hauptstadt Berlins. Das war für den Senat von Berlin allerdings kein hinreichender Grund, uns mit der Bereitstellung finanzieller Mittel für das Betreiben dieser Seiten im Internet zu unterstützen. Wahrscheinlich ist Berliner Geschichte im Internet nicht „be Berlin". Zu unserem Bedauern müssen wir daher mit sofortiger Wirkung unser Internetangebot vom Netz nehmen. An dieser Stelle danken wir denen, die uns in unserer Arbeit kritisch begleitet und unterstützt haben.
Vorstand und Geschäftsführung des Luisenstädtischen Bildungsvereins e. V."

31.12.08 im Internet entdeckt bei Aufruf der Internetseite: www.luise-berlin.de[30]

*

---

30 … der Verlag Kauperts übernahm mehrere Monate später die Datenbank von Luise-Berlin – die einstigen Inhalte von Luise-Berlin sind bei Kauperts noch immer frei zugänglich, alle später angefügten Erweiterungen liegen hinter einer Bezahlschranke

Oben[31] - am 8./9.12.09

Wir waren verabredet mit Joern Dudek, dem Bezirksschornsteinfeger für die Gegend zwischen Helmholtz- und Kollwitzplatz. Wir trafen uns vor der Sredzkistraße 23, um auf den Dächern im Karree zu laufen, den Schornsteinfeger bei seiner Arbeit zu beobachten, es macht ja immer Spaß, andere Menschen bei der Arbeit zu beobachten und um ihm alle möglichen Fragen zu stellen. Wenn man journalistisch arbeitet, darf man, muss man das, denn das Fragen stellen ist es genau, was am Journalismus den Spaß ausmacht.

Im obersten Stock des Hauses, die Dachgeschosse sind mit Wohnungen ausgebaut, trennte uns schließlich nur noch eine stabile Alu-Leiter vom Dach selbst.

„Sind sie denn beide schwindelfrei?" Bernd: „Natüüürlich!!!" Ich kleinlaut: „Na weiß nicht." Mir war das nicht geheuer! Aber Angst ist bei mir sowas wie ein Dauerzustand und so redete ich mir, während ich die Leiter vorsichtig erklomm, ein, die aufkeimende Höhenangst, ich blickte leidvoll nach unten ins Treppenhaus, sei mein übliches Lampenfieber vor dem OKbeat. Zwei Anläufe brauchte ich dennoch. Circa dreißig Zentimeter Lücke zwischen Leiter und rechtem Lukenrand am Dach. Also Augen zu, Bein schwingen, mich mit weißen Fingerknöcheln in den Lukenrand einkrallen, Schwung nehmen, rüber hieven, mit weichen Knien aufstehen .... und urplötzlich einen grandiosen Blick über den Prenzlauer Berg genießen! ...WOW! ... Unbeschreiblich! ... Wir waren oben! Ich dachte immer, irrtümlich, alle Dächer seien nach allen Seiten stark geneigt und sie seien nach allen Seiten verziegelt, so wie man es von den kleinen Eigenheimen im Berliner Umland her kennt. Nein! Die Dächer im Prenzlauer Berg sind schon nach einer Seite sehr, sehr stark geneigt und dort auch mit Dachziegeln versehen. Oben ist es aber im

---

31 Anspielung auf einen süßen Animationsfilm von 2009

allgemeinen eine leicht schiefe Ebene, die nur mit Dachpappe versiegelt ist. Es federt leicht, wenn man darauf entlang geht, was mir in den ersten zehn Minuten auf dem Dach nun auch wieder nicht so ganz geheuer erschien, fragte ich mich doch, ob dieses nachgiebige Konstrukt unter mir auch meine etwa 110 kg Lebendgewicht aushalten würde. Es hält! Herr Dudek erklärte sehr nett. Hätte es geregnet oder gefroren, hätte er uns Laien nicht mit auf das Dach genommen, denn dann ist es schon sehr schnell glitschig und rutschig. Es gibt auch diese stark geneigten Dächer, bei denen man über Planken, ohne weitere Sicherung oder ein Geländer, von Schornstein zu Schornstein laufen muss und da hätte er uns garantiert nicht mitgenommen. ... Da wäre ich auch garantiert nicht mitgegangen!

„Viele Leute wissen gar nicht, was wir hier oben machen und manche nicht einmal mehr, wer wir sind.", erzählte „unser" Schornsteinfeger. „Einmal winkte mir von unten so eine KiTa-Gruppe zu und die Kinder riefen mir ‚Spiderman‘ zu!" Herr Dudek klein, geschmeidig, behände, wie eine Katze, stand schon wieder auf dem nächsten Schlot. Das Kehrseil aus Hanf ist etwa zwanzig Meter lang und Rußgeschwärzt.
Bei etwa fünfzehn Metern ist ein großer Knoten im Seil.
„So tief sind hier in der Gegend die Essen. Der Knoten ist, damit ich weiß, wie weit ich das Seil noch ablassen kann."
Am Ende hängt eine etwa 3 kg schwere Eisenkugel, die den darüber befindlichen Kehrbesen aus Drahtenden in den dunklen Abgrund hinein zieht. Eine, ich durfte es dann selbst einmal probieren, doch recht schweißtreibende Tätigkeit, die einem gut in die Oberarme geht. „Viermal im Jahr, zweimal im Herbst, zweimal im Frühling, kehren wir die Schlote, an denen noch Kachelöfen hängen, einmal im Jahr dort, wo es Gasheizungen gibt." In einem kleinen Büchlein, Größe Notizblock, hat er Grundrisse jedes

einzelnen Gebäudes, in denen die dort angeschlossenen Heizanlagen und –arten verzeichnet sind. „Hier, schnuppern sie mal! Das ist noch Kohleofen." Ich hielt meine Nase in einen Schlot. Mich erinnerte dieser Geruch an Lagerfeuer im Garten. „Und das hier", ich roch an diesem Schornstein nichts, „ist Gasheizung. Die haben fast schon einen Wirkungsgrad von 100% und das, was dann hier oben heraus kommt, ist nur noch Wasserdampf."

Ich war hin und her gerissen, zwischen Gerüchen und Aussicht. Oben vielfach tolle, teure Lofts, manchmal über zwei Etagen, manchmal mit Dachterrasse. Wegen der relativ hohen Einbruchsgefahr über die Dächer ist immer häufiger über die Brandmauern „fieser" Stacheldraht ausgerollt, der auch den Schornsteinfeger zum Treppenab- und aufsteigen nötigt. Apropos Brandmauern. Sie sind der Grund dafür, dass es in Berlin während der Bombardements im Krieg nicht zu solchen Flächenbränden kam, wie beispielsweise in Hamburg. Idealer weise sollten sie mindestens neunzig Minuten lang ein Übergreifen von Flammen auf das Nachbarhaus verhindern.

„Ist denn ihre Arbeit durch die Haussanierungen leichter geworden?", wollte ich wissen. „Ja, schon, aber von etwa vierhundert Handwerksbetrieben in ganz Berlin vor der Wende sind nur noch etwa zweihundertdreißig heute übrig geblieben. Die Fegereviere sind dadurch für jeden einzelnen größer geworden." „Und Nachwuchs?" „Wir bilden leider in ganz Berlin jährlich nur noch zwischen 12 und 20 Leuten aus. ... und dann fällt ja, laut E.U.-Beschluss, ab 2012 unser Monopol und dann dürfen beispielsweise auch Heizungsinstallateure unsere Arbeit machen."

Man wird sehen, wie sich das auf die Qualität der eigentlichen Schornsteinfeger auswirkt. An Tagen an denen es vom Wetter her zu gefährlich wäre, auf die Dächer zu steigen, werden oft Abgasmessungen an Heizanlagen durchgeführt. Auch diese Messungen sind in regelmäßigen Abständen vorgeschrieben.Und wieder zeigte uns Herr

Dudek etwas. Eine typisch Berliner Besonderheit sind die Schlote der einstigen Kochmaschinen in den Küchen. Früher wurde in der Küche meist mit Holz- oder Kohlefeuer geheizt (Ich kenne das noch bei uns aus dem Garten! Da die Wärmemengenzuführung zu kontrollieren, ist wirklich eine Kunst! Selbst Kaffeewasser schaffte ich dabei anzubrennen!). Bei diesen Herden hatte jeder einzelne seinen eigenen Rauchabzug. Auch sonst wies Herr Dudek auf viele Kleinigkeiten hin. Es gibt wirklich Mieter (was lächle ich da so süffisant, bin ja selber einer von denen), die sich erfolgreich gegen Modernisierungen in ihrer Wohnung wehren konnten.

Und so hat man heute an einem Haus viele verschiedene Heizungsarten, die vom erhaltenen Kohleofen bis hin zur neuesten Gasheizung reichen und die Lofts haben manchmal gar Kamin. Auch nur von oben zu sehen ist, dass die Straßenfassaden der Gebäude heute fast immer frisch gemalert und gut verputzt sind, bei einigen Hinterhäusern und Seitenflügeln scheint die Zeit jedoch stehen geblieben zu sein. ... manchmal kurz nach dem Krieg.

Ich habe den Eindruck, Schornsteinfeger ist ein sehr einsamer, aber auch sehr romantischer Beruf, bei dem man die Stadt aus einem ganz anderen Blickwinkel, beispielsweise wie bei einer Stadtrundfahrt auf der Spree, wahr nimmt.

Der Dauerlärm der Danziger Straße kommt nicht bis nach oben. Dafür sieht man hier gelegentlich mal eine streunende Katze, leere Bier- oder Sektflaschen von der letzten Party, im Sommer auch mal schöne Frauen bei der Ganzkörperbräunung, dort schaut man in die Fenster eines Ateliers, hier sieht man Frau Müller gerade beim ankleiden, weiter hinten das ältere Ehepaar in ihrer Wohnung werkeln. Herr Dudek kennt aber auch die Mieter und Wohnungsinhaber und erklärt uns, wo welcher „Promi" wohnt. Ich bin bei „Promi" immer etwas zurückhaltend, denn der Grad der Erkennung eines „Promis" hängt ganz entscheidend davon ab, in welchem Umfeld man sich selbst aufhält, welche Interessen man hat und welche Fernsehsender man sieht. Und letztendlich sind „Promis" auch nur Menschen, die in den meisten Fällen einfach nur in Ruhe gelassen werden wollen.

Die Uhren hier oben ticken anders. Aber nach neunzig Minuten sollte so ein Karree beendet sein. Nun ging es zum anderen Ende der Schlote, in die Keller. Der Schornsteinfeger kündigt sich auch heute noch wie in alten Zeiten durch sein Kreidezeichen (Leiter mit Besen) an den Haustüren an.

Und in den Kellern nun oft wirklich das genaue Gegenteil! Oben begrüntes, ökologisches Dach, unten muchtige Keller, niedrige Keller. Uralte Aufschriften wie: „Abgang zum Schutzraum", alte Flugblätter aus der DDR-Wendezeit in den Hausfluren und nach der Weite oben nun enge Nischen, sehr, sehr flache, niedrige Gänge, durch die der Schornsteinfeger aber auch muss, denn hier unten entnimmt er den Ruß, den er vorher von oben gekehrt hat. Und hier unten ist es dann wirklich schmutzig. Fiepende Ratten, die in Wandlöchern verschwinden, Kakerlaken, muffige, nie gelüftete Verschläge, staubige RFT-Farb-Fernseher, einst ganzer Stolz ihrer Besitzer, uralte Waschmaschinen, Fahrradleichen, unisolierte Strom-leitungen. Einige Kellergewölbe vom Aussehen her noch immer so bedrückend, als machte der Krieg nur gerade eine kurze Pause und die Hausbewohner kehrten gleich wieder in ihre Bombenschutzräume zurück.

Bei aller Schnelllebigkeit und Veränderung hat für mich der Prenzlauer Berg seine Wurzeln in den Kellern ... und auf den Dächern! Unten unverändert muffig, oben herrliche Weiten bis zum Horizont!
Dank an Herrn Dudek für diese tolle Erfahrung!

*

Zwischen Schönhauser Allee, Helmholtzplatz und Prenzlauer Allee - am 17./18./20./21.11.08

Bin ich schon zu angepasst, um Neues zu entdecken und auch noch positiv zu kommentieren? Riskiere ich mittlerweile in meinen Texten zu wenig? Bin ich selbst schon miefig-spießig geworden? Manchmal scheint es mir so.
Ich hatte in einer Fortbildung eine junge, dynamische, verheiratete Frau kennengelernt, die einen wunderbaren Power-Point-Vortrag über ihre Heimat Litauen gemacht hatte. Das Thema interessierte mich, weshalb ich sie in diesen Text über den Helmholtzplatz irgendwie einbauen wollte. Notfalls muss man den Artikel halt in zwei Teilen ... .
Mein Wissen über die jungen, baltischen Demokratien ist sehr lückenhaft. In der Schule wurden sie uns nur als normale Sowjetrepubliken „verkauft". Ich vermutete daher, Litauisch sei nur ein russischer Slang, etwa so, wie das Bayerische für Deutschland.
Die baltischen Republiken wurden 1991 unabhängig, ich konnte mir jedoch bei deren geringer Bevölkerungszahl nicht vorstellen, wie (?), haben sie doch, jeder Einzelne für sich, meist weniger Einwohner, als Berlin allein. Nun interessierte mich brennend die Frage, was es für ein Gefühl für jemanden ist, der in einem Land lebt, das über Jahrhunderte hinweg ständig von anderen Völkern besetzt ist ... hier halt im Wechsel von Deutschen, Russen, Polen. Nimmt man selbst diese Besetzung wahr? Fühlt man sich da als Mensch II.Klasse?
So traf ich mich also mit Giedre am Helmholtzplatz. Wir schlenderten um den Helmholtzplatz mit seinen angrenzenden Straßen herum. In der Schliemannstraße, zwischen „Helmi" und Stargarder, gibt es seit kurzem ein Filmcafé, die im Keller regelmäßig Filmklassiker, zum Beispiel vom legendären Regisseur Alfred Hitchcock, zeigen. Darauf wies mich Giedre hin.

Sie liebt Berlin. „Die Stadt ist so bunt und jeder Kiez hat seine eigene Farbe! ... und es ist so herrlich ruhig. ... Als ich vor einem Jahr mit meinem Mann und den Kindern nach Deutschland zog, hätte ich auch nach Hamburg gekonnt, aber wenn man keine Freunde hat, ist das schwer. Hier in Berlin haben wir Freunde und die rieten uns, in den Prenzlauer Berg zu ziehen. Das war eine richtige Entscheidung! Wir leben hier gerne, gerade weil es hier so viele Kinder gibt. Genau die richtige Gegend für junge Familien. Berlin ist zwar manchmal etwas groß für mich, ich komme aus einer ‚Kleinstadt‘ mit ‚nur‘ 400.000 Einwohnern, aber es gibt in Berlin auch eine große Litauische Gemeinde.“

Nun kam ich zu meiner eigentlichen Frage:

Spürt man die Besetzung des eigenen Landes durch ein anderes?

„Ich war damals noch zu klein, um das bewusst wahrzunehmen. Aber meine Eltern waren dabei. Da gab es am 13.Januar 1991 unseren ‚Blutsonntag‘, an dem das russische Militär die Zeiten zurückdrehen wollte. Aber die litauische Bevölkerung und auch meine Eltern, schützten die junge Unabhängigkeit, besetzen auch den Sender in Vilnius. Das russische Militär verletzte an diesem Tag mehrere Menschen und tötete vierzehn. Ja, wir haben wirklich unsere Demokratie und Freiheit verteidigt. Aber noch immer kämpfen wir um unsere Unabhängigkeit. Der Einmarsch von Russland in Georgien in diesem Jahr macht uns deshalb große Angst. Wir wollen zum ‚Westen‘ gehören und nicht mehr zu Russland!“

Nach diesen, für mich bewegenden Worten, bot ich der jungen Familie meine Freundschaft an.

Was hat das ganze nun aber mit dem Helmholtzplatz zu tun? Sicher nur das eine, dass dieser Platz noch immer einer der buntesten Berlins ist und dass es hier noch immer, so wie in Litauen, Ureinwohner gibt, die sich nicht vertreiben lassen. Auf dem Helmi herrscht „friedliche Koexistenz“ zwischen

Ureinwohnern, zugezogenen (halb Berlin besteht aus zugezogenen Leuten) und Touristen.

Um noch den Kiez um den Helmholtzplatz noch mehr in mich aufzunehmen, tigerte ich zwei weitere Tage von der Schönhauser Allee über Gneist- und Raumerstraße zur Prenzlauer Allee. Das „en passent" an der Gneist / Schönhauser ist eine Schach-Kneipe. Der Wirt ist sehr engagiert. Man kann Schach spielen und mit Touristen ins Gespräch kommen. Die herrlichen Klinkerfassaden aus der Gründerzeit rechts und links der Gneiststraße weisen relativ wenig Stuck auf. Alles ist frisch saniert, Kriegsschäden und Einschusslöcher nicht mehr sichtbar. Durch die Pappelallee, so erzählte mir mein Vater einst, hätten noch am 2.Mai 1945, kurz vor der Kapitulation Berlins, SS-Soldaten einen Ausbruchsversuch aus dem Kessel Berlins durchgeführt, in dem sie durch die Luftschutzkeller in der Pappelallee Richtung Norden türmten.
An der Ecke Gneiststraße zur Pappelallee ist das „Sternenstaub" leider schon seit über einem Jahr geschlossen. Das Lokal hatte einen kleinen extra Raum, der über eine steile Treppe zu erreichen war, für ca. zwanzig Gäste mit einer Bühne, auf der regelmäßig Kleinkunst veranstaltet wurde. Auf der gegenüberliegenden Straßenseite ist das legendäre „Eckstein", dass schon in dutzenden Filmen, die bislang in Berlin gedreht wurden, als Kulisse diente. Für mich ist das „Eckstein" ein Ort für so manches Date. Spielt man am PC „Linie 51", eine Straßenbahnfahrsimulation, die in die „goldenen 20er" Jahre führt, kann man von der Kastanienallee, als Fahrer einer alten Straßenbahn, die Pappelallee bis genau zu jener Ecke erkunden. Die Simulation ist von den Grafiken und vom Sound her äußert liebevolle gestaltet.
Ein Stück weiter in der Raumerstraße, Richtung Helmholtzplatz, ist linker Hand „Speiches Blueskneipe". Sie ist als reine Rauchergaststätte deklariert. Zutritt erst ab 18

Jahren, geöffnet ab 19.30 Uhr. „Speiche" ist der Bassist der Bluesband „Monokel". Die Kneipe gibt's schon ewig. Jeden Dienstag sendet das renommierte Rockradio, bei dem auch ich nun seit kurzem eine eigene Sendereihe habe, live von 18 – 20 Uhr von hier aus und jeden Freitag ist ab 20 Uhr bei „Speiche" Live-Musik mit Jamsession garantiert.

Zwei Häuser weiter gibt es bei „Second Bäck" einen Tag alte Backwaren, die garantiert nicht vorgekaut sind. Die Ecke zur Lychener Straße ist voller Kneipen. Bei Touristen ist die Raumerstraße noch immer ein Geheimtipp als Schlemmermeile. In Haus Nr. 6 jetzt das „Tartus". Bis zur Fußball-WM 2006 war es das „Diesseits im Jenseits", eine uralte Berliner Kneipe. Wegen Stress mit der Russenmafia gab der Wirt schließlich mit sechzig Jahren auf. Zwischen Öko- und Bio-Läden findet man in der Raumer Nr. 8 produzierendes Gewerbe, die „Tausche oHG".

Weil ich nicht wusste, was es dort gibt und ich nur Handtaschen in der Schaufensterauslage sah, bin ich in das Geschäft hinein gegangen und habe gefragt. Nach einem Baukastensystem können sich die Kundinnen hier ihre individuelle Handtasche zusammenstellen und anfertigen lassen. Tolle Idee, finde ich und verlasse wieder den Laden.

Im Gegensatz zum Kollwitzkiez findet man am Helmholtzplatz auch noch ganz normale Lebensmittel-geschäfte. An der Ecke Lettestr / Schliemannstraße ist eine Mieterberatung. Sie sorgte durch ihren Einsatz mit dafür, dass bei den Modernisierungen nicht alle Ureinwohner aus diesem Kiez vertrieben wurden.

An der Raumer / Dunckerstraße eine Apotheke, die im Film „Sommer vor'm Balkon" eine Nebenrolle hatte. Genau dieser Apotheke gegenüber DER Balkon aus dem Film. So spielt sich der Film also auf dem Helmholtzplatz ab. „Sommer vor'm Balkon", wie schon einmal gesagt, ist einer meiner Lieblingsfilme. Als er vor drei Jahren in die Kinos kam, sah ich ihn nur einen Steinwurf vom Helmholtzplatz entfernt, in der Kulturbrauerei. Übrigens, während meiner

Streifzüge durch den Kiez stolperte ich wieder über ein Filmteam, das gerade an diesem Platz etwas drehte.

Der Bastlerladen, der Jahrelang schräg gegenüber der Apotheke residierte, ist bereits vor geraumer Zeit einem Café gewichen und befindet sich nun in der Dunckerstr. zur Danziger hin. Im Teil zur Stargarder Straße gibt es unter anderem eine Drehbuchschule und das Kindertheater „Popelbühne".

Die Seniorenbegegnungsstätte „Herbstlaube" mit der angrenzenden Galerie existieren noch.

Das eine Etage darüber liegende Museum, welches die Berliner Wohnverhältnisse in der Gründerzeit aufzeigt, ist wenig frequentiert, weil viele Einheimische und Besucher gar nicht wissen, dass es existiert. Zurück auf die ursprüngliche Route. Das „Göhrener Ei" ist saniert. Die Straße nun Spielstraße. Der Eliashof, Göhrener Straße/Senefelderstraße wird nun erst saniert. Ein „Kinder- und Jugendkultur-zentrum" wird errichtet. Frage mich dabei, weshalb man erst vor einem Jahr die Kinderbibliothek im Eliashof platt gemacht hat, um nun eine neues Kulturzentrum zu errichten. Geht das überhaupt ohne Bibliothek?

Weiter auf der Raumerstraße mit den vielen Kneipen und Cafés. Das „Teeater", ein wunderbar duftender Laden, in dem man alle Teesorten der Welt ganz frisch bekommt, hält sich. Die Besitzerin ist sehr rührig und engagiert sich für Tee. Bis zur Prenzlauer Allee gibt es noch Heilpraktiker, Versicherungsbüros und Rechtsanwälte. Dort, wo die Raumerstraße in die Prenzlauer Allee mündet, gibt es zwei Baumärkte. Wenn man aus der Raumerstraße kommt, linker Hand, dieser existiert schon sehr lange. Die erstklassige Kunden-Beratung ist individuell und erklärt auch einem Laien, wie mir, geduldig. Auf der anderen Ecke die Konkurrenz, die in meinen Augen keine ist, ein Max-Baumarkt-Discounter mit miesem Angebot, schlechter Beratung und unfairen Preisen.

Erholung findet der, durch die Raumerstraße Reisende
schließlich auf einer gemütlichen Bank im Park gegenüber
vom Bürgeramt.

*

Die Gormannstraße - am 18.1.2014

Die Gormannstraße ist wirklich niedlich und auf dem Gebiet
des Prenzlauer Berg relativ kurz. Biegt man von der
Schönhauser Allee gegenüber vom Frannz-Club in die
Choriner Straße ein, hat man als Autofahrer das Problem,
dass hier die Radfahrer absolute Vorfahrt haben. Man sollte
auch beachten, dass aus der Oderberger Straße schnell mal
Radler auf die Choriner Straße hinaus geschossen kommen,
denn, das sagt die Verkehrszeichenbeschilderung aus,
Radfahrer dürfen das an dieser Stelle, genauso wie
Rettungs- und Einsatzfahrzeuge von Feuerwehr und Polizei.
Alle anderen dürfen es eigentlich nicht!
Auf der Choriner Straße kreuzt man dann die Schwedter
Straße, Zionskirchstraße und die Fehrbelliner Straße.
Spätestens ab hier kommt man sich als Radfahrer vor wie
bei der Vier-Schanzen-Tournee, denn von nun an geht's
steil bergab! … in die Gegenrichtung aber auch steil
bergauf. Dann fährt man an der Lottumstraße (ja, Pi-Radio,
die in der Lottumstraße 10 sitzen, beteiligen sich an der
Neuausschreibung der Frequenz 88,4 MHz ab Mai wieder!)
vorbei und ab Zehdenicker Straße heißt die Choriner Straße
dann Gormannstraße.
Zum Prenzlauer Berg gehören nur die etwa fünfzig Meter
Stadteinwärts. Die andere Straßenseite gehört da schon zu
Mitte. Die Gormannstraße selbst quert die Torstraße, führt
ins alte Scheunenviertel hinein und endet fast am
Hackeschen Markt an der Weinmeisterstraße. Ihr erster
Name war „Laufgasse" (um 1699–1867). August Cornelius
Gormann (1796 – 1861) war Töpfermeister und
Unternehmer und zu wichtigen Erkenntnissen bei der
Tonverarbeitung in der Architektur gelangt. Der

109

Straßenabschnitt im Scheunenviertel bekam schon 1867 seinen Namen, der Teil von der Torstraße bis zur Zehdenicker Straße erst 1897. Der Teil im Prenzlauer Berg ist absolut unspektakulär. Auf der „Mitte-Seite" ein Wohnhauskasten, der aussieht, wie ein Lückenbau kurz nach dem Krieg, auf der „Prenzlauer Berg – Seite" typische Gründerzeitbauten.

*

Die Groterja(h)n-Brauerei - am 13.11.2014 überarbeiteter Text aus der Märzausgabe 2004

In unserer kleinen Reihe von ehemaligen Großbetrieben, insbesondere der Brauereien am Prenzlauer Berg, möchte ich mich heute um die Groterja(h)n-Brauerei aus der Milastr. 1 – 4 bis Schönhauser Allee 129 - 130 kümmern, die in unterschiedlichen Quellen mal mit, mal ohne „h" geschrieben wird.

Die Front der ehemaligen Brauerei zur Cantianstraße hin ist für die Berliner Architektur relativ untypisch, da sie englischen und und holländischen Vorbildern entlehnt ist. Die Fassade wird durch geschwungene Giebel gekrönt, die Ecke zur Milastraße durch einen mit Kupfer gedeckten Turmhelm. Durch die unterschiedlichen Gebäudehöhen und Dachformen, sowie den Wechsel von Trauf- und Giebelstellung wirkt die Fassade besonders abwechslungsreich. Trotz größerer baulicher Veränderungen in den letzten einhundert Jahren hat die ehemalige Groterjanbrauerei noch heute eine gewisse Bedeutung für die Geschichte im Stadtbild.

Ab 1835 stand an Stelle der Brauerei eine Eisengießerei, ab 1839 eine Gold- und Silber-Scheide-Anstalt des Besitzers „Schwan". Die Brauerei wurde in drei Bauabschnitten 1896/97 in der Cantianstraße errichtet, nachdem Christoph Groterjan 1894 ein von ihm hergestelltes Malzbier zum Patent angemeldet hatte. Die Verlegung der Brauerei in die

110

Schönhauser Allee erfolgte 1897. Der Restaurations- und Saalbau wurde 1905/07 errichtet. Nach dem Tod Christoph Groterjans 1909 ging das Gelände in den Besitz der „Aktiengesellschaft Malzbierbrauerei Groterjahn & Co" über. Die Wohnanlage auf dem Gelände wurde 1910/11 gebaut. Ein weiterer Umbau geschah 1912, als im Erdgeschoss der Brauerei Treppen und Trennwände eingezogen wurden.

Ab dieser Stelle habe ich mehrere einander oft widersprechende Fakten aus unterschiedlichen Quellen.

Einmal heißt es, der Brauereibetrieb sei am Prenzlauer Berg 1914 bereits eingestellt worden, nachdem der Konsum von Malzbier ab 1908 soweit eingebrochen war, dass die Brauerei Zahlungsunfähig geworden sei und sie deshalb (wegen der Zahlungsunfähigkeit?) im Jahre 1914 in die Prinzenstraße am Wedding umgezogen war.

Eine weitere Quelle berichtet, nach dem Verkauf von Groterjan an Engelhardt 1918 wurde der Brauereibetrieb 1921 an dieser Stelle eingestellt.

In der Geschichte der Kulturbrauerei heißt es, Schultheiß hätte 1920 Groterjan aufgekauft und sei damit zur Weltgrößten Lagerbierbrauerei geworden. An anderer Stelle ist zu lesen, dass am 1. 9. 1961 die Schultheiß-Brauerei AG die Groterjan-Brauerei in der Weddinger Prinzenstraße übernahm und Groterjan eine Abteilung derselben wurde, die 1978 ihren Betrieb einstellte. Bis zur Übernahme von Schultheiß durch die Oetker/Radeberger-Gruppe 2004 war der Name „Groterjan" für das alkoholfreie Bier von Schultheiß erhalten geblieben. Aber die Radeberger-Gruppe stellte nicht nur dieses, sondern auch die leckerere hefetrübe Weiße von Schultheiß mit ein.

Die nächsten Fakten sind wieder „hart". Nach der Schließung der Brauerei in der Milastraße zog in die Produktionshallen die „Schokoladen- und Zuckerfabrik Joseph Szlagowski" ein. Eine weitere Veränderung gab es

1928 mit der Errichtung einer Brotbäckerei in den Teilen der früheren Brauerei und im Saalbau durch das Kino „Mila-Lichtspiele".

Eine „Tankanlage" (Tankstelle?) wurde 1929 auf dem Hof der ehemaligen Groterjan-Brauerei eingerichtet. Nicht mehr nachvollziehbar sind diverse Umbauten aus den Jahren 1930/31, da diese Umbauten ohne Genehmigung durchgeführt wurden. Mit entsprechender Genehmigung wurde 1932 der Schornstein erhöht und 1934 eine Garage gebaut. Diese Garage war Teil der Fahrschule, die in diesem Jahr 1934 ihren Kundendienst aufnahm. Die Fahrschule wurde nach dem Krieg enteignet und dem „VEB Taxi" unterstellt, die ihrerseits ein Betriebsteil der Ost-Berliner BVG (in den späten 60er Jahren in BVB umbenannt) waren. Wer in der DDR seinen Führerschein (hier sinnigerweise „Fahrerlaubnis" genannt, denn „Einen Führer haben wir hier nicht!") nicht bei der Nationalen Volksarmee oder bei der „Gesellschaft für Sport und Technik" (paramilitärische Vereinigung) machte, musste zu dieser staatlichen Fahrschule, mit oft monatelangen Wartevoranmeldungs-listen die oft genug durch „blaue Fliesen" „frisiert" wurden.

Nach dem Krieg nutzte von 1948 – 1983 „Sowexport" einen Teil des Brauereigeländes. Das Kino im Saalbau wurde 1963 enteignet und geschlossen.. Von 1966 an war der Saalbau Probebühne der Volksbühne am Rosa-Luxemburg-Platz, wurde aber 1990 wegen Baumängeln geschlossen. In der Restaurations- und Wohnanlage waren von 1983 – 1990 Büros und Lagerräume des Außenhandels der Film-gesellschaft DEFA. Der einstige Saalbau wurde nach einer Modernisierung 1996 als Gaststätte „Ribbeck" wieder in Betrieb genommen. Das Gedicht des „Herrn Ribbeck aus Ribbeck im Havelland, in dessen Garten ein Birnbaum stand" von Theodor Fontane war der Namensgeber dieser sehr mondänen Gastwirtschaft. Einzig eine in der Einfahrt auf das Geländer angebrachte kaum noch als solche erkennbare stählerne Birne erinnert an das Restaurant. Es wurde vor einigen Jahren wieder geschlossen. Das Lager eines Möbelhandels befindet sich dort heute. Erhalten geblieben sind auch kleine Krane aus DDR-Zeiten, die einst der Kohle zum heizen in die Keller der Restauration beförderten. Heute gibt's dort die Restauration der Villa Groterjan die Einblicke in die einstige Braukunst bietet und das Buddhistische Zentrum.

*

Helmholtz – am 19.6. 2013 - „**Rund um die Berolina**"

Wo war der in der Überschrift meines Artikels im letzten Monat angekündigte Bär?
Das war der, den ich mir im letzten Monat fast hab aufbinden lassen. Angeblich habe man die „Berolina" in einer Gießerei am oder im Helmholtzkiez 1944 eingeschmolzen. Eine Statue der „Berolina" stand u.a. am Alexanderplatz. Nach ihr haben dort diese grauen Geschäftshäuser aus den 30ern den Namen „Berolinahaus".

Die Schönhauer Allee war um 1850/60 noch relativ locker bebaut. Man zählte damals nur drei Einwohner pro 100 m² – entlang der Schwedter Str. waren es zum Vergleich um diese Zeit schon 13,9 Einwohner pro 100 m².
Bereits 1875 wurde vom Schönhauser Tor bis nach Pankow eine Linie der „Großen Berliner Pferdebahn" eröffnet. Im Jahr 1880 wurde deren Verkehr versuchsweise auf Dampfbetrieb umgestellt, aber wegen der starken Rauchentwicklung bald wieder eingestellt und die Strecke ab 1895 elektrifiziert. Am 25 Juli 1913 wurde die 3,5 km lange U-Bahn vom Alexanderplatz bis Bf. Nordring (heute Bf. Schönhauer Allee) eröffnet und bis 1930[32] bis Pankow/Vinetastr. verlängert. Die Stahlkonstruktion der Hochbahnanlagen wurden nach Plänen von Alfred Grenander und Johannes Bousset gebaut.

---

32 … bis 1924

113

In der Dunckerstr. 64 ist auf einem schmalen Restgrundstück entlang der Ringbahn eine 1913/14 nach Plänen von Ludwig Hoffmann errichtete ursprüngliche reine Mädchenschule, in die die ehemalige Mädchenschule aus der Christburger Straße und die ehemals „Höhere Webschule" am Warschauer Platz einzog.

Auf der anderen Seite der Ringbahn steht auf dem Grundstück entlang der Bahntrasse in der Dunckerstr. 65/66 gleichfalls ein Bau von Ludwig Hoffmann. Diese ehemalige „Gemeindeschule für Knaben" wurde bereits 1899/1900 gebaut. Interessant ist das einstige Rektorenhaus in der Straßenfront, an das sich einst eine „Städtische Vorlesehalle" an schloss. Diese „Vorlesehallen" hatten um 1900 herum eine große Bedeutung in den bevölkerungsreichen Stadtteilen. Sie wurden durchschnittlich von jährlich 121.000 Personen besucht, die hier „ihre Bildung zu vervollständigen strebten".

Eine Ecke weiter, im sogenannten „Bullenwinkel", so genannt, weil dort hin wohl immer wieder mal das eine oder andere Hausrind der vielen kleinen Hinterhofmolkereien flüchtete und dort dann in der Sackgasse im wahrsten Sinne war, in der Lychener Straße direkt an der Ringbahn, steht die nächste Schule, die nach Plänen von Ludwig Hoffmann errichtet wurde, Die „Gemeindedoppelschule" (ein Aufgang für Jungs, einer für Mädchen) in der Lychener Str. 97/98 wurde 1905 gebaut. Von dem dreiflügeligen Schulbau sind im Krieg weite Teile zerstört worden und heute nur noch der Nordflügel erhalten.

In der Pappelallee neben der einstigen „Wäschefabrik Jacobowitz" ist man derzeit dabei, eine der letzten Kriegslücken zu schließen. Das daneben liegende letzte ursprüngliche Haus im gesamten Kiez saniert man gerade. Die ehemalige Wäschefabrik selbst, in der Pappelallee 78/79 hat eine sehr wechselvolle auch jüngere Geschichte.

1910 errichtet, beherbergte das Gebäude nach dem Zweiten Weltkrieg u.a. ein Kino. Später produzierte dort „VEB Metallmöbel". Nach 1990 war das Haus eine Zeit lang Sitz des Finanzamtes Prenzlauer Berg. Derzeit residiert darin u.a. der Suhrkamp Verlag mit seinen Ablegern. Am 27. Mai 2013 stellte der Suhrkamp Verlag beim Amtsgericht Berlin-Charlottenburg einen Antrag auf Einleitung eines Insolvenzverfahrens nach § 270b der Insolvenzordnung (Schutzschirmverfahren). Grund ist das Urteil vom März 2013, nach dem der Gewinn aus dem Jahr 2010 wegen fehlerhafter Beschlussfassung der Geschäftsführung nicht im Verlag verbleiben kann, sondern anteilig an den Gesellschafter Barlach auszuzahlen ist.

… Ja, ja, die guten Erbstreitigkeiten …

Sorgen bereitet im Kiez aber derzeit auch die Gethsemanekirche. Sie wurde 1891/93 nach Plänen von August Orth auf „einem quadratischen Platz an der Kreuzung Stargarder Straße mit der Greifenhagener Straße erbaut", so das Buch „Bau- und Kunstdenkmale in der DDR – Hauptstadt Berlin – I" erschienen im Henschelverlag 1984.

Das Grundstück war eine Schenkung der Witwe Griebenow. Nach der Aufhebung des Feudalen Rechts auf Grund und Boden Anno 1823 nutzte Wilhelm Griebenow als einer der ersten die Möglichkeit zum Landkauf. So erwarb er das kurz vor der Zwangsversteigerung stehende Königliche Vorwerk am Schönhauser Tor mit seinen ausgedehnten Ländereien, die er wenig später parzellierte und gewinnbringend weiterveräußerte. Er legte die Choriner Straße, die Kastanienallee und deren Fortsetzung, die Pappelallee, an. Die Schenkung der Witwe Griebenow wurde zunächst kirchlicher Seits abgelehnt, weil der Bauplatz damals noch in einer abgelegenen und sonst kaum bebauten Gegend lag.

Nach dem Zweiten Weltkrieg wurden auf dem Kirchengelände von ausländischen Hilfsorganisationen unterernährte Kinder des Kiezes, so auch mein Vater, mit dicken Milchsuppen aufgepäppelt.

Die Gethsemanekirche spielte bei der friedlichen DDR-Revolution eine heraus ragende Rolle und wurde dadurch weltbekannt. Der Bau ist heute ganz, ganz dringend sanierungsbedürftig. Spenden werden gesammelt!

*

Helmholtzplatz - August 2012 - 13./20.7.2012

Ich hatte die Dame, ich nenne sie hier wegen der Diskretion einfach „die unbekannte Schöne", in einer dieser Sinn freien Jobcenter-Maßnahmen in diesem Jahr kennen gelernt. Leute, die sich schon Minijobs an Land gezogen hatten, sollten diese wieder aufgeben, um eine Arbeit mit vierzig Wochenstunden zu erhaschen oder mit einem so hohen Verdienst zu bekommen, dass man aus dem ALG-II-Regelsatz heraus fällt. So einen Wechsel macht natürlich niemand gern, weil an diesen Minijobs vor allem sehr viel Herzblut hängt. Ich selbst hatte auf die letzte Frage des dortigen Jobcoachs im Abschlussgespräch, „Und was werden sie nun in Zukunft tun, um aus dem Hartz-IV-Bezug heraus zu kommen?" nur noch geantwortet: „Ich werde mich noch mehr, als bisher bemühen, dass das Bedingungslose Grundeinkommen eingeführt wird."

Mit „der unbekannten Schönen" unterhielt ich mich eingehend, denn sie wohnt seit mehr als fünfundzwanzig Jahren am Helmholtzplatz. Sie erzählte mir, dass es in einer herunter gekommenen Wohnung in einem Hinterhaus der Lettestraße 7 bis zur „Wende" einen Typen gegeben haben soll, der allein dadurch Stein reich wurde, dass er vor allem „Schallplatten" aus dem „Westen" unter der Hand verkauft habe. Er hatte einen tschechischen und einen polnischen Kumpel, die für ihn regelmäßig in Westberlin Schallplatten kauften und in den Ostteil der Stadt schmuggelten. Diese Staatsbürger konnten einfach so reisen und brauchten nicht einmal, wie die Westberliner bei ihren Ostbesuchen, diesen

Geld-Zwangsumtausch (25 DM im Kurs 1 :1 in DDR-Mark mussten pro Tag umgetauscht werden) mitmachen. Diese so in die Lettestraße gekommenen Westschallplatten wurden dann für ein- bis zweihundert, manche auch für bis zu vierhundert DDR-Mark heimlich im Kellergeschoss dieses einen Hauses verscherbelt. Nun kann man sich den Gewinn ja etwa ausrechnen. Der inoffizielle Kurs lag bei 1 DM gegen 4 DDR-Mark „unter Bluts-Brüdern" und bei 1 DM gegen 6 - 10 DDR-Mark „unter Fremden".

Das Problem lag damals darin, dass es in der DDR nur ein Schallplatten-Lable für Popmusik gab. Bei „Amiga", noch heute als eigenständige Marke unter dem Dach der BMG geführt, wurde alles, von Tanzmusik über Jazz bis hin zu DDR-Rock veröffentlicht. Aufnahmen „aus dem Westen" musste sich die DDR mühsam über Devisen beschaffen. Deshalb wurde innerhalb der DDR nur ein Bruchteil dessen, was auf dem westlichen Plattenmarkt heraus gebracht wurde, dann als „Lizenz-Platte" veröffentlicht und das auch nur noch in begrenzten Stückzahlen und kleiner Auflage. Dabei belebte man dann in den 80er Jahren die im Westen schon längst ausgemusterte „EP" (Extended Play) mit vier Titeln unter der Bezeichnung „Quartett-Single" neu. Gleichwohl presste die DDR auch Schallplatten im Auftrag westlicher Labels wie z.B. der EMI. Diese Pressungen sind daran zu erkennen, dass auf der Platte selbst kein GEMA-Zeichen, sondern das AWA-Zeichen (Anstalt zur Wahrung der Aufführungsrechte, das DDR-Pedant zur bundesdeutschen GEMA) zu sehen ist.

Und in Folge dessen blühte der Schwarzmarkt mit geschmuggelten Platten und die, die damit handelten, konnten nur reich werden!

Gut, ich kann diese alten Geschichten auch nicht mehr hören.

In der Lychener Straße gibt's seit Jahren eine Kita. Ursprünglich mal in einer Baracke auf einer Brache untergebracht, zeigt sie sich heute modern. Das Areal liegt quasi hinter der Berufsschule in der Pappelallee. Wir, „die unbekannte Schöne" und ich, staunten nicht schlecht über die frisch sanierten, schön ordentlichen Innenhöfe. Die Kita ist nun in einem modernen, neuen Lückenbau. Der dazu gehörende Spielplatz ist übersichtlich und für meinen Geschmack zu ordentlich. Gehört nicht zu einem Spielgarten auch 'ne „verwunschene" Ecke mit Brennnesseln und dornigem Gestrüpp, in dem Kobolde, Prinzessinnen und Hexen hausen? Nein, statt dessen ein Splitter freier Kletterbaum, puffig weicher Sand, garantiert antibakteriell und seidenweiche Seile, damit sich die lieben Kleinen gar nicht erst verletzen. Dabei sind es doch gerade solche Erfahrungen, die im Leben zählen. Dagegen sehen die Wege hart wie Beton aus.

Gut dann also ein paar Tage später mit unserem Fotografen Bernd Kähne bei Regen mal draußen kurz „Luft schnappende" Erzieher zu den Wegen gefragt: Ist es Beton? Nein, gleich die Antwort, das ist so ein Belag, wie er in Stadien verlegt wird. Ja, wie die Laufbahnen im Olympiastadion! … Halt federnd, weich, verletzungssicher. Da rutschte gleich meine eigene Jugend wieder in die Erinnerung, mit den ständig aufgeschlagenen Knien und der brennenden Jodtinktur. Ist alles besser heute.... … …

Weiter in Richtung Mach-Mit-Museum, denn da hab ich einen Termin .

Auf dem Mittelstreifen des Helmholtzplatzes ist gerade wieder mal „Tanz mit Gesang" angesagt. Der Platz ist in der Alkoholikerszene mindestens Europaweit ein Begriff und sie lässt sich zum Glück dort auch nicht vertreiben. „Gehen Snapps saufen on the Helmi" ist angeblich sogar in London ein Begriff, erzählte mir Ranny letztes Jahr! Heute intoniert bei Nieselregen eine „Dame" undefinierbaren Alters schon um dreizehn Uhr volltrunken in den schiefsten Tönen, die es gibt, … solche Noten kennt man gar nicht! … einen beim zweiten Hinhören mir doch nicht ganz unbekannten

Schlager von „Cindy & Bert" aus vollster Kehle. Dazu setzt mehr oder weniger rhythmisch ein gleichfalls schon angetrunkener Herr seine Beine, einen Tanz andeutend und klatscht dazu über dem Kopf, natürlich vollkommen unrhythmisch, in die Hände. … A moards Gaudi! …
Nun gut, ich selbst kann nicht mal singen und tanzen, wenn ich nüchtern bin .. … …

Im Mach-Mit-Museum sind wir mit dem Leiter der Einrichtung, Herrn Wobig, verabredet. Sehr enthusiastisch berichtet er und führt uns herum. „Laut!", denke ich im ersten Moment. Wenn man an andere Museen denkt, gibt's da nur ein gedämpftes Grundmurmeln, hier ist lautes, übermütiges Kindergekreisch. Offenbar ist diese Einrichtung genau das richtige in diesem Sommer. Hier können Kinder spielen und bekommen, quasi nebenbei, noch Wissen vermittelt.
Was mir auch auffällt, sind die fehlenden Personen in der Uniform von Hungerlohn zahlenden Wachpersonal- „-Dienstleistern", die die Besucher ständig daran hindern müssen, die Ausstellungsstücke zu berühren . Eine Bekannte von mir arbeitet so im „Zeughaus" „Unter den Linden". Viele Überstunden, kaum Zuschläge und am Monatsende muss sie noch mit „Hartz-IV" aufstocken. Also solche Leute fehlen hier, denn wie der Name es vermuten lässt, soll man im Mach-Mit-Museum anfassen, mitmachen, teilnehmen, selber probieren.

Die Einrichtung wurde vor zwanzig Jahren als „Kinder- & Jugend Museum Prenzlauer Berg" in einem Bauwagen auf dem Kollwitzplatz gegründet. Im Jahr 1993 ging es erst in die Kapelle in der Fröbelstraße und dann in die Grundschule in der Ibsenstraße. 1994 ein erneuter Umzug, nun in einen Projektraum in der Schivelbeinerstraße, der 1995 auf insgesamt 230 m² erweitert wurde. Die Örtlichkeiten platzten bald aus allen Nähten und so machte man sich 1999 auf die Suche nach größeren Räumen. Man wurde fündig in der Eliasgemeinde. Der Gemeindekirchenrat bewertete das Museumskonzept positiv für die Umnutzung der Eliaskirche und im Jahr 2001 übertrug die Evangelische Landeskirche das Erbbaurecht für die Eliaskirche auf die „JugendMuseum im Prenzlauer Berg gGmbH".

In diesem Monat, jetzt am 25 August, feiert man im Rahmen der „Langen Nacht der Museen" das zwanzig jährige Bestehen der Einrichtung. Ich hab dem Mach-Mit-Museum angeboten, aus Anlass dieses Jubiläums, am 16.August in meiner Hörfunksendung „OKbeat" bei „alex auf 88vier" über ihr Projekt zu berichten.

Interessant ist vielleicht noch, dass die ursprüngliche Kirchenorgel aus dem Jahre 1910, von der Stettiner Firma „Barnim Grüneberg" gebaut, denkmalgerecht wieder hergestellt werden soll.

Was mich im Innern des Hauses so faszinierte, war das riesig hohe Kletterregal im Kirchturm. Überhaupt sieht man im inneren von der eigentlichen Kirche so gut wie gar nichts mehr. Weitere Highlights sind, neben vielen anderen Dingen, ein im Frühjahr im Turm brütendes Turmfalkenpaar, das man via Bildschirm im Café der Einrichtung direkt beobachten kann. Auch ein eigener Bienenstock gehört zum Objekt. Die Eintrittspreise sind für meine Begriffe human gehalten. Das Museum ist täglich, außer Montags, geöffnet.

Die Eliaskirche wurde als „Roter Klinkerverblendbau" 1908/10 nach Plänen von G. Werner erbaut. Flankiert ist er von zwei ungleichen Türmen mit Schieferhelmen. Nach der Beseitigung von Kriegsschäden wurde der Altarraum 1960 neu gestaltet.

Dass in Deutschland immer mehr Kirchen „umgewidmet" werden, hängt damit zusammen, dass den großen Konfessionen schon seit Jahrzehnten die Mitglieder weglaufen. Deshalb sieht sich die Kirche immer häufiger gezwungen, sich von Immobilien zu trennen. Wenn dabei dann solche Institutionen wie dieses Museum in ehemalige Kirchengebäude einziehen, kann man das sicher für durchaus vertretbar halten.

*

Zwischen „Schusterkugel" und Kellergeschäft
am 14./19.10.2009

Mein Papa erzählte mir, dass er als Kind noch die „Schusterkugel" kennen gelernt habe. Ich konnte mir darunter nichts vorstellen. Dachte, es sei sowas, wie der Leisten, über den der Schuh beim Benageln gezogen wurde. „Nein!", erklärte mir mein Vater, „Das war eine mit Wasser gefüllte Kugel, ... also so wie ein rundes Goldfischglas ..." (seit ich „Der Dativ ist dem Genitiv sein Tod – Die Bastian Sick –Show" im Fernsehen gesehen habe, schreibe ich zusammengesetzte Substantive auch wieder zusammen...) „...manchmal war das auch nur so eine durchsichtige mit Wasser gefüllte Schweinsblase. Dahinter stand dann eine Kerze oder so eine Tranfunzel und damit hatten die Schuster in diesen damaligen Souterraingeschäften, so halb im Keller, trotz flackernder Flamme immer eine zielgenaue Lichtquelle. Diese gefüllte Kugel wirkte wie eine Linse. Heutzutage würde man da eine Schreibtischlampe hinstellen, aber Strom war damals teuer. Wir sind da als Gören immer zu einem Schuster gegangen, der gegenüber der ‚grauen Schule' in so einem Kellergeschäft war."
„Vatern und wo war diese ‚graue Schule'?"
„Na da in der Pappelallee so kurz vor der S-Bahn auf der rechten Seite. Das Vorderhaus dieser Schule ist im Krieg weg gebombt worden. Ich sehe da noch das Dach aus so einem Stahlgerüst schlohweiß brennen. Und bei dem Castorf, da an der Ecke, da hat mir mein Vater (Anmerkung: also mein 1984 [?] verstorbener Opa) noch nach dem Krieg so einen Stabilbaukasten gekauft (Anmerkung: mit dem auch ich noch gespielt habe). Das Ding war noch

121

Vorkriegsware. Du weißt ja noch, Opa war damals auf'm Bau und hat dann auch gelegentlich mal was mit dem Castorf zusammen gemacht. Also der Castorf hat das Metallzeugs geliefert, das mein Vadder dann in Wohnungen eingebaut hat. ... Ja, aber diese Schuster gab es in den Kellerläden damals überall."
Soweit mein Papa.
Nun machen wir mal, journalistisch nicht unklug, die Gegenprobe.
Wikipedia (Sie wissen, diese Quelle ist mit Vorsicht zu genießen) schreibt zur Schusterkugel:
>Die Schusterkugel ist ein mit Wasser gefüllter farbloser Glaskolben in Kugelform, welcher von Handwerkern, unter anderem von Schustern, bei Feinarbeiten vor allem in den Zeiten vor Einführung elektrischer Lichtquellen benutzt wurde, um eine Lichtverstärkung durch Bündelung einer diffusen Lichtquelle zu erreichen.
Das diffuse Licht der Sonne, einer Gas- oder Öllampe wurde so punktförmig auf eine Stelle fokussiert – ähnlich einer optischen Linse – um eine bessere Ausleuchtung des Arbeitsbereichs zu erzielen. Eine kleinere Version fand auch bei den ersten optischen Mikroskopen Verwendung. Auf diese Weise konnten auch die lichtschwachen Stunden des Tages während der Dämmerung zur Arbeit genutzt werden.
Neben dem Fokussieren war das Abkühlen der Lichtquelle ein in manchen Berufen erwünschter Effekt der Schusterkugel. So konnte man, auch mit temperatur-empfindlichen Materialien, nah an einer starken Lichtquelle arbeiten. Es gab auch Abänderungen der Schusterkugel. Zum Beispiel wurden vier solcher Kugeln um eine Lichtquelle wie zum Beispiel einer Kerze aufgehängt, um das Licht zu vervielfältigen. Später wurden Experimente zur weiteren Verstärkung des Lichtscheins mittels zusätzlich in die Glaskugel eingebrachter Streu- oder Reflexionskörper (zum Beispiel Metallspäne oder Grieß) durchgeführt; aus diesen Versuchen ging die erste Schneekugel hervor.<

Nun erklärt sich mir auch, weshalb die damaligen Wahrsager, diese Scharlatane, diese Glaskugel hatten, die so der Angelpunkt ihrer Show war. Das waren auch nur Schusterkugeln! Eine Kerze dahinter gestellt und die Bauern, die so etwas nicht kannten, waren fasziniert von dem gezielten Licht oder, wenn der Astrologe noch ein paar Tropfen Tinte oder Blut oder eine andere Farbe in das Wasser der Kugel hineintropfen ließ, bildeten sich nebelartige Schatten. Mit so etwas kann man heute niemanden mehr in der zivilisierten Welt hinterm Ofen hervor locken, aber vor hundertfünfzig konnte man das mit solcher Show noch durchaus.

Nun noch zu ein paar Rundumfakten. Von dieser „grauen Schule“, in die mein Vater gegangen ist, steht noch immer nur der Seitenflügel. In ihr ist heute die Musikschule Prenzlauer Berg untergebracht. Von den Häusern gegenüber, in der einst dieser Schuster mit der ominösen Kugel sein Handwerk betrieb, ist nichts übrig geblieben. An der Stelle ist heute der Parkplatz und der Supermarkt von „Kaiser's“.[33] Vom Baustil eine typische DDR-Kaufhalle aus den ende 70er, anfang 80er Jahren. „Kaiser's“ übernahm, mit Ausnahme des eigentlichen Ortsteils bzw. früheren Bezirks Pankow, nach der Deutschen Einheit alle HO-Kaufhallen in Ostberlin (zur Erklärung für den Neuberliner aus Bonn ... oder so ...: die „HO“ war die staatliche „Handelsorganisation“ in der DDR und das Gegenstück zum „Konsum“, dieser genossenschaftlichen Handelsgesellschaft, die ja noch heute ... irgendwie ... existiert. Es gab aber bis zur Deutschen Einheit gerade im Prenzlauer Berg auch noch sehr viele private Einzelhändler. Ein Zwischending waren dann diese HO-Kommissionshändler, die Waren von der HO auf Kommission bezogen und verkauften.).

Mein Vater selbst ist in der Pappelallee 62 groß geworden und lebte dort bis 1961 (das Jahr, in dem er meine Mutter

---

33 ... mittlerweile auch abgerissen und neu bebaut

heiratete, in den Bezirk Weißensee umzog und ich geboren wurde). In diesem Haus Nr. 62 selbst gab es unten ein Geschäft für Planen und Markisen, die auch Zelte nähten. Eines dieser Zelte, aus grobem und sehr schwerem Segeltuch, „überlebte" bei uns im Garten bis Anfang der 90er Jahre. Im rechten Nachbarhaus ist das katholische St. Josefs Heim, das heute unter anderem Senioren betreut und einen wunderschönen Park hat, der bis zur Greifenhagener Straße hindurch geht.

Die Häuser 60, 16, 62 gehörten dem Heim. Gegenüber war die „Rote Schule", in die mein Vater die ersten vier Jahre ging. Er erzählte mir auch noch, dass er in den ersten Jahren direkt nach dem Krieg in der Gethsemane-Kirche „mit einem großen Pappschild um den Hals mit meinem Namen und irgendeiner Nummer drauf" täglich ein warmes Essen bekam. „Das wurde wohl irgendwie von den Schweden spendiert. ... Ich kenne da an der Kirche von außen noch jede Ecke! ..."

Diese Souterrain-Kellergeschäfte, an die kann ich mich auch noch erinnern. Ich wähnte sie einst in Massen, zu finden sind sie heute kaum noch. Gebäude mit diesen Geschäften waren lukrativ für die Vermieter und Bauherren. Der Bauherr brauchte für die Keller nur etwa eine halbe Etage auszuheben. Unter den damaligen Bedingungen halt von Hand mit Hacke, Spaten, Schaufel und Schubkarre. Der Vermieter hatte oben Wohnungen, über ein paar Stufen höher gelegene Geschäfte waren für Boutiquen die Reichen und im Souterrain waren die Läden der Armen. Gebaut zur Kaiserzeit halt, als noch jeder Stand, jede „Klasse" für sich allein lebte.

Man durfte damals auch nicht unendlich hoch bauen. Erst vor wenigen Jahren wurde die einstige kaiserliche Verordnung nach über einhundert Jahren durch den rot-roten-Senat hier in Berlin gekippt. In dieser Bauordnung aus den Zeiten des II. Deutschen Kaiserreiches stand unter anderem etwas über die sogenannte „Traufhöhe". Innenhöfe in den Mietskasernen hatten z.B. so groß zu sein, dass sich eine von Pferden gezogene Feuerleiter darin bequem drehen ließ. Die Traufhöhe besagte, dass die Häuser an Hauptgeschäftsstraßen nur so hoch zu sein hatten, dass selbst noch zur Wintersonnenwende zur Mittagszeit die Sonne auf den Erdboden der anderen Straßenseite scheinen können musste.[34]

Aus diesem Grund sind ja auch die Dächer der alten Berliner Gebäude so halb abgeflacht. Die heißen richtig „Berliner Dach" und sind, ähnlich wie diese Knickpyramide in Ägypten, eigentlich normale Satteldächer, aber mit einem Knick so auf halber Höhe und oben mit einem geringeren Winkel gebaut.

Wie gesagt, wähnte ich diese Kellerläden einst in Massen. Davon ist heute aber kaum noch etwas da. Ich bin jede Straße im Kiez mit dem Fahrrad abgefahren und hier mein Ergebnis. Mein Vorschlag: erfahren / erlaufen sie das selbst. Also für mich sind diese Geschäfte im Souterrain so ganz Ur-berlin-typisch, aber wie gesagt, kaum noch zu finden. Pappelallee 83 und schräg gegenüber in der 6 sieht man noch die Reste von solchen Läden. In der Schönhauser Allee 54 hat man sie sogar noch, wie auch in der Schönhauser 64, nur dort mit Zugang nicht direkt von der Straße aus, sondern man muss erst so halb in die Toreinfahrt hinein gehen. Greifenhagener / Bucholzer Straße da sieht man noch den Zugang. Die einstigen Gewerberäume sind heute zu Müllräumen degradiert. In der Buchholzer 7 gab es auch einst mit Sicherheit Kellergewerbe. Das sieht man auch im „Göhrener Ei", Göhrener Straße. 8, 9 und 13. Dann gegenüber der Praxis meines Hausarztes, bei dem ich seit achtzehn Jahren in Behandlung bin, in der Hiddenseer Straße 8 – 11 gibt es gleichfalls Gewerberäume im Halbkeller, der in Nr. 11 sogar noch genutzt wird. Auch in der Senefelder Straße 19 ist noch halb im Keller Gewerbe

---

34 … diese Aussage ist Quatsch! Siehe spätere Artikel!

angesiedelt. Und wirklich empfehlen kann ich die Stargarder Straße 45, fast schon an der Prenzlauer Allee, gleich neben der Sparkasse! Dort ist das Kaffee Loni untergebracht, in dem man sehr angenehm sitzen und die Leute halb über einem vorbei flanieren sehen kann. Ob junge Frauen in kurzen Minis das wissen?
Also, „Vaterkin", dieser Text hier war für Dich![35]

*

Helmholtzplatz - September 2012 – am 13./21.8. (zweiter Absatz basierend auf der nicht gedruckten Einleitung zur August-Ausgabe).

Zuerst noch ein Nachtrag zum Mach-Mit-Museum. Erst über Umwege habe ich erfahren, woher deren Einrichtung für ihren internen Seifenladen stammt. Sie kam mir bei meinem Besuch irgendwoher bekannt vor, ohne dass ich wusste, wohin ich das Mobiliar stecken sollte. Es ist aus dem Seifenladen in der Naugarder Straße, der 1992 geschlossen wurde.
Eine Bekannte erzählte mir, dass es in einer herunter gekommenen Wohnung in einem Hinterhaus der Lettestraße 7 bis zur „Wende" einen Typen gegeben haben soll, der allein dadurch Stein reich wurde, dass er „Schallplatten" aus dem „Westen" unter der Hand verkauft habe. Er hatte einen tschechischen und einen polnischen Kumpel, die für ihn regelmäßig nach Westberlin fuhren, dort die Schallplatten kauften und sie dann in den Ostteil der Stadt schmuggelten.
Castorff in der Pappelallee, da ist jetzt auch der „Behelfsverkauf" geräumt. Schade, dass er diesen Laden nicht weiterführen bzw. weiter vererben konnte. Seine Fachkompetenz hat sicher vielen geholfen.[36]

---

35 Vaddern starb am 29. Januar 2010
36 … etwa zwei Wochen nach dieser Geschäftsaufgabe
   verstarb der mittlerweile 92 jährige Herr Castorff

Der Flachbau der Musikschule in der Pappelallee ist abgerissen, das letzte noch unsanierte Haus in der Straße (an dem ich bei meinen Führungen immer sehr anschaulich zeigen konnte: „Sehn' 'se mal, so sah das in den Straßen vor der >Wende< überall aus!") ist nun auch hinter Bauplanen verschwunden.

Als Jugendliche gingen wir immer „zum gruseln" dorthin. Die Straßenbahnlinie 70 fuhr ja aus Hohenschönhausen, wo ich aufwuchs, direkt durch. Angeblich hielt sich Wolf Biermann vor seiner Ausbürgerung aus der DDR in diesem nun verschwundenen Flachbau 1976 immer mal auf. Das erkannte man daran, dass auf der anderen Straßenseite Volkspolizisten Wache schoben und auf und ab gingen. Dort dann mal einfach stehen zu bleiben und in Richtung des Flachbaus zu schauen, empfanden wir als fünfzehnjährige „irgendwie gruselig".

Der Name „Dünnebacke" war mir irgendwoher ein Begriff. Erst, als ich beim Zeitung verteilen den Inhaber ansprach: „Sie gibt's ja schon ganz schön lange!", wurde mir erklärt, dass es diesen Laden schon seit 1930 gibt. Und da erinnerte ich mich, dass Vaddern (verstorben 2010) mir mal erzählt hat, dass er da in seiner Lehrzeit immer nach Feierabend seine zwei Flaschen „Helles" gekauft hat.

Womit ich jetzt mal in diese Zeit Ende der 50er Jahre hinein gehen möchte. Der DEFA-Film „Berlin Ecke Schönhauser" von 1957, ich sah ihn leider erst kürzlich, ist da wirklich ein Zeitdokument. Drehbuch Wolfgang Kohlhaase, von dem auch „Sommer vorm Balkon" stammt, Regie Gerhard Klein, spielt genau an der Ecke Schönhauser Allee / Pappelallee / Danziger Straße. Genau das ist auch der Aufmacher[37] des Films, ein Kameraschwenk über diese Ecke.

Die Sparkasse an der Ecke Kastanienallee gab es schon damals, das schmale Eckhaus Schönhauser / Pappelallee war ein „Konsum"-Lebensmittelgeschäft, dem gegenüber

---

37 … nicht ganz, aber die zweite oder dritte Szene

Pappelallee / Danziger Straße war ein Lampenladen und über diesem ein Polizeirevier mit einer sogenannten Meldestelle. Die Laternen waren hohe Gasleuchten und die Straßen waren alle Kopfstein gepflastert. Witzig, die alten Vorkriegsstraßenbahnen. … und dann gab es überall freie Parkplätze …

Die Atmosphäre die der Film zeigt ist genau das, was ich aus den Erzählungen meines Vaters her kenne. Unter den im Film aufbegehrenden Jugendlichen könnte mein Vater sein. Auch diese in dem Film vorkommenden „Normalitäten" der geteilten Stadt vor dem Mauerbau, dass man halt heimlich Westgeld tauschte, dass die Kids im Wedding ins Kino („...für nur fünfundzwanzig Pfennig Ost! … so mein Vater) gingen, um sich dort in schauderhaften Flohkisten „Vom Winde verweht" anzuschauen, kenne ich aus Erzählungen genauso wie das heimlich gekaufte Comic-Heft mit dem Westernhelden „Tom Mix", von dem „Vaddern" - also Vadderns Vater, mein Opa – nichts wissen durfte.

Wie die „Übergangsstellen" zwischen Ost- und Westberlin in jener Zeit genau aussahen, wurde mir erst durch „Berlin Ecke Schönhauser" klar. Posten aus Polizisten auf beiden Seiten der Zonengrenze, die willkürlich kontrollierten.

Und dann schlief abends um zehn schon die Stadt.

So und nun noch was Neues. Zur Abwechslung besuchte ich die „Mietergärten" in der Schliemannstraße 8.

„Garten" assoziiert bei mir zwei Extreme. Auf der einen Seite wild wuchernde Beete mit vielen (Un-)Kräutern (Schon mal Brennnesseln als Ersatz für Spinat gemacht? Lecker!) und dazwischen uralte Obstbäume. Diese Variante wäre so mehr mein Ding. Auf der anderen Seite sehe ich aber auch vor meinem inneren Auge die spießigen, miefigen Vorstadtgärten in Mühlenbeck, Zehlendorf oder Eiche, bei denen jeder Baum gefällt und jeder Anschein von Gemüse oder gar Wildkräutern getilgt und alles voll Rasen besäht ist … jeden Samstag auf Kante und 3 mm geschnitten.

Hier in den Mietergärten des Prenzlauer Bergs ist das alles anders. Von vorn, von der Schliemannstraße aus, bemerkt man von ihnen gar nichts. Man wundert sich nur, dass hier zwei Lücken in der Straßenfront bisher noch nicht bebaut sind. Ich musste erst an dem Spielplatz vorn vorbei, um die Gärten hinter zur Dunckerstr hin zu sehen. Diese lohnen in jedem Fall einen Ausflug. Auf kleinsten und engsten Flächen blüht, wächst und gedeiht all das, was der biologisch mitdenkende Stadtmensch glaubt, zu brauchen. Ja, auch auf meinem Balkon wächst Rhabarber in einem großen Kübel![38] Im Mietergarten wachsen vor allem Kräuter. Keine chemische Keule ballert Unkräuter oder gar Insekten weg. Hier ist alles so natürlich, wie es Großstadtluft und -boden her geben.

Ganz wichtig: auch Kinder begreifen hier zum ersten mal das „Wunder des Lebens".

Ich bin damals am Stadtrand in Hohenschönhausen groß geworden und zu unserer Schule gehörte noch ein richtiger Schulgarten, den wir bis zur vierten Klasse pflegten. Haben Schulen in der Innenstadt so etwas überhaupt?

Als Extratexte oder als Anhang:
1) Bei unserem Ausfahren der Zeitung sieht man immer wieder sehr viel. Leider haben wir dabei selten einen Fotoapparat dabei, deshalb hier mal drei kleine schreib technische Stilblüten, die wir gesehen haben. „Café to go" ist ein Beispiel für gutes französisch-britisches Einvernehmen. Aber warum lässt man uns Deutsche außen vor und schreibt nicht „Café to mitnehmen"? - Gesehen am Kollwitzplatz.

„Heute warme Bockwurst" ... also frisch und heiß ist die garantiert nicht mehr! Möchten Sie vielleicht noch 'n leckeres, labberiges, lauwarmes Würstchen? - Gesehen in der Greifswalder Straße.

„Freak à Dellen mit Kartoffeln und Rotkohl". Diese

---

38 ... leider nicht mehr!

Schreibweise der „Frikadellen" war mir noch gar nicht geläufig! Wie wäre es denn mit diesen Varianten: „Friggadellen" oder „Wrieckkatellen"?
Egal, der Berliner sagt eh „Bulette". - Gesehen am Helmholtzplatz.

2) Man denkt ja, dass die Buddeleien im Prenzlauer Berg immer nur Temporär sind, aber manchmal hat man den Eindruck, „die werden nie fertig" oder „der ganze Prenzlauer Berg wird ständig umgewühlt." Vielleicht gewöhnt man sich auch ganz einfach an die ständigen Baustellen und sieht sie gar nicht mehr. Bei letzterem stimmte mir neulich sogar ein Hörer zu.
Hier eine kleine Auswahl der Baustellen Stand Anfang August (ist garantiert nicht vollständig) – genannt sind Vollsperrungen, Spureinschränkungen, Spurverschwenk-ungen, plötzliche Einbahnstraßenregelungen oder temporäre Sackgassen:
Greifswalder Str. zwischen Danziger und Königstor, Am Friedrichshain – überall mal so, Margarete-Sommer-Str., Paul-Heyse-Str zur Danziger, Sredzkistraße Abschnittsweise, Kastanienallee seit etwa zwei Jahren, Storkower Str. kurz vor der Greifswalder schon seit fast vier Jahren immer mal wieder, Raumer Ecke Lychener, Senefelder Str. zwischen Stargarder und Göhrener Str., Raumerstr zwischen Senefelder und Prenzlauer Allee, Knaackstr. zwischen Prenzlauer Allee und Kollwitzstr., Belforter Höhe Straßburger Str., Stargarder Ecke Schönhauser Allee, Gleimstraße fast komplett, Kopenhagener Str. auf einigen Abschnitten, Choriner Str. Höhe Oderberger Straße, die Oderberger Str. Abschnittsweise, Naugarder Straße, Greifswalder Str. Höhe S-Bahnhof, Greifenhagener Str., Buchholzer Str., Christburger Straße Abschnittsweise, Milastr., Dänenstr., Schivelbeiner Ecke Schönhauser, Bötzowstr, alter Schlachthof an mehreren Stellen, Stahlheimer/Pappelallee,

Schönhauser Allee Höhe S-Bahnhof, Ystader / am Falkplatz, Korsörer, Schwedter Str. vor dem Aldi, Gaudystr. Schwedter Str. noch zweimal, Schönhauser Allee zur Torstraße für Fahrzeuge mit mehr als 7,5 t gesperrt, Schönhauser Allee neben dem jüdischen Friedhof, Kollwitzstr/Metzer Str., Saarbrücker Str., Straßburger Str. mehrmals, Prenzlauer Berg, Prenzlauer Allee / Wichert-/Grellstr, Hufelandstr/Hans-Otto-str., John-Schehr-Str., Conrad-Blenkle-Str: / Landsberger Allee, Wörther Ecke Knaackstr., Kanzostr., Hiddenseer Str., Stubbenkammer Str., Zelterstr., Humannplatz, Krügerstr., Dunckerstr., Ostsee Str.!
Mir scheint es allmählich einfacher, die Straßen aufzuzählen, in denen NICHT gebaut wird!
Kleiner Hinweis von mir: wenn Sie Sich mit Freunden im Prenzlauer Berg verabreden, dann bitte nicht "an der Baustelle".

*

Kiez Helmholtzplatz Variante II - am 17. – 24.9.2010

Hermann Ludwig Ferdinand von Helmholtz (* 31. August 1821 in Potsdam; † 8. September 1894 in Charlottenburg) war ein deutscher Physiologe und Physiker.
Als Universalgelehrter war er einer der vielseitigsten Naturwissenschaftler seiner Zeit und wurde auch Reichskanzler der Physik genannt.
Im Hobrecht-Plan von 1862, der auch die Bebauung des damals noch landwirtschaftlich genutzten Windmühlenbergs vorsah, trug der heutige Helmholtzplatz Platz die Bezeichnung „D XII". 1885 wurde die in diesem Gebiet bestehende Ringofen-Ziegelei des Deutsch-Holländischen Aktien-Bauvereins gesprengt und mit Mietwohnhäusern bebaut. Erst nach Protesten der Anwohner hin wurden die Reste des alten Ringofens zugeschüttet. Am 4. August 1897 erhielt der Platz dann seinen heutigen Namen. Bereits 1898 begann man mit der Gestaltung als gärtnerische Schmuckanlage mit Spielbereichen. 1928 wurde in der

Osthälfte des Platzes ein Trafohaus als elektrische Schaltstation gebaut. Dieses wurde mit einem Sitzbereich und Wetterschutz ergänzt.

Am Ende des Zweiten Weltkrieges gab es auch einige Zerstörungen auf dem Helmholtzplatz. Danach wurde er als parkähnlicher Stadtplatz mit Kinderspielplatz, Sitzgelegenheiten und Wiese neu gestaltet. Um 1950 wurde der Säulenbereich des Trafohauses vermauert. 1976 wurde auf dem Platz eine öffentliche Bedürfnisanstalt gebaut und ein Ballspielplatz eingerichtet.
1983 wurde ein großer Teil des Platzes versiegelt, um ihn als zentralen Verkehrserziehungsgarten des Stadtbezirks Prenzlauer Berg zu nutzen. Nach 1989 gab es zahlreiche Ideen zur Umgestaltung des Platzes. Die Säulenhalle des Trafohauses wurde wieder freigelegt und es gab Ausgrabungen im Bereich der alten Ziegelei. In den 1990er-Jahren wurde das Quartier um den Helmholtzplatz vom Berliner Senat zum Sanierungsgebiet erklärt. 1993 lobte der Berliner Senat einen Wettbewerb zur Freiraumgestaltung aus. Allerdings dauerte es bis 1998, ehe die Gelder für einen Umbau zur Verfügung standen. In der Zwischenzeit verwilderte der Platz und wurde zu einem Treffpunkt von Punks und Alkoholikern. 1998 wurden dann zunächst der Bolzplatz und die Spielanlagen rekonstruiert. Von 1999 bis 2000 wurden die übrigen Bereiche in drei Bauabschnitten unter Berücksichtigung verschiedener Nutzerbedürfnisse neu gestaltet. Der Helmholtzkiez als Planungsraum 32 und der Berliner Bezirksregion XIII wird er durch die Öffentliche Verwaltung unter dem Namen Helmholtzplatz definiert. Das Quartier Helmholtzplatz ist 84 Hektar groß und zählte 20.791 Einwohner im Jahr 2007.
Ab 1.Oktober 2010 wird auch dieser Kiez „Parkraum bewirtschaftet".
Der Helmholtzkiez war eine der Geburtszellen der DDR-Bürgerrechtsbewegungen mit der Gethsemanekirche als

Treffpunkt für die Opposition. Deshalb fand die Beisetzung für Bärbel Bohley vor wenigen Tagen, am 26. September auch hier statt.

Ende Dezember 2007 wurde, trotz aller Proteste, die Bibliothek im Elias-Hof in Berlin-Pankow geschlossen, ein Teil der Bücher wurde in andere Einrichtungen transportiert. Auch ich solidarisierte mich mit den Protestlern und las in der besetzten Bibliothek eigene Texte.

Ende Januar 2008 fand eine weitere Protestveranstaltung vor der Bibliothek statt.

Auf der Sitzung der Bezirksverordnetenversammlung Pankow am 06.02.2008 stellte eine Verordnete der Bündnis 90/Die Grünen-Fraktion offizielle ein Kleine Anfrage, wie das Bezirksamt das schon einige Wochen vor der Schließung der Bibliothek vorgelegte Konzept der Direktorin des MACHmit-Museums zur Fortführung der Bibliothek unter der Regie des Museums bewerten würde.

Bedacht wurde, dass die Bibliothek im Elias-Hof in ein Gesamtkonzept von kulturellen Einrichtungen für Kinder und Jugendliche, welche an diesem Standort konzentriert wurden, eingelassen war.

Hierzu zählt eine Musikschule, ein Kinder- und Jugendtheater und weitere Einrichtungen.

Wie so oft war – neben dem finanziellen Aspekt – auch bei der Einrichtung dieses Ensembles die leitende Grundidee, dass die Attraktivität der einzelnen Angebote sich mit dieser Zusammenlegung erhöhen würde.

Das Profil der Bibliothek im Elias-Hof war wegen der Ansiedlung in diesem Komplex einerseits durch eine große Kinder- und Jugendabteilung, andererseits durch einen starken musikalischer Schwerpunkt gekennzeichnet.

Wegen der vielen jungen Familien mit ihren Kindern, die sich in den letzten Jahren im Prenzlauer Berg angesiedelt haben, war es notwendig, mehr Grundschulplätze im Stadtteil zu schaffen. Damit kommt es mit Beginn diesen Schuljahres in Teilen wieder zur eigentlichen Nutzung der

Gebäude als Schule. Kraftfahrer sollten beachten, dass vor der Schule die Verkehrsregelung „Spielstraße" gilt und entsprechend aufmerksam sein.

Am 3. Juli 1910 wurde die Elias-Kirche, erbaut von Gustav Werner, ein roter Klinkerverblendbau in der Senefelderstr. 5, feierlich eingeweiht. Ihren Namen erhielt sie nach dem Propheten des Alten Testamentes (1. Könige, Kap, 17 folgende) aus der frühen israelitischen Zeit.
In den Jahren 1960/61 fand eine konsequente Umgestaltung des Kirchenschiffes statt, in deren Verlauf der in neogotischem Stil gestaltete Holzaltar, die Taufe und die Kanzel einer nüchternen Sachlichkeit weichen mussten.
Nach mehr als 90 Jahren wurde dann die Kirche 2001 an das »Kinder- und Jugendmuseum« für 75 Jahre verpachtet, da die Kosten für eine notwendige umfangreiche Sanierung weder von der Gemeinde noch der Landeskirche aufgebracht werden konnten.
Aus der Kirche wurde der originale Taufstein gerettet und restauriert und schmückt nun den Innenraum des Kuppelsaales. Außerdem läuten die Glocken nach wie vor jeden Tag um 12 und 18 Uhr und zu allen Gottesdiensten, die nun im Gemeindehaus Göhrener Straße 11 stattfinden, wo auch das gesamte Gemeindeleben seinen Ort hat.
Erbaut wurde das Gemeindehaus in den Jahren 1927/28 von Otto Werner (1885- 1954), der ein Gemeindezentrum in spätexpressionistischem Stil entwarf und baute.
In Anlehnung an die Fassade der Kirche gestaltete er die Außenfassade des Hauses mit rotbraunen Klinkern, und am Eingang des Hauses und der Durchfahrt schuf er spitzbogige Portale, um die Zusammengehörigkeit beider Gebäude zu betonen.
In den Brüstungen der Erker befinden sich drei vergoldete Medaillons mit den Portraits des Propheten Elias mit dem Raben (unten), der Heiligen Barbara (Mitte) und dem Erzvater Abraham (1. Mose Kapitel 12 folgende). Der

Bildhauer Alfred Ehlers hat diese Figuren geschaffen. Am Gebäude im Hof befinden sich vier Terrakotta-Plastiken von demselben Künstler, die beide ein Buch oder besser eine Schriftrolle in den Händen halten. Sie werden als Repräsentanten des Alten und Neuen Testamentes gedeutet. Die Durchfahrt zum Hof ist mit einem Kreuzgratgewölbe überspannt und das Eingangs- und das Hofportal sind mit großflächigen Glastüren versehen. Die Treppe, die zum Treppenhaus führt, zeigt in ihrem Scheitelpunkt einen Christuskopf. Heute befinden sich im Komplex, Gemeindesäle, Büroräume und der Ev. Kindergarten.

Ich selbst mag diesen Kiez sehr ... weshalb es mich auch immer wieder hier her zieht, wie zum Beispiel mit meiner Kleinkunstbühne „Crazy Words", die am Donnerstag den 14.Oktober ab 20.00 Uhr im „Pica-Pica", einem zauberhaften Modeatelier in der Schliemannstraße 26 mit immer wieder wechselnden Kunstausstellungen, statt finden. Das Umfeld des Platzes strahlt etwas mediterran-gelassenes aus. Schon seit einigen Monaten laufen Bauarbeiten in der Stargarder Straße, die den Verkehr auf ihr einmal beruhigen sollen, denn noch ist sie eine recht unübersichtliche Hauptstraße. Ich bin vor einigen Jahren mal mit einem Mietwagen durch das spanische Sevilla gefahren und bemerkte dabei, gegenüber meiner Bekannten im Wagen: „Wenn man durch die Stargader Straße im Prenzlauer Berg fahren kann, dann schafft man es auch mit den Einheimischen durch die Altstadt von Sevilla!" ... Ehrlich! Ein großer Unterschied ist da nicht!

Welche Geschichte hätten Sie denn zum Helmholtzplatz für unsere Novemberausgabe zu erzählen? Ich komme gern bei Ihnen vorbei und schreibe sie auf!

*

Kiez Helmholtzplatz ohne „Kopf" und „Schwanz"
am 17. – 22.9.2010

Es ist geht in diesem Artikel ... mal wieder ... um den Helmholtzplatz. „Schreib mal einen Text, wie du ihn noch nie gemacht hast! ... Schreib ihn gut!", hatte meine Bekannte Tina zu mir gesagt. „Manchmal merkt man dir deine Fabulierfreude ehmt echt an. Det is leider nich immer so.", betonte sie dann noch nachdrücklich. Bernd fragte, ob ich schon mal über den ollen Helmholtz an sich was geschrieben hätte und Micha und Dirk meinten bei der Redaktionssitzung: „Frag mal'n paar Leute." ... Mh ... Nun kam im September bei mir viel dazwischen, nicht nur zwei Sondersendungen bei „Pi-Radio", für die ich denen sehr dankbar bin. Schließlich schrieb ich einfach drauf los. Das fiel schon schwer, weil, als ich das letzte mal über diesen Kiez schrieb, lebte mein Vater noch, der hier aufwuchs und der mir vor einem Jahr noch viele tolle Storys erzählt hatte, von denen mir nun beim besten Willen keine mehr einfallen wollte. Als ich einen Text dann doch eines Tages irgendwie fertig hatte, schnitt ich ihm Kopf und Schwanz ab, entfernte alle Füllwörter und Doppelungen, reduzierte ihn auf das Wesentliche, auf den reinen Informationsgehalt, dampfte ihn dann nochmals ein und heraus kam das hier:

Ich selbst mag diesen Kiez sehr ... aus irgendwelchen Gründen. Deshalb zieht es mich auch immer wieder hier her. Wie zum Beispiel mit meiner Kleinkunstbühne „Crazy Words" (...puh ... die Webseite ist dank Andrea endlich wieder auf dem Laufenden), die am Donnerstag den 14.Oktober ab 20.00 Uhr im „Pica-Pica", einem zauberhaften Modeatelier in der Schliemannstraße 26 mit immer wieder wechselnden Kunstausstellungen, statt finden. Am 30.Oktober um 14.00 Uhr, Treffpunkt vor dem alten Haupteingang des Kinos Collosseum, quasi am Helmholtzkiez, mache ich meine erste eigene Stadtführung

für „Nächste Ausfahrt Wedding e.V.". Die Tour geht entlang Gleim-, Sonnenburger und Kopenhagener Straße und endet im Wedding an der Millionenbrücke. Und natürlich ist jeder herzlich eingeladen![39]
Ein wenig dürftig, oder?
Welche Geschichte hätten Sie denn zum Helmholtzplatz für unsere Novemberausgabe zu erzählen? Ich komme gern bei Ihnen vorbei und schreibe sie auf!

Hermann Ludwig Ferdinand von Helmholtz (* 31. August 1821 in Potsdam; † 8. September 1894 in Charlottenburg) war ein deutscher Physiologe und Physiker. Als Universalgelehrter war er einer der vielseitigsten Naturwissenschaftler seiner Zeit und wurde auch Reichskanzler der Physik genannt.
Hermann von Helmholtz war der Sohn von August Ferdinand Julius Helmholtz und Caroline Penne (1797–1854). Schon der siebzehnjährige Helmholtz hatte großes Interesse an der Physik.
Die Naturwissenschaften, insbesondere die Physik, galten jedoch als Fächer der brotlosen Kunst, weshalb er ab 1838 Medizin studierte. Im Jahre 1848 nahm Helmholtz eine Professur für Physiologie in Berlin an. Helmholtz heiratete am 26. August 1849 Olga von Velten (1827–1859). Im gleichen Jahr, 1849 erhielt er einen Ruf als Professor der Physiologie und Pathologie nach Königsberg. Seine tuberkulosekranke Frau vertrug jedoch das raue Klima in Ostpreußen nicht.
Unter Vermittlung von Alexander von Humboldt zog Helmholtz im Jahr 1851 nach Bonn, um dort den vakanten Lehrstuhl für Physiologie anzunehmen. Ab 1858 nahm Helmholtz eine gut bezahlte Professur in Heidelberg an.
Im Dezember 1859 starb seine Frau, die ihn mit zwei kleinen Kindern zurückließ. Am 16. Mai 1861 heiratete

---

39 … das war wirklich meine erste Führung – darum hab ich die hier im Text stehen lassen …

Helmholtz seine zweite Frau, Anna von Mohl (1834–1899). Aus beiden Ehen gingen fünf Kinder (drei Söhne und zwei Töchter) hervor. Ein Sohn aus erster Ehe war der Eisenbahnkonstrukteur Richard von Helmholtz (1852–1934). 1870 wurde Helmholtz zum Mitglied der Preußischen Akademie der Wissenschaften ernannt.

Im Jahr 1883 wurde Helmholtz in den Adelsstand erhoben. Ab 1882 war Helmholtz, neben Foerster und Siemens, einer der Initiatoren für die spätere Gründung der Physikalisch-Technischen Reichsanstalt. Die vielen Neuerungen in der Elektrotechnik, der Messung von Strommengen bedurfte einer einheitlichen Normung.1888 wurde Helmholtz der erste Präsident der neu gegründeten Physikalisch-Technischen Reichsanstalt in Charlottenburg. Am 8. September 1894 starb Helmholtz an einem zweiten Schlaganfall. Zu Beginn seiner wissenschaftlichen Arbeit gelangte Helmholtz durch Untersuchungen über Gärung, Fäulnis und die Wärmeproduktion der Lebewesen zur Formulierung des Gesetzes von der Erhaltung der Energie.

Mit der Aufstellung der Wirbelsätze (1858 und 1868) über das Verhalten und die Bewegung von Wirbeln in reibungsfreien Flüssigkeiten lieferte Helmholtz wichtige Grundlagen der Hydrodynamik. Zu den herausragendsten späteren Leistungen von Helmholtz stehen die drei Abhandlungen über die „Thermodynamik chemischer Vorgänge" (1882/1883).

Im Hobrecht-Plan von 1862, der auch die Bebauung des damals noch landwirtschaftlich genutzten Windmühlenbergs vorsah, trug der heutige Helmholtzplatz Platz die Bezeichnung „D XII". 1885 wurde die in diesem Gebiet bestehende Ringofen-Ziegelei des Deutsch-Holländischen Aktien-Bauvereins gesprengt und mit Mietwohnhäusern bebaut. Erst nach Protesten der Anwohner hin wurden die Reste des alten Ringofens zugeschüttet. Am 4. August 1897 erhielt der Platz dann seinen heutigen Namen. Bereits 1898 begann man mit der Gestaltung als gärtnerische Schmuckanlage mit Spielbereichen. 1928 wurde in der Osthälfte des Platzes ein Trafohaus als elektrische Schaltstation gebaut. Dieses wurde mit einem Sitzbereich und Wetterschutz ergänzt.

Am Ende des Zweiten Weltkrieges gab es auch einige Zerstörungen auf dem Helmholtzplatz. Danach wurde er als parkähnlicher Stadtplatz mit Kinderspielplatz, Sitzgelegenheiten und Wiese neu gestaltet. Um 1950 wurde der Säulenbereich des Trafohauses vermauert. 1976 wurde auf dem Platz eine öffentliche Bedürfnisanstalt gebaut und ein Ballspielplatz eingerichtet. 1983 wurde ein großer Teil des Platzes versiegelt, um ihn als zentralen Verkehrserziehungsgarten des Stadtbezirks Prenzlauer Berg zu nutzen.

Nach der Wende 1989 gab es zahlreiche Ideen zur Umgestaltung des Platzes. Die Säulenhalle des Trafohauses wurde wieder freigelegt und es gab Ausgrabungen im Bereich der alten Ziegelei. In den 1990er-Jahren wurde das Quartier um den Helmholtzplatz vom Berliner Senat zum Sanierungsgebiet erklärt. 1993 lobte der Berliner Senat einen Wettbewerb zur Freiraumgestaltung aus. Allerdings dauerte es bis 1998, ehe die Gelder für einen Umbau zur Verfügung standen. In der Zwischenzeit verwilderte der Platz und wurde zu einem Treffpunkt von Punks und Alkoholikern. 1998 wurden dann zunächst der Bolzplatz und die Spielanlagen rekonstruiert. Von 1999 bis 2000 wurden die übrigen Bereiche in drei Bauabschnitten unter Berücksichtigung verschiedener Nutzerbedürfnisse neu gestaltet.

Der Helmholtzkiez als Planungsraum 32 und der Berliner Bezirksregion XIII wird er durch die Öffentliche Verwaltung unter dem Namen Helmholtzplatz definiert. Das Quartier Helmholtzplatz ist 84 Hektar groß und zählte 20.791 Einwohner im Jahr 2007.

Ab 1.Oktober 2010 wird auch dieser Kiez „Parkraum bewirtschaftet". Die Parkscheinautomaten haben schon jetzt ihren Spitznamen nach der Senatorin für Stadtentwicklung weg: Junge-Reyer-Omaten!

*

Hinterhöfe Teil 1 – am 21.10.2007

Liebe Leser, nachdem ich an dieser Stelle im Laufe der Jahre so viele Artikel über einzelne Kieze und Straßen im Prenzlauer Berg geschrieben habe und diese nun, von der Machart her, auch von anderen Zeitungen kopiert werden, ist es jetzt an der Zeit, einmal ein etwas anderes Thema aufzugreifen: Hinterhöfe!

Hinterhöfe in Mietskasernen können, trotzdem sie meist eng sind und Licht in ihnen oft fehlt, dennoch urtümlicher Lebensraum sein. Natürlich nervt es, wenn Herr Meier jeden Morgen nur ein paar Schritte von Frau Lehmanns Schlafzimmer entfernt am Fenster steht und zu ihr hinüber schauen kann. Natürlich nervt auch Lärm, der in diesen Höfen schalltrichterartig verstärkt wird und mich interessiert nun wirklich nicht, wie häufig Frau Müller allnächtlich von ihrem Gatten begattet wird. Aber Hinterhöfe sind dennoch meist ruhige Inseln im hektischen Lärm der Großstadt und sie bieten oft erstaunliche Lebensräume für Mensch und Tier.

Heute: der Hof Hosemann/Erich-Weinert/Gubitz/Grellstraße Der beste Zugang zu diesem Hof gelingt über die Preußstraße, die kürzeste Straße im Prenzlauer Berg, die nur etwa 50 m lang ist und in diesen Hof quasi hineindringt. Man sollte entlang der Innenseite des Häuser-Karrees mit der Erkundung dieses Hofs beginnen und ruhig ein bis zwei Stunden dafür einplanen (übrigens Danke an Sibylle für diesen Tipp!). Am Ende der Preußstraße ist eine riesige Kindertagesstätte. Das Alter der Kita lässt sich von der Bauart der Häuser her schlecht bestimmen. Noch ende 30-er oder schon „frühe DDR" ist mir sofort unklar. Auf jeden

Fall ein riesiges, ein großzügiges Gelände, dass sich einem Außenstehenden am besten auf Satellitenfotos (z.B. Google/Maps), erschließt. Überhaupt sind diese Satellitenbilder von der Berliner Innenstadt so detailgenau, dass man selbst die Radieschenbeete der, das Kitagelände umsäumenden Kleingartenparzellen erkennen kann. Gut, wandern wie nun entgegen dem Uhrzeigersinn in diesem Karree herum.

Direkt hinter den Häusern der Grellstraße befindet sich ein Weg. Es folgen, wie schon erwähnt, Kleingärten. Diese dienen nicht nur als Sicht-, sondern auch als Lärmschutz zwischen Häusern und Kita. Auf der Seite der Hosemannstraße dann ein verwilderter, überwucherter Eingang zu einer, schon vor geraumer Zeit geschlossenen Gebäude Kita. Anwohner erzählten mir, dass in den 70er erbaut, Asbestbelastet ist und deshalb geschlossen wurde. Wir wandern weiter durch die Kleingärten und stehen parallel zur Erich-Weinert-Straße plötzlich auf einem grob gepflasterten Weg, der gewissermaßen zum Hintereingang dieses ganzen Kita-Geländes führt. An der Pforte erkennt man: „Amt V – Familie, Jugend, Sport". Offenbar wird auch dieser hintere Teil genutzt, dann man sieht abgestellte PKW und gepflegtes Gelände. Weiter geht es. Parallel zur Gubitzstraße dann ein Spielplatz mit Klettergerüst und Tischtennisplatten. Allerdings sahen mir die Jugendlichen, die sich dort tummelten, eher wie Drogendealer aus, ... aber das war sicher nur mein subjektiver Eindruck.

Erneut geht es zwischen Kleingärten und Häuserzeile entlang und schließlich ist einer der möglichen Wege Richtung Preußstraße erneut beidseitig von Kleingärten gerahmt. Gelegentlich sieht man auch noch kleine Wiesen mit den Resten rostiger Pfähle an denen einst Wäscheleinen im Wind flatterten. Die Kleingärten gehörten einst sicher mit zum ursprünglichen Konzept der Wohnanlage, das in der DDR weiter gepflegt wurde. Die Parzellen boten somit vor allem Kinderreichen Familien in Zeiten des Mangels, vor und bis weit nach dem Krieg, die Möglichkeit der Eigenversorgung mit frischem Obst, Gemüse und mit Kleintieren. Somit bleibt zu hoffen, dass dieses kleine Naherholungsgebiet, das sicherlich auch wichtig für die tierische Artenvielfalt in der Innenstadt ist, trotz der allgemeinen Sanierungswut erhalten bleibt.

Wenn Sie einen schönen Innenhof haben , teilen Sie es mir mit! Ich komme gern vorbei und berichte darüber!

*

Im Kollwitz-Kiez – am 21.6.2011

Kommen wir heute vom Großen ins Kleine und fokussieren wir dann immer mehr. Da ich mit einer von den Menschen bin, die die PA[40] im November mit ausgefahren haben, stellten wir dabei fest, dass es in jedem Kiez im Prenzlauer Berg derzeit Bauarbeiten an wichtigen Knotenpunkten oder auf wichtigen Straßen gibt, mehrere auch entlang der Kollwitzstraße. Was mir bei der Recherche aufgefallen ist, ist dass es im Kollwitzkietz, mit drei kleinen Ausnahmen über die ich noch berichten werde, keine öffentlich zugänglichen Höfe gibt, wenn man einmal von dem Gewerbehof der Kulturbrauerei absieht.

Ich begann meinen Streifzug am U-Bahnhof Senefelder Platz. Bauarbeiten (wen wundert's) an der Ecke Metzer Straße, Schönhauser Allee. Der „Judengang" (ich berichtete hier schon einmal über diesen Weg, den jüdische Trauerzüge einst auf Befehl des preußischen Königs/deutschen Kaiser's nehmen mussten – er verläuft parallel zur Kollwitzstr.) ist noch freigelassen, aber an keiner Stelle mehr öffentlich zugänglich. Er verbindet die Höfe der Gebäude vom Senefelder Platz entlang der Kollwitzstr. bis hin zur Knaackstraße.

Kurz vor der Belforter Straße entsteht der offenbar gemauerte Neubau „Kolle 22". Gleich daneben und gleich an dieser Ecke werden Edelwohnungen gebaut. „Palais

---

40 = Prenzelberger Ansichten

142

KolleBelle" heißt es. Die Baugrube ist sehr tief und geht zwei Stockwerke unter die Straßenebene. Vermutlich entstehen viele Tiefgaragenplätze. Entlang der Kollwitzstraße eine Ecke weiter stehen in der Knaackstr., vom Kollwitzplatz bis zur Prenzlauer Allee, auch entlang des Wasserturms, Ginkgo-Bäume als Straßenbäume. Danke für diesen Tipp an Petra! Leider erkennt man diese Bäume zu dieser Jahreszeit nicht, aber schauen Sie im Frühjahr nach! Der Ginkgo ist eine der ältesten und urwüchsigsten Baumarten an sich. Mit seinem unveränderten Aussehen seit ca. 220 Millionen Jahren gilt er heute als lebendes Fossil. Der Berliner Aktionskünstler Ben Wa(r)gin (seine korrekte Schreibweise ist unklar, er wird aber von verschiedenen Quellen, die ich allesamt als seriös bezeichnen würde, mal mit, mal ohne „r" genannt) bemühte sich in Berlin sehr um diesen Baum.

Direkt am Kollwitzplatz, dort wo auch die längste Bank Berlins steht (da kann man Sachen auf die „lange Bank schieben" ...), wird die kreuzende Wörtherstr. derzeit gerade zur Fußgängerzone umgebaut. Auch die nächste Ecke, Kollwitz-/Sredzkistr. wird momentan umgebaut und verkehrstechnisch vermutlich „entschärft". In der Sredzkistr. dann Pappeln als Straßenbäume. Diese Pappeln fallen einem besonders im Herbst sehr ins Auge, weil sie viel länger als andere Bäume ihr grünes Blätterkleid behalten. Wieso? Warum? Vielleicht ist ja ein Botaniker unter unseren Lesern?[41] ...

Die Husemannstr. kam 1987 in die Schlagzeilen, als zur 750-Jahr-Feier Berlins diese Straße komplett saniert wurde. Die Höfe wurden entkernt, die Wohnungen bekamen endlich Innen-WC und neue Heizungen. Großes Tamm-Tamm dann, als Erich Honecker diese Straße persönlich besuchte[42]. Die Husemannstr. war allerdings eine der wenigen

---

41 ... wird erklärt im Band 3 in der Ausgabe vom Mai 2024 – manche Dinge brauchen länger

42 ... er kam nicht selbst, sondern nur Willie Stoph

Altbausanierungen zu DDR-Zeiten. Normalerweise wurden die alten Häuser eher abgerissen und durch "Platte" ersetzt, wie man am unrühmlichen Beispiel der Altstadt von Bernau sehen kann.

Und nun kommen wir zurück zu den offenbar einzigen öffentlichen Höfen im Gebiet, in der Rykestr. gegenüber der Synagoge. Man muss sich ein Herz fassen, um diese lauschige Plätzchen für sich zu erobern. In der Ryke 2 ist das „Künstlerhaus am Wasserturm" in einer ehemaligen „PGH Mopedservice" im 2.Hinterhof unter gekommen. Im Haus gibt es auf vier Etagen Kunst vom Töpfern bis zur Galerie. Eine Hausnummer weiter, in Ryke 3 (hier wohnte einst der Antifaschist Franz Huth), gleichfalls im 2.Hinterhof ein Wellness-Center, daneben ein Bistro und ein kleiner Teich mit plätscherndem Wasser. Die jüdische Synagoge gegenüber ist Donnerstags von 14.oo – 18.oo Uhr für die Öffentlichkeit zugänglich. Man kann die Synagoge allein leider nicht besichtigen, während der Öffnungszeiten gibt es nur Führungen (5 €, ermäßigt 3 €).
Ansonsten hat die Rykestraße etwa das Flair der Oderberger Straße mit dem fußwegmittigem Baum- und Strauchbewuchs. In Nummer 28 noch eine Kriegslücke, in Nr. 34 ein Minipark.
Kurz nochmals zurück Richtung Wasserturm. An der Kolmarer / Mühlhäuser Straße das „Prenzlauer Berg – Museum" mit angegliederter Galerie.
In der Diedenhofer 10 eine öffentlich zugängliche Wiese.
Der zwischen Kolmarer und Diedenhofer Straße liegende Wasserspeicher dient in seinem inneren häufig als Ausstellungsfläche. Äußerlich ist das gesamte Gelände „entkrautet" worden. Hübsche Parkbänke, nette Wege und eine schöne Aussicht vom Gipfel des Wasserspeichers. Zwischen ihm und dem Wasserturm liegt in einer gepflegten und sanierten soliden Baracke der „Kindergarten am Wasserturm". Der Wasserturm selbst ist sicher der

beliebteste Wohnort im gesamten Prenzlauer Berg. Wie sind dort eigentlich die Wohnungen geschnitten? Ich weiß es nicht! Fände aber die Antwort sehr interessant. Den Wasserturm zieren die Hausnummern 23 vorn und 25 hinten. Keine Ahnung, von welcher Straße aus gesehen. Von März bis Juni 1933 war der Wasserturm jedenfalls, nach der Machtübernahme der Nazis, KZ.

*

Humannplatz – am 20.10.2006

Also eigentlich ist es ja heute sinnlos für mich, zu schreiben! Bei Wikipedia, dem offenen Internet-Lexikon, findet man keine Info's, das Wetter ist trübe, so dass man gar nicht raus gehen mag, mein Blackmolly-Weibchen bekommt Fischbaby's und hat deshalb die Wehen, Antje ist böse mit mir, deshalb würde ich heut' zu gern mit Tina kuscheln und Micha's Hamster hat die Masern! Also, was bitte sollte mich vom Schreiben abhalten? Alles!!!
Gut, machen wir uns dennoch auf den Weg in das Viertel rund um den Humannplatz. Karl Humann (1839 – 1896), Archäologe, war ab 1884 Direktor der „königlichen Museen zu Berlin". Nach ihm ist der, schon im Hobrechtschen Bebauungsplan angelegte Platz an der Ecke Wichert / Stahlheimer Str. benannt.
Bis in die 20-er Jahre des 20.Jahrhunderts hinein war ein gut Teil des Gebietes noch Brachfläche mit Kleingärten. Die von der Greifswalder Str. bis zur Schönhauser Allee verlaufende Erich-Weinert-Str. ist zwischen Prenzlauer Allee und Stahlheimer Str. so in etwa die Grenzlinie zwischen der Bebauung vor und nach dem I.Weltkrieg. Auf sehr interessanten Satellitenfotos (Google-Maps) kann man gut die Wohnblöcke mit ihren großzügigen Höfen einsehen. Man könnte dieses Stadtviertel fast dritteln. In der Gegend, zwischen Meyerheim Str. und Duncker Str. wurde 1998 die dort ansässige Postfiliale geschlossen. Es gab Proteste von Bürgern und Humanistischer Bewegung dagegen. Das

145

OKB-Fernsehen und die Prenzelberger Ansichten berichteten damals darüber! Insgesamt sind die Häuser zwischen Prenzlauer Allee, Stahlheimer Str. und E.-Weinert-Str. eine reine Wohnstadt mit relativ wenig Gewerberäumen. Die Bebauung zwischen E.-Weinert und Wichert-Str. ist hingegen älter und dunkler. Eine Grundschule befindet sich hier noch.

Das Gebiet zwischen Stahlheimer Str. und Schönhauser Allee ist hingegen interessanter. Gehören eigentlich die „Schönhauser Allee Arcaden" noch dazu? Ich weiß es nicht. Als dieses Einkaufs-Center vor Jahren öffnete sagte man ein Verkehrschaos und ein Ladensterben in den angrenzenden Straßen voraus. Beides trat bislang nicht ein.

Geschlossen hatte einzig, für kurze Zeit, die Blues-Kneipe „Harlem", Scheerenberg- / Rodenbergstraße. Der Besitzer hat gewechselt. Welches Konzept der Laden nun verfolgt, ist unklar. Früher war das alte „Harlem" hingegen für Musiker immer ein sicherer Tipp zum Auftreten.

Weitere Interessante Läden sind wieder entlang der E.-Weinert-Straße. Da wäre zum Beispiel an der Ecke Greifenhagener Str. der „Bühnenrausch", in dem nettes, kleines, feines Theater gemacht wird. Auf derselben Ecke, direkt gegenüber der „Sonntagsclub". Ein schwul-lesbischer Treffpunkt für jung und alt. In einem Schlager von Cindy & Bert aus dem Jahre 1973 heißt es in der Titelzeile: „... immer wieder Sonntags – kommt die Erinnerung ...", daher der Name „Sonntagsclub". Was man nicht alles als Macher beim OKB-Hörfunk lernt?

Die knapp 100 m entfernte „Sonderbar", Erich-Weinert- / Scheerenbergstr., ist ein gemeinnütziges Projekt. Psychisch angeknackste Menschen wie ich finden hier, nach geschlossener und offener Psychiatrie auch später noch Hilfe. Ein Sozialarbeiter und ein Psychologe sind, soweit ich noch weiß, erreichbar. Aber die „Sonderbar" hilft einem dann meist schon, weil man überwiegend unter Gleichgesinnten sitzt, die einem zuhören und Verständnis entgegen bringen. Mehr Verständnis jedenfalls, als nicht Betroffene.

Damit sind wir wieder am Humannplatz angelangt. Mein Vater erzählte mir, dass sich auf diesem Platz im II.Weltkrieg ein Löschteich befand, der dann unmittelbar nach Kriegsende, als die normale Wasserversorgung Berlins zerstört war, den Anwohnern das Wasser zum Überleben lieferte. Erst als, in den letzten Kriegstagen „im Kampf um die Reichshauptstadt" Gefallene, als Leichen im Teich wieder auftauchten, ließ man davon ab. Auf der anderen Seite der Stahlheimer Str., dort, wo sich heute eine KiTa befindet, war bis ende der 40-er Jahre hinein regelmäßig ein Wochenmarkt.

Die Straßenbahn aus der Pappelallee fuhr noch bis etwa Mitte der 60-er Jahre hinein ab Stahlheimer / Wichertstr. über Wichert Str., Gudvanger Str. und Krüger Str. direkt bis zur Prenzlauer Allee (Spitze). Die damalige Linie 70 zwischen Hohenschönhausen und „Am Kupfergraben" nahm erst relativ spät nach dem Krieg, so um 1948, den Betrieb wieder auf. Wohl weil man sie nicht als zu wichtig einstufte. Die Straßenbahnlinie, die heute über Pappelallee und Stahlheimer Str. verkehrt, die Tram 12, steht bereits wieder auf der „Abschussliste" der BVG ... angeblich wegen Fahrgastmangels. Zum Abschluss noch drei Sätze zum Namen „Spitze".

Dieser „Ort" an der Prenzlauer Allee und ... Promenade, Wisbyer, Ostsee Str. hat seinen Namen daher, dass hier einst die Stadtbezirke Weißensee, Pankow und Prenzlauer Berg aufeinander stießen. Im zwangsvereinigten Großbezirk ist dieser Name nur noch Alteingesessenen, wie ich immer zu meinen amerikanischen Freunden sage: „Native Berliner's", bekannt.

Na, nun sehen Sie, liebe Leser, hat der Gänsrich wieder gezaubert und einen halbwegs ordentlichen Kiezbeitrag in seinen PC „getastet". Herr Schulze bekommt bei der Korrektur wieder „die Krise", Herr Wanner hat tagelang

damit zu tun, meine „!" durch „." zu ersetzen und Herr
Steinbach kürzt sowieso wieder die Hälfte. Und Sie, liebe
Leser, habe ich hoffentlich wieder neugierig gemacht!?!

*

**Interview mit einem Mitbegründer der Vereinigung
"Neues Forum", Bernd Kähne (BK)**[43]
Fragender: Rolf Gänsrich (RG) – am 18.10.2007

R.G.: Der 9.November ist in der Deutschen Geschichte recht
Bedeutungsschwer. Die freie Internetenzyklopädie
Wikipedia schreibt dazu:
„Auf den 9. November fallen eine Reihe von Ereignissen,
die für Deutschland als politische Wendepunkte gelten.
Nach Ende des Zweiten Weltkriegs wurde von
verschiedenen Historikern und Journalisten für diesen Tag
der Ausdruck Schicksalstag geprägt, der aber erst nach den
Ereignissen vom Herbst 1989 weitere Verbreitung fand.
1848 – Erschießung von Robert Blum in Wien: Anfang vom
Ende der Märzrevolution in den Staaten des Deutschen
Bundes
1918 – Novemberrevolution: Ausrufung der ersten
deutschen Republik in der Novemberrevolution am Ende
des Ersten Weltkrieges
1923 – Hitler-Ludendorff-Putsch: erstmals international
wahrgenommenes Auftreten des Nationalsozialismus
1938 – Novemberpogrome 1938 (umstritten auch
„Reichskristallnacht" genannt): Übergang von der
Diskriminierung zur offenen Verfolgung der Juden zur Zeit
des Nationalsozialismus
1989 – Maueröffnung: Beginn der friedlichen
Wiedervereinigung Nachkriegsdeutschlands"

---

43 Bernd Kähne war von 1998 – 2016 der Fotograf unserer
   Zeitung. Von ihm stammten die meisten Bilder. Erst mit
   dem Aufkommen der Smartphones machten wir Redakteure
   (ich ab 2015) die Bilder zu unseren Artikeln selbst

Hallo Bernd! Wann wurde das „Neue Forum" gegründet?

B.K.: Im Frühjahr 1989! Nach den Wahlen 1990 gab es keine Aktionen mehr und das „Neue Forum" versank in der Bedeutungslosigkeit.

R.G.: Wer war daran beteiligt?

B.K.: Die Leute kamen aus allen Schichten der Bevölkerung, waren aber überwiegend Intellektuelle aus der Berliner Szene.

R.G.: Wo?

B.K.: Die Initialzündung kam aus Berlin, wurde dann aber in der gesamten Republik aufgegriffen.

R.G:: Warum kam es zu dieser Vereinigung?

B.K.: Das war diese Jahrzehntelange Bevormundung der Bürger durch den Staat. Es gab keinen Dialog mehr zwischen Oben und Unten, keinen Dialog mehr zwischen Volk und Regierung! Die „oberen Tausend" wussten gar nicht mehr, wie es unten bei der Bevölkerung wirklich aussah.

R.G.: In der DDR gab es nur die einheitlichen, staatlichen Verbände und Institutionen. Wie war das mit dem Neuen Forum?

B.K.: Eine offizielle Anerkennung gab es für uns nie. Auch eine offizielle Gründung nicht. Wir nannten uns nur so.

R.G.: Wie funktionierte die Arbeit in so einer Gemeinschaft? Hast du da auch besondere Erlebnisse?

B.K.: Also die Treffen fanden immer konspirativ statt.

R.G.: Erlaube mir eine Zwischenfrage ... Hattet ihr da Telefonlisten oder so?

B.K.: Ja, so lief das ... über Mund-zu-Mund-Propaganda, über Zettelchen und so. Jeder kannte ja Leute. Unsere Treffen fanden dann auch in der Gethsemanekirche statt. Wir waren da ganz erstaunt, dass das immer mehr Menschen wurden, die zu uns kamen, die uns zuhörten. In den letzten Wochen vor dem 9.November kamen immer mehr Leute. Nach den Treffen wurden viele von uns draußen auf der

Straße vom MfS (Ministerium für Staatssicherheit = Stasi) abgeführt. Wenn man bei den Treffen in der Kirche mitbekam, dass da „Spione" der DDR-Führung unter uns saßen, da wurden die gleich ausgepfiffen. Wir wurden auch immer häufiger zu immer mehr Veranstaltungen eingeladen. So war ich am 11.Oktober 1989 in der Humboldt-Uni und durfte vor über tausend Studenten solche Fragen beantworten wie: Was will das Forum? Ziele und Vorstellungen? Wie die sozialistischen Werte schützen? Wie wäre eine DDR-Führung akzeptabel? Bei unseren konspirativen Treffen in privaten Wohnungen und Einrichtungen der Kirche stellten wir uns selbst all diese Fragen.

R.G.: Was war das Highlight eurer Arbeit?

B.K.: Der Höhepunkt war für uns der 4.November 1989, als auf dem Alex über eine Million Menschen zu einer Demonstration zusammenkamen, die auch von unserer Gruppe und vielen eigenständigen Kommissionen organisiert worden war. Viele Künstler und Intellektuelle sprachen auf der Rednerbühne. Auch Leute aus der DDR-Führung sprachen. Aber Schabowski und Krenz wurden durch die Leute ausgepfiffen.

R.G.: Was kam danach?

B.K.: Nach dem 4.November war es, als wäre die Luft gereinigt. Keiner hatte mehr Angst vor der DDR-Führung, die im übrigen doch recht kopflos den Ereignissen mehr oder weniger nur noch hinterher lief. Die DDR war nach dem 4.November wie erstarrt. Es war wie das Auge des Sturms oder besser, wie die Ruhe vor dem Sturm. ...

R.G.: ... die dann am 9.November 1989 mit Schabowskis Fauxpas in der berühmten Pressekonferenz und dem in der Nacht anschließenden Fall der Berliner-Mauer endete. (Anmerkung: Schabowski hatte auf dieser Pressekonferenz einen Beschluss der DDR-Regierung vorgetragen, den es noch gar nicht gab und so, wie er vorgetragen wurde auch gar nicht geben sollte. Erst der Regierende Bürgermeister

West-Berlins Walter Momper „übersetzte" in der Berliner Abendschau des SFB am gleichen Abend diese Schabowski-Bemerkung und Hans-Joachim Friedrich von den ARD-Tagesthemen machte daraus ein Ereignis. > R.G.)

Sag mal, Bernd, war denn damals, mit dem Fall der Mauer, auch schon die Deutsche Wiedervereinigung abzusehen?

B.K.: Nein, auf keinen Fall war da eine Auflösung der DDR abzusehen. Wir wollten im eigenständigen Staat DDR ein demokratisches, sozialistisches System aufbauen. Aber die Rufe nach der Einheit kamen schon sehr bald nach dem 9.November auf.

R.G.: Was ist aus dem „Neuen Forum" geworden?

B.K.: Es kooperierte bei den März-Wahlen 1990 mit anderen Oppositionsgruppen und wurde Teil des „Bündnis 90" und ist heute Teil der „Grünen".

R.G.: Ich bedanke mich für das Gespräch.

*

Det schmeckt nach mehr – im Januar 05

Im letzten Jahr ließ ick ma ja reichlich aus, über allet, wat möglichst nich zum kochen jehört. Ham se det ooch jemerkt? Der Grund is, ick kann nämlich eijentlich jarnich kochen! Muttan hat ma det nie beijebracht und als Jöhr hat ma det ooch überhaupt nich interessiert, Hauptsache det Essen stand uff'n Tisch, oder et brauchte nur warm jemacht zu werden. Typisch Kerl! Als kleener Junge dachte ich darum, det ick sowieso immer'ne Frau habe, die für mich kocht! ... Uraltes, kindliches, Rollendenken und falsch jedacht, denn ick hab selten mal'ne Frau, noch seltener eene, die mich mal bekocht, und wenn, dann schmeckt det ooch oft nich!

Als ick dann später meene eijene Bude hatte, jabs die Woche über immer warmet Kantinenessen für eensfuffzich. Am Wochenende musste ick plötzlich selba kochen, weil weit und breit keine, mich bekochende, Frau in Sicht war!

151

Die ersten „selbstgekochten" Gerichte waren Tiefkühlpizza, Spiegel-Ei und Nudeln mit Tomatensoße! Ick hatte aba für mich een Vorteil! Ick arbeitete von nach de Lehre an achtzehn Jahre lang im Einzelhandel (damals HO-Kaufhalle, später'n Supermarkt) als Verkäufer. Die ersten Jahre als „1.Fachverkäufer Obst-Gemüse". Nich nur, det ick da den Umjang mit Messern (beim „Verputzen" der Ware) jelernt habe, ick musste ja ooch meine Kunden irjendwie beraten können! Ick war vorne immer der erste Ansprechpartner! „Sehn' se ma, ick hab heute frischen Porree und der Fleescher hinten hat heute mal leckere Rippchen! Wat könn' wa da machen?"

Und so probierte ich schließlich beim kochen am Wochenende auch das aus, was ich die Woche über empfahl. Das sah dann so aus, dass ich Muttan, Kollegen, den Fleescher und Stamm-Kunden fragte, wie man das eine oder andere Gericht macht und aus all diesen Ratschlägen brutzelte ich dann „frei nach Schnauze".

Aus diesem Mangel im Warensortiment der HO ist meine „Kochkunst" erwachsen. Man musste improvisieren, mit dem, was es gab (obwohl ich priviligiert war, als Mitarbeiter im Handel ... ich kam selbst an Schweinelende heran!).

So koche ich noch heute! „Restekochen"! Mischgemüse in der Dose (+ Zwiebel, + Knoblauch) und billig Putenfleisch bekommen? Gut, dann wird mit Curry gewürzt und Reis als Beilage gegeben. Mischgemüse in der Dose (+ Zwiebel, + Knoblauch) und preisgünstiges Rindfleisch jekricht? Dann nehm' wa Tomatenmark (oder Ketchup) und machen Salzkartoffeln zu. Schrumpft der Fünf-Kilo-Sack Äppel über haupt nicht, sondern nur die Früchte in sich zusammen, dann immer mal einen geschälten, entkernten, geschnitzelten Apfel ins Gemüse (auch in die Suppe) geben! Schmeckt erfrischend.

Sie haben zum kochen abends keine Zeit (und Lust) mehr? Quatsch! Eine Schale Champignons mit Zwiebel und Würstchen oder Speck (und ein Teel.Zucker, würzen mit

Salz + Pfeffer) angebraten, ist nach zehn Minuten fertig!
Mit Würstchen (oder gewürfeltem Speck, Kamm, Kassler,
Pute ...) können sie auch jedes andere Gemüse innerhalb
von zehn Minuten in der Pfanne braten. Versuchen sie es mit
Aubergine (geschält, entkernt), Zuchini (die Enden ab),
Chicoree (entkernt ... äh ... den bitteren Mittelteil heraus
schneiden), Paprika (dazu sag ick jetzt nischt!), Tomaten,
Gurken, Porree, Bollenpiepen („Zwiebeln mit Laub",
„Frühlings-Zwiebeln"), ...

Leute, die kein Fleisch essen, sind mir zwar verdächtig
(Hitler war Vegetarier!), solche Leute soll es aber auch
heute noch durchaus geben (wie Sir Paul McCartney). Sie
meinen, sie essen nichts, was sie anschaut! ... Auch Pflanzen
sind Lebewesen und zeigen Gefühle! (Gummibäume
gedeihen besonders gut in verrauchten Räumen, denn sie
lieben Nikotin!) Naja, spätestens, wenn det Schnitzel uff
ihrem Teller beim Anschneiden „uik-uik" macht, kochen se
ooch mal vegetarisch! Das ist ganz einfach.
Holen sie sich fertigen Krautsalat (gemischt Weiß/Rot),
schmurgeln se det im Topp mit Zwiebel und Olivenöl an,
geben se noch Tomatenmark dazu und füllen mit Wasser
auf, schon haben sie einen rein vegetarischen Eintopp.
Einen entsprechenden Brotaufstrich machen sie mit
Avocado. Die Avocado entkernen, schälen, das Fleisch (mit
einer Gabel, wenn es weich ist) pürieren, eine halbe Zwiebel
(oder Schalotte) dazu, etwas Knoblauchgewürz, Salz und
Pfeffer dazu und Olivenöl hinein. Nehmen sie auch einige
reichliche Spritzer Zitronensaft dazu, damit die Creme nicht
oxydiert, also schwarz wird. Geben sie zum Schluss alles in
ein (leeres) Senfglas (damit möglichst wenig Oberfläche mit
Sauerstoff in Verbindung kommt. Die Oberfläche wird
immer etwas dunkel von der Farbe her, daher auch der
Zitronensaft! ... Ist wie bei einem angeschnittenen Apfel, der
ja auch braun wird). Avocado-Creme ist ein schneller,
leckerer, vegetarischer Brotaufstrich.

Wo es nicht ganz vegetarisch sein braucht, kann man auch Quark (mit Zwiebel) und Leinöl nehmen. Mischen sie dabei aber auch immer einen Schuss Olivenöl unter, damit das Zeug weniger flüssig ist, wenn sie es aus dem Kühlschrank nehmen.

Zum Schluss heute noch schnell der Schnitzel-Tipp für alle Vegetarier! Sellerieknollen (geschält, in Scheiben geschnitten) lassen sich wie ein Schweineschnitzel panieren und braten. Gemacht hab ich's schon, ... allerdings noch nie gegessen!

Was trinken wir heute? ... Also, wer meint, der Martini wird gesünder, weil man zwei Oliven in ihn hinein gibt, irrt! Alkohol hat zwar, in geringen Mengen, durchaus positive Wirkung (selbst Blausäure ist in sehr geringen Mengen nicht tödlich!), aber als Volksdroge Nummer eins, vor Nikotin, nicht unbedingt zu empfehlen. Alkohol entwässert wie Kaffee (und wir sollen doch täglich anderthalb bis zwei Liter trinken ... nach Alkohol- oder Kaffeegenuss muss es noch mehr sein), lässt Nervenzellen absterben, die Haut altern, macht dick und ... abhängig!

Trinken wir also Tee! Rotbusch-, Früchte-, Kräutertees gibt's in vielen schmackhaften Varianten, und sie alle sind ohne (entwässerndes) Koffein!

So, während ick ma jetz'ne leckere Fruchtsaftschorle (sehr gesund!) mache, könn' sie ja noch'n bisken inne Prenzelberjer Ansichten weiterblättern. Bis denne, wa?

*

Wo bleibt Paris Hilton?[44] - Erstelldatum unbekannt

Mitte Dezember 2007. Edelhu… Edelhüpfer Paris Hilton ist in Berlin. Macht wohl Werbung für einen Prosecco in der Dose. Frage mich, wo man sie wohl treffen kann? Klar,

---

44 In leicht veränderter Form ist der Text auch als
   Kurzgeschichte von mir erschienen

Kollwitzplatz! Anspruchsvolle Kultur ist da nicht mehr, Drogen gibt's im U-Bf. Senefelder, Spielplatz ist da, einen Club gibt's in der Königstadtbrauerei und teuer ist's um den Kolle auch, seit Bill Clinton einst mit Gerhard Schröder … Passt also!

Warte in der Kollwitzstraße 37. Dort ist ein „rauchfreier", pädagogisch angeleiteter Abenteuer-Spielplatz. Geöffnet Montag bis Samstag von 12.30 – 18.30 Uhr. Sachspenden werden gesucht. Ich suche Paris Hilton. Studiere weiteres Plakat und stelle fest, dass auf dem Gelände dieses Spielplatzes auch noch Theater gemacht wird. Kleine Bühne eines so genannten „Off-Theaters". Spielen sogar regelmäßig.

Bemerke, dass es im Prenzlauer Berg immer mehr kleine, aggressive, schicke Autochens gibt, aus denen ja mal Paris Hilton steigen könnte. Früher war der Kollwitzplatz einst ein Eldorado für „Schrott-Möhren", heute stehen Mini-Cooper, Porsche, Daimler-Caprio, BMWchen herum, und wer von den letzten Eingeborenen mal selbst irgendwo sinnlos herum steht, zum Beispiel weil er auf Paris Hilton wartet, wird sofort angehupt, angerempelt, über die Füße gefahren, angebläkt:

„Eh, kannste nicht woanders betteln?"

Sie kommt nicht her! Klar! Auf schöne Frauen muss man warten. Also neuer Versuch und weiter zur Königstadt-brauerei. Ich berichtete ja an dieser Stelle (vor ca. fünf Jahren) über die dereinst um 1900 herum existierenden zwölf Brauereien im Prenzlauer Berg.

Die Brauerei Königstadt Saarbrücker Ecke Straßburger Straße war eine davon, ist schon vor Jahrzehnten als Braustätte dicht gemacht worden und wird nun erst seit wenigen Jahren frisch saniert. Gilt als neuestes Gewerbegebiet. Citylage! Ideal für „Heuschrecken", die hier ihre „Peanuts" verjubeln wollen. Wäre das nicht was als Investition für Paris Hilton? Nehme den ersten Seiteneingang in der Saarbrücker Straße und stehe vor einem „Jugendhaus", was immer sich auch dahinter verbergen mag. Dahinter auf dem Gelände Kulissenwerkstätten, Druckereien, Fernseh- und Film-produktionen, Agenturen für Promotion und sogar eine Autowerkstatt. Komme mir blöd vor, dass ich hier auf Paris Hilton warte und nur so herum lungere. Um ja nicht erst den Anschein zu erwecken, als baldowere ich hier irgendeinen Laden aus, frage ich jemanden, der mit seinem Kopf gerade unter einer Motorhaube hängt. Er sieht aus wie ein Mechaniker und nicht wie der Chauffeur von Paris Hilton, verhält sich aber so.

„Ja, das da ist DAS Roadrunners! Na das ist doch einer der angesagtesten Clubs hier in Berlin! Da müssen sie aber schnell mal rein gehen! … …" Und während mir ein Automechaniker erklärt, wie ich als Journalist meine Arbeit zu machen habe, liegt mir auf der Zunge, dem Typen zu erklären, dass eine Vor-Ort-Recherche im Journalismus heute eigentlich eher unüblich ist. Aber, er lässt sich in seinen „gut gemeinten Arbeitshinweisen" nicht unterbrechen und steht vielleicht noch heute dort, … als Erklär-Bär. Ich bin schon längst auf dem Weg zum alten Sudhaus. Dort sind die Büros von Werbe-, Event-Agenturen und von Promotern. Es gibt viele Büros. Im ehemaligen Brauerei-Ausschank mit Gartenlokal vorn an der Hauptstraße ist heute ein Italiener.

Gegenüber, Schönhauser Allee Ecke Saarbrücker Straße dann das Café „Courage". Der Name ist Programm, denn dies ist ein bekannter Treffpunkt für Homosexuelle. Vor ca. zwanzig Jahren, also noch zu DDR-Zeiten, mein Bruder Uwe wohnte damals noch mit seiner Frau in der Torstraße, hatten wir eines Abends Durst auf ein Glas Bier und nahmen die erst beste Kneipe, die uns über den Weg lief. Irgendwie landeten wir im „Courage" das damals noch, so glaube ich, unter dem Namen „Saarbrücker Eck" firmierte. Wir wunderten uns nur über die sehr netten, sehr wohlduftenden, reizenden Herren, machten aber, dass wir unser kaltes Bier noch vor dem warm werden tranken und verschwanden schnell. Möge doch jeder nach seiner Fasson glücklich werden, so lang er mich damit in Ruhe lässt.

Auch zum „Courage" kam Paris Hilton nicht und ich wollte nun an dieser Ecke nicht wirklich als einsamer junger (hö-hö) Mann herum stehen.

Fazit: der Januar-Artikel ist fertig! Aber wo bleibt Paris Hilton? Wenn auch Sie Paris Hilton garantiert NICHT begegnen wollen, besuchen auch Sie die Königstadtbrauerei und den Kollwitzplatz!

Liebe Grüße an Sie .... und an Paris Hilton

*

Wo der 1.April seine Spuren hinterließ?
Erstelldatum unklar … vermutlich März 2010

Es gibt ja so Gebäude, da läuft oder fährt man schon seit Jahren dran vorbei und wundert sich immer nur. „Was'n das für'n komisches Haus?", fragt man sich, weil sich daran zwar immer etwas ändert, es aber eigentlich nicht wirklich ins Straßenbild hinein passt, obwohl es der Stuck, ... also doch, schon! ... und auch die Fenster und Türen, ... aber irgendetwas ist trotzdem anders; man kann es nicht genau definieren.

Für mich waren lange Jahre lang Teile des Prenzlauer Berg oft weiter entfernt, als Oranienburg oder Schönefeld. Zu beiden Orten braucht man mit der S-Bahn etwa 45 min, ist man dagegen nur innerhalb des Prenzlauer Berg unterwegs kann man mit den Öffentlichen, etwas Glück und den „richtigen" Anschlüssen, genauso lang brauchen. Ich habe es jetzt erst Anfang des Jahres, mit gebrochenem Bein, an Krücken, erstmals seit etwa achtzehn Jahren (seitdem nutze ich konsequent eigentlich nur noch Fahrrad) wieder ausprobiert, und es ist noch genauso, wie Anno 1987, als weite Teile entlang der Kastanienallee abgerissen werden sollten.

Das Haus in der Kastanienallee 77 passte damals dort schon nicht ins Straßenbild und heute genauso wenig. Vielleicht, weil es das jüngste Haus im gesamten Stadtteil ist, vielleicht weil es dereinst mal von wildem Knöterich umrangt war oder die Etagen (wie bei Neubauten halt üblich) etwas niedriger sind und somit das ganze Haus gedrungener wirkt. [45]

Ich kann nicht sagen, ob mir das Haus vor seinem Leerstand jemals ins Auge gefallen ist. Ich weiß, dass ich in meiner Lehrausbildung 1979 ein halbes Jahr lang mit der Linie 70 von Hohenschönhausen zur Chausseestraße dort regelmäßig vorbei gefahren bin, aber die Straßenbahn war garantiert voll und ich müde und desinteressiert.

Von 1986 - 1992 standen die Gebäude in der Kastanienallee 77 leer. Verwaltet wurden sie zu DDR-Zeiten von der staatlichen KWV (Kommunale Wohnungsverwaltung). Man hatte damals als Außenstehender das Gefühl, als wolle man das gesamte Gebiet „platt machen", um nagelneue Plattenbauten, wie in den 70-er Jahren auch schon auf der Weddinger Seite der Bernauer Straße, zu errichten.
In diesem maroden Zustand allerdings damals schon ein Freiraum für Künstler und den aufkeimenden Widerstand in der DDR.
Nach der „Wende" waren die Eigentumsverhältnisse Anfangs nicht geklärt und die Gebäude weiterhin dem Verfall ausgesetzt. Die Dächer wurden undicht, die Fenster vernagelt, die Öfen herausgeschlagen, die Kamine zugeschüttet und das Haus unbewohnbar gemacht.
Da eine denkmalgerechte Sanierung hohe Kosten verursacht hätte, war wohl von Seiten der neuen Alteigentümer darauf spekuliert worden, die Gebäude so weit verfallen zu lassen, dass sich ein Abriss rechtfertigen und sich so der Wert des Grundstückes erhöhen würde.

---

45 ... das war ein Aprilscherz!

Unter www.K77.org findet man alle Informationen und noch viel mehr! Eine, wie ich finde, sehr lustige und gelungene Website!

Am 20. Juni 1992 wurde das Haus in der Kastanienallee 77 von der Gruppe "Vereinigte Varben Wawavox" in einer Kunstaktion, "Kunst-Besetzen-1.Hilfe", besetzt. Die Gruppe wollte Leerstand beseitigen und Wohn- und Arbeitsraum für künstlerische Tätigkeiten schaffen.

Dank ihres eigenen Einsatzes, ihres Engagements und einer vorzüglichen Presse- und Öffentlichkeitsarbeit gelang es schließlich den Hausbesetzern nach langen und schwierigen Verhandlungen das Gebäude zu erwerben. Grund und Boden wurden von der Stiftung „Umverteilen" gekauft und an den von der Künstlergruppe gegründeten Verein „Stilkamm 5 1/2 e.V." für die nächsten 50 Jahre verpachtet.

Zwischen 1995 und 1998 wurde das Gebäude von den Bewohnern in Eigenleistung denkmalgeschützt saniert. Gefördert wurde das Projekt damals auch durch das Senatsprogramm "Bauliche Selbsthilfe", das bei gemeinnützigen Vereinen noch 85 % der Baukosten übernahm.

Bei den Baumaßnahmen handelte es sich um eine Totalsanierung, das heißt, der gesamte Gebäudekomplex wurde komplett entkernt, so dass fast jede Decke, fast jede Wand und jedes Fenster ausgetauscht, sowie ein komplett neues Rohrsystem für Heizung, Wasser und Elektrik installiert wurden.

Dabei wurde darauf geachtet, möglichst viel von der alten Substanz des Hauses zu erhalten; alte Dielen, Türen und Fenster wurden aufgearbeitet und wieder eingebaut, der alte Putz der tragenden Wände wurde geschützt und erhalten, und es wurden die gleichen ökologischen Materialien verwendet, wie beim Bau des Hauses (Mineralfarben, geölte Holzfenster, -türen und -dielen), so dass das Flair des gut 160 Jahre alten Hauses erhalten blieb.

Der Wohnbereich besteht aus einem denkmalgeschützten Vorderhaus, einem Seitenflügel und einem Hinterhaus. Dahinter liegt eine dreigeschossige Fabrik, in der sich die Kulturprojekte befinden. Seit der Besetzung 1992 ist es ein Grundsatz der Gruppe, gemeinschaftlich zu wohnen, das heißt, jeder bewohnt ein Zimmer und im übrigen nutzt man die Gemeinschaftsküche und andere Gemeinschaftsräume auf den Stockwerken, verschiedene Bäder, die Bibliothek und Werkstätten. Auch die Höfe und teilweise die Dächer werden als Wohn- und Aufenthaltsräume genutzt. Entscheidungen der Wohngruppe werden auf einem wöchentlichen Plenum im Konsens getroffen.

Ich weiß nicht, ob mir so etwas persönlich gefallen würde, ob es dabei nicht häufig zu Streit kommt oder ob man genügend Raum hat, sich auch wirklich mal zurück zu ziehen.

Das in der Kastanienallee angesiedelte Kunst- und Kulturprojekt beherbergt unter seinem Dach nicht nur dieses alternative Wohnprojekt, Tanzstudios, Veranstaltungs- und Proberäume, ein Videoatelier, eine Keramikwerkstatt und das kleinste Programmkino Berlins, sondern auch ein so genanntes Initiativbüro. Dieses versteht sich als Plattform für die erfolgreiche Vernetzung von Künstlern und Kulturschaffenden und bietet ihnen einen umfassenden Service rund um Öffentlichkeitsarbeit, Auftrags- und RaumVermittlung, unterstützt sie aktiv dabei, als Unternehmer am Markt zu bestehen. Gefördert durch Micropolis wird allen Interessenten günstige Hilfe bei Marketing und Flyergestaltung angeboten.

Das „Lichtblick" ist das kleinste Lichtspieltheater Berlins. Im Seitenflügel der Kastanienallee 77 zeigt das preisgekrönte Haus neben meist avantgardistischer Filmkunst auch viele politische Dokumentarfilme.

Es präsentiert nicht nur auf der Leinwand Alternativprogramm, sondern ist auch sonst eines der wenigen kollektiven und politischen Kinoprojekte in Deutschlands Hauptstadt.

Aber nun noch einmal kurz zurück in die Geschichte!

Im Jahre 1848 wurde das Vorderhaus der Kastanienallee 77 von einem Zimmermann und einem Maurer erbaut, die sich in Form von Handwerkerfiguren auf Sockeln an der Fassade verewigten. Heute ist das denkmalgeschützte Gebäude das älteste Wohnhaus im Ortsteil Prenzlauer Berg.

Damals war das gesamte Viertel wenig bebaut und lag vor der Stadtgrenze Berlins. Die Kastanienallee führte an einem Weinberg (dem heutigen Weinbergspark) vorbei zu zahllosen Brauereien mit ihren Biergärten:

In den folgenden Jahren gab es Pläne, eine Kegelbahn in den Seitenflügel der Kastanienallee 77 einzubauen, dort, wo sich heute das Lichtblick Kino befindet. Die Remisen wurden als Pferdestall eines Droschkenbetriebes genutzt. An dem Fabrikgebäude der k77 lässt sich der Schriftzug "Confektionsstickerei" entziffern. Später soll es sogar eine Tankstelle im dritten Hinterhof gegeben haben.

Ich finde das Angebot als Künstler, der ich ja mit meinen Kurzgeschichten und Gedichten auch bin, in der K77 insgesamt sehr interessant und überlege selber ernsthaft, das Angebot des Initiativbüros bei Gelegenheit einmal zu testen.

*

Kastanienallee – Juli 2013 – cut 16.7.2013
Goethe im Prenzlauer Berg - am 10./16.7.2013

Heute einmal ein paar kleine historische Informationen, die jede für sich keinen eigenen Artikel ergeben würden.

Im Jahre 1860 ist die Lottumstraße ein noch vollkommen ungepflasterter Lehm- und Schlammpfad und nur mit einigen eingeschossigen Häusern locker bebaut. Nur fünfzehn Jahre später, im Jahr 1975, gehört sie zu dem am dichtesten besiedelten Gebiet in Berlin.

In der Kastenienallee 71 steht ein 1874 von J.Jonerent als Steindruckerwerkstadt mit Wohngebäude errichteter

Klinkerverblendbau. Alois Senefelder ist übrigens der Erfinder des Steindrucks, der Lithographie.

Nicht vergessen darf ich das Stadtbad Oderberger Straße, das allmählich aus seinem Dornröschenschlaf erwacht. Errichtet 1899 – 1902 nach Plänen von Ludwig Hoffmann. Der an der Straßenfront gelegene Gebäudeteil zeigt Anklänge an die Renaissance. In den oberen Geschossen befanden sich ursprünglich Dienstwohnungen u.a. für die Rektoren der seit 1900 auf dem inneren Gelände des Baublocks gelegenen Gemeindedoppelschule. Einbezogen in die Gesamtanlage war auch ein eigener Wasserturm.

Das in der Schwedter Straße 263 errichtete Gebäude war ab 1863 eine Steingutgießerei, ab 1882 die Metallgießerei Czarnikow und später ein Wohn- und Verwaltungsgebäude.

Und hier noch ein paar Zahlen. Am 30.November 1641 legt die erste Berliner Bauordnung fest, dass der Bau von Schweineställen und Vorbauten in den Gassen verboten ist. Diese Bauordnung gilt bis 1853.

1691 erwirbt Kurfürst Friedrich III den Herrschaftssitz Niederschönhausen und das ganze Dorf Pankow. Bereits vier Jahre Später, 1695, werden entlang der „Schönhausenschen Landstraße" die ersten Bäume gepflanzt. Am 31.März 1708 bestimmt ein königlicher Erlass die Errichtung eines „Königlichen Vorwerkes vor der Schönhausenschen Landwehr".

Das Vorwerk mit einem einfachen Gutshaus liegt auf dem Gebiet zwischen der heutigen Choriner und Lottumstraße. Dies ist die erste nachweisliche Besiedlung des Prenzlauer Bergs.

Der kalte Winter 1740/41 vernichtet zahlreiche Weinberge in und um Berlin. Damit verliert der Weinanbau in der Gegend zunehmend an Bedeutung.

Am 3.Oktober 1760 beschießen russische Truppen von den Weinbergen aus mit Kanonen Berlin und zwingen die Stadt, sich zu ergeben. Der Weinbergsweg ist übrigens die Verlängerung der Kastanienallee zum Rosenthaler Platz.

Johann Wolfgang von Goethe verlässt Berlin am 20.Mai 1778 nach seinem kurzen, nur fünftägigen Aufenthalt, über die „Chaussee nach Pankow", also über die heutige Schönhauser Allee, in Richtung Tegel.

Am 20.Februar 1813 rücken russische Truppen auch von Pankow aus nach Berlin vor, dabei u.a. 150 Kosaken über das Schönhauser Tor.

Die Russen und Kosaken werden durch die 7000 Mann starke französische Garnison in Berlin zunächst zurück geschlagen. Jedoch räumen die Franzosen am 4.März 1813 die Stadt, wobei etwa 1600 von ihnen in russischer Kriegsgefangenschaft landen.

Im Jahr 1823 erwirbt Wilhelm Griebenow das „Vorwerk vor dem Schönhauser Tor". Eine nach Griebenow benannte Straße verläuft noch heute von der Schwedter Straße zur Zionskirche parallel zur Kastanienallee.

Bereits im Mai 1826 fällt in einem schriftlichen Erlass des Königlichen Polizeipräsidiums die Bezeichnung „Prenzlauer Berg" für die Gegend um die Windmühlen- umd Weinberge.

Ab Juli 1828 wird der bisherige Schlamm- und Lehmpfad, der später die Schönhauser Allee darstellt, gepflastert.

Auf dem Gelände des „Prater" in der Kastanienallee errichtet man 1837 einen Pferde-Ausspann für Fuhrwerke. Er heißt im Volksmund schon damals „Prater" … vermutlich nach „Pratum", lateinisch „Wiese". Im Jahr 1841 wird auf „Wollanks Weinberg" am Weinbergsweg (Verlängerung der Kastanienallee) eine eiserne Lanzenspitze aus dem ersten Jahrhundert nach Christi Geburt gefunden. Dazu noch die Info, dass die heutige Torstraße um 1850 herum noch Wollankstraße hieß. Johann Friedrich Adolph Kalbo kauft 1852 die ehemalige Fuhrmannsschenke in der Kastanien-allee. Eine neue Baupolizeiordnung tritt für Berlin 1853 in Kraft, nach der Innenhöfe in Mietskasernen mindestens 17 x 17 Fuß, also ca. 5,30 x 5,30 Meter groß zu sein haben, so dass sich mindestens eine von Pferden gezogene Feuerspritze oder -leiter darin problemlos drehen ließ.

Auf „Nickels Hof" „am Verlorenen Weg", heute Schwedter Str. 37 – 40 eröffnet am 31.Oktober 1854 eine evangelische Mädchenherberge.

Am 1.Oktober 1858 eröffnet in gemieteten Räumen in der Kastanienallee 6 die 15. Berliner Gemeindeschule mit zwei Knaben- und zwei Mädchenklassen ihren Betrieb. Sie ist damit die erste Schule auf dem Gebiet des späteren Prenzlauer Bergs. Die Schule bezieht am 13.Oktober 1864 ein von der Stadt errichtetes Schulhaus in der Kastanienallee 82. Der Besitzer J.F.A. Kalbo beantragt für sein „Café Chantant" eine Konzession zur Aufführung von Operetten, Lustspielen und Possen am 21.Januar 1867. Im Volksmund wird die einstige Fuhrmannsschenke weiterhin nur „Prater" genannt.

Und mit dieser letzten Information von vor der Reichseinigung von 1871 möchte ich meinen heutigen Text beenden: Am 5.April 1868 wird in der Schwedter Str. 7 die „Post-Expedition 37" neu eingerichtet.

*

Kastanienallee[46] – am 17.5.2007

Früher hatten die Städte so ihre eigenen Gassen für jedes Gewerbe, die Färbergasse, die Schänkengasse, die Töpfergasse ... . Berlin ist ja heute größer, als die alten Hansestädte einst und so sprechen wir hier von „Meile". Biermeile, Gaststättenmeile, Nuttenmeile, Touri-Meile, ... Besuchen wir heute also die Fashion-Meile im Prenzlauer Berg. Wenn Mode in Berlin konzentriert passiert, dann hier! Die Touristen wissen das längst. Mir ist Mode schnurzpiepe, Hauptsache die Klamotten passen, halten warm, haben Taschen und das Material ist nicht vom toten Tier, eben Kunststoff ... aus Erdöl, ... also doch vom toten Tier, aber halt nicht für den Zweck der Materialgewinnung getötet.

---

46 ... enthält andere Textteile als der Artikel weiter vorn

Die Kastanienallee ist die direkte Fortsetzung der Pappelallee. An ihrem Beginn in der Schönhauser Allee, direkt bei den leckeren Würschtchen von Konnopke erinnert eine Einlassung ins Straßenpflaster, dass Max Skladanowski hier sein Filmatelier hatte, 1892 Filmversuche starteten und vom Dach des Eckhauses die ersten Dokumentaraufnahmen der Filmgeschichte gedreht wurden. Schräg gegenüber der Prater, ... der Berliner Pratergarten und sicherlich bewusst ein Pendant zum Wiener Prater, denn die Berliner mochten die Ösis schon immer ... also meistens jedenfalls! „Prater" (lat. „pratum") bedeutet übersetzt Wiese und bezeichnet zugleich den ältesten Biergarten Berlins. Er wurde ursprünglich nur als Bierausschank im Jahre 1837 gegründet. Durch die Familie Kalbo, welche das Etablissement 1852 erwarb und ausbaute, entwickelte der Prater sich zu einer populären Freizeit- und Vergnügungsgaststätte.

Das Stadtbad in der Oderberger Straße wurde bereits am 1.Februar 1902 eröffnet. Am 11. Dezember 1986 musste es seinen Badebetrieb auf Grund baulicher Mängel einstellen. Seit 1994 organisiert eine Bürgerinitiative immer wieder kulturelle Aktivitäten im Stadtbad. Im Januar 2007 kaufte die Stiftung Denkmalschutz Berlin das Gebäude für 100.000 Euro. Zunächst soll das es für rund fünf Millionen € baulich saniert werden und anschließend an eine Schweizer Firma übergeben werden, die das Bad betreiben und zu diesem Zweck weitere rund acht bis neun Millionen € investieren will. Ein genauer Zeitpunkt für den Beginn der Sanierungsarbeiten ist noch nicht bekannt. Derzeit rottet das Bad vor sich hin.

Man sieht eingeschlagene Scheiben, rostende Zäune und das ganze Areal macht eher einen sterbenden Eindruck.

Auf der anderen Seite der Kastanienallee in der Oderberger Straße dann die Feuerwache. Weiter geht es nun auf der Kastanienallee Richtung Innenstadt. Kneipe an Kneipe, Modeboutiquen, Second-Hand-Läden für Mode,

Plattenläden die genau die Musik anbieten, die ich im OKbeat fördere, dann noch letzte besetzte Häuser die sich, den ökonomischen Zwängen ergeben und im Erdgeschoss Kaffee und Snacks servieren. In der Hausnummer 81 der Mann, der dafür sorgt, dass ich auch morgen noch kraftvoll zubeißen kann, mein Zahnarzt Dr. Dreves! Guter Mann! Nur manchmal geht er mir auf den Nerv! Der beste Zahnarzt Berlins, ... in meinen Augen, denn man lässt sich ja schließlich nicht von jedem Menschen im Maul herum grabbeln ... also reine Vertrauenssache. Einige Häuser weiter, gleichfalls auf der linken Seite Richtung Innenstadt, die Firma Esselbach, im Hinterhaus gelegen; Jahrelang der „Geburtsort" der Prenzelberger Ansichten.

Ein wenig hinter dem Kirchgebäude kreuzt dann die Schwedter Straße, die an dieser Stelle die Bezirksgrenze zu Mitte darstellt. Ab Schwedter / Choriner Straße bildet dann letztere Richtung Innenstadt die Grenze nach Mitte, zwischen Oderberger und Schwedter Straße hingegen ist die Choriner Straße eine ganz normale, kleine Geschäftsstraße ohne größere Bedeutung, allenfalls vielleicht als 30 km/h-Schleichweg von Mitte bis zur Kulturbrauerei gern genutzt.

Fazit: entlang der Kastanienallee findet man noch relativ viele alternative Geschäfte, von denen es einst mehr im Prenzlauer Berg gab.

Leider ist es in weiten Teilen spießig geworden. Man hat sich eingerichtet und es ist viel zu oft einfach nur chic im, nun teuren Prenzlauer Berg zu wohnen, auf Ökomärkten shoppen zu gehen, um dann am Wochenende mit dem Daimler-Coupé oder dem Porsche nach j.w.d. zu rasen. Entlang der Kastanienallee spürt man jedoch noch nicht zu viel davon und genau deshalb ist es lohnenswert, wieder einmal entlang dieser Straße die noch so „in" und gar nicht angepasst ist, zu schlendern.

*

Kastanienallee 1931[47] – am 23.3.2011

April 1931: Emil Müller ist heute um 4 Uhr aufgestanden, hat sich ein paar Scheiben eines echten Holzofenbrotes mit dem großen Brotmesser zurecht gesäbelt, die hauchdünn mit Schmalz bestrichen und in schon mehrfach von ihm benutztes knitteriges Pergamentpapier eingepackt. Während er in der morgendlichen Kälte drei Etagen im Hausflur hinunter, quer über den Hinterhof, bibbernder Weise zur Latrine huscht, erwärmt sich auf der, schnell mit Holz angeheizten Kochmaschine in der Küche, sein Muckefuck aus gerösteten Zichorien-(Neudeutsch: Chicorée)Wurzeln und / oder Getreide.

Eine halbe Stunde später fährt er mit seinem Fahrrad von seiner Wohnung in der Kastanienallee 86 über Kopfsteinpflasterstraßen, zum Teil so richtig fiese, große „Katzenköppe", seine Zähne klappern, zum Straßenbahn-depot Niederschönhausen-Nordend.

Eine weitere halbe Stunde später, es sollte jetzt etwa zehn nach fünf sein, falls er den Fahrplan eingehalten hat, biegt er von der Schönhauser Allee aus in die Kastanienallee ein. Sein Fahrtziel ist der bis heute älteste noch immer von diesem Nahverkehrsmittel angefahrene Punkt an sich, die Station „Am Kupfergraben" in Berlin-Mitte, die älteste Straßenbahnhaltestelle der Welt!

Beim Einbiegen in die Kastanienallee rumpelt sein Triebwagen stark und der Beiwagen droht in den ausgeschlagenen Gleisen fast aus den Schienen zu springen, deshalb drosselt er mit der Kurbel den Fahrstrom etwas.

Und heute, ausgerechnet heute, kommt ihm der alte Gaul mit seinem Wagen vom Gemüsekrauter fast in die Quere, so dass er doch noch eine Vollbremsung hinlegen muss und froh ist, dass der hintere Schaffner das Unglück auch fast hat kommen sehen und schon griffbereit an der Handbremse des Beiwagens stand.

---

47 … enthält andere Textteile als der Artikel weiter vorn

Puh! Glück gehabt! ... der Gaul und er, ... während der Kutscher selbst, Fritze halt, der alte Dämel, vorn auf seinem Bock noch halb seinen Rausch von gestern auspennt und von all dem überhaupt nüscht mitgekriegt hat.

Von fern betrachtet, unterscheidet die Szene von vor achtzig Jahren sich kaum von heute: ein riesiges Gewimmel an dieser Ecke.

Von nahem unterscheidet sie sich sehr: Keine Jogger, keine Menschen, die sich mit jemandem unterhalten, der gar nicht neben ihnen läuft, kaum Autos, dafür fast nur Pferdefuhrwerke, dazu die Pferdeäpfel auf den Straßen ... natürlich die meisten genau da, wo die Fußgänger sie überqueren. Eine Straßenbahn = Arbeitsplatz für gleich drei Menschen: ein Fahrer und zwei Schaffner. Strom und Gas werden in den Häusern wöchentlich abkassiert. Der Gasmann kommt zu Ihnen! Erinnern Sie sich an den Film „Der Gasmann" aus den 30er-Jahren mit Heinz Rühmann, nach einem Roman von Heinrich Spoerl?

Radios sind in dieser Gegend hier eher noch spärlich, Hauptunterhaltung deshalb der Leierkastenmann und abends die Kneipe, die Spelunke oder der Prater.

In jedem Haus „nützliche" Geschäfte, vor allem Lebensmittel, denn Supermärkte gibt's noch nicht. Kartoffeln werden, wenn man das Geld dazu hat, oder eine Laube mit Garten, eingekellert.

Mitten auf der Kreuzung keifen sich zwei Zeitungsjungen an. Die Frühausgabe der „BZ am Mittag", die erste Boulevardzeitung Berlins, (die ursprüngliche B.Z. erschien erstmals am 1. Januar 1878 im kurz zuvor gegründeten Ullstein Verlag als „Berliner Zeitung", 1904 überarbeiteten die Zeitungsmacher das Konzept des Blattes und am 22. Oktober 1904 erschien erstmals die US-amerikanischen Vorbildern folgende „B.Z. am Mittag", die letzte Ausgabe erschien am 26. Februar 1943, danach wurde die Zeitung als eine der Maßnahmen des "Totalen Krieges" eingestellt) und „Der Völkische Beobachter" (den gab es von 1920 – 30.

April 1945 ... diese letzte Ausgabe wurde niemals ausgeliefert) kommen sich in der Zeitungsstadt Berlin (was sie damals schon war und heute wieder ist) öfters mal in die Quere. Jetzt fehlt eigentlich nur noch der Bengel, der die „Rote Fahne“ verhökert, damit es zu einer ordentlichen Massenkeilerei unterm U-Bahn-Viadukt kommt, aber der nächste Wagen der Linie 51 brettert schon mit Karacho auf die Kreuzung und so stoben die Jungen von allein auseinander und brüllen sich nur noch aus der sicheren Entfernung der gegenüberliegenden Straßenecken an, ... „Du Jurke!“ „Du Primel!“, bevor der nächste hastig vorbei eilende Passant sie in ein Verkaufsgespräch drängt.

„Wat steht denn heute drinne? ... Na, Jöbbels traut sich wohl wieder nich alleene zum Prater.“

Wer öfter als einmal pro Woche zum Vollbad ins Stadtbad Oderberger Straße geht, ist entweder belächelnswert reinlich („Vom zu vielen Waschen wird die Haut zu dünn!“) oder hat einfach beneidenswert viel Geld für solche „Kinkerlitzchen“ übrig. Berlin riecht noch anders. Zu den Abgasen aus Fabrikschloten und versotteten Kohleöfen in den Mietskasernen mischen sich noch die Ausdünstungen der Menschen und der Geruch nach echtem Land, nach den Hinterlassenschaften von Pferd, Kuh und von auf Balkonen gehaltenem Kleinvieh.

Keine Frau auf der Straße trägt ihr Haar offen! ... Nein, also vermummt ist auch keine, aber eine „anständige“ Frau, noch dazu verheiratet, hat ganz einfach ihr Haar zu bedecken, wenn sie das Haus verlässt! In gehobeneren Kreisen leistet man sich mondäne Hütchen, die Arbeiterfrauen im Prenzlauer Berg tragen dagegen meist Kopftuch!

Was in den letzten Jahren wieder „nach historischem Vorbild restauriert“ wurde, stand 1931 noch keine zwanzig Jahre: das Hochbahnviadukt. Dort, wo es heute steht, flanierten um 1910 noch gut betuchte Bürger mit Zylinder, Rüschenrock und Schoßhündchen. Die Schönhauser Allee sah damals wohl so ähnlich aus, wie heute die Greifswalder

Straße zwischen Danziger und Königstor: in der Mitte der Streifen zum Flanieren, rechts und links davon Straßen- und Fahrbahn.

Eines erkennt Emil Müller in diesem Szenario im Jahre 1931. Aber dazu muss er erstmal aus der Straßenbahn der Linie 51 aussteigen ... Mist.... fährt schon wieder an ... also abspringen während der Fahrt ... und jetzt entdeckt er das, was er sucht: Ein unscheinbarer Bauchladen! Am 4. Oktober 1930 gründete Max Konnopke mit seiner Frau Charlotte die bekannte Wurschtbude als Bauchladen.

Als Lokalpatriot hielt ich Konnopke immer für den Erfinder der Currywurst. Dem ist aber leider nicht so Die Erfindung der Currywurst wird Herta Heuwer zugeschrieben, die nach eigenen Angaben erstmals am 4. September 1946 an ihrem Imbissstand an der Ecke Kant-/Kaiser-Friedrich-Straße in Berlin-Charlottenburg gebratene Brühwurst mit einer Sauce aus Tomatenmark, Currypulver, Worcestershiresauce und weiteren Zutaten anbot. Konnopke führte 1959 die Currywurst dagegen in Ost-Berlin ein.

Wem diese Wurscht, nicht wurscht, sondern einfach nur viel zu teuer ist .... und das ist sie wirklich, damit sind wir endlich im Jahre 2011 angelangt, dem sei erzählt, dass im besetzten Haus in der Kastanienallee 86 von der dortigen autonomen Kommune regelmäßig kostenlos Essen an Bedürftige verteilt wird. Diese Leute sitzen auch in der Brunnenstraße 7 und verteilen dort auch. Sie organisieren das ganze ehrenamtlich und mit viel Engagement.

Wenn man sich die alten Photos von damals ansieht, fragt man sich allerdings eines: Wo sind all die wundervollen alten Kastanienbäume geblieben!

*

Kastanienallee - am 19.4.2011

Der Rechner im Eimer, keine Zeit zur Recherche. Fällt es auf, dass ich heute einen meiner älteren Texte über die Kastanienallee zusammendampfe? Ick klau nur bei mir selber!

170

Pappelallee und Kastanienallee sind mit die ältesten Straßen des Prenzlauer Bergs. Wilhelm Griebenow legte beide Straßen noch vor dem Inkrafttreten des Hobrechtplans 1826 an. Sie hat ihren Namen nach den hier ursprünglich gesetzten essbaren Edelkastanien.

Früher gab es überall auf den Hinterhöfen Stallungen, die Tordurchfahrten zu den Gewerben in den Innenhöfen und auch für die Pferde gezogenen Feuerleitern haben außen diese „Spursteine" und manchmal innen auch noch breite, metallene Spurführungen für die hölzernen Räder der Panjewagen.

Wenn Mode in Berlin konzentriert passiert, dann in der Kastanienallee! Die Touristen wissen das längst. Der Berliner Pratergarten ist der älteste Biergarten Berlins und sicherlich bewusst ein Pendant zum Wiener Prater. „Prater" lat. „pratum" bedeutet übersetzt in etwa Wiese. Er wurde ursprünglich nur als Bierausschank im Jahre 1837 gegründet. Durch die Familie Kalbo, welche das Etablissement 1852 erwarb und ausbaute, entwickelte der Prater sich zu einer populären Freizeit- und Vergnügungsgaststätte.

Weiter geht es entlang der Kastanienallee Richtung Innenstadt. Kneipe an Kneipe, Modeboutiquen, Second-Hand-Läden für Mode, Plattenläden, dann noch letzte besetzte Häuser.

Ein wenig hinter dem Kirchgebäude kreuzt dann die Schwedter Straße, die an dieser Stelle die Bezirksgrenze zu Mitte darstellt. Sicherlich in Vergessenheit geraten ist der Tiergarten, den es vor der städtischen Bebauung der Gegend an der Ecke Oderberger Straße / Choriner Straße, Schönhauser Allee von 1865 - 1875 gab. Der „Loßberger Tierpark" zeigte in der Art der damals üblichen Kuriositätenkabinette unter anderem Affen, Wölfe, Füchse, Löwen, Tiger und Leoparden.

An selbiger Ecke gab es von 1887–1890 ein Gartenlokal mit Bühne und Tanzsaal, ähnlich dem Prater, aber für einfachere Leute. Die Veranstaltungen wurden teilweise mit solch skurrilen Sprüchen angekündigt, wie zum Beispiel: „Sonntag: Tanz und Keilerei!"

Feste gefeiert wurde auch auf dem legendären Hirschhof. Er befindet sich dort, wo bis zum Zweiten Weltkrieg das Gelände einer Käserei in der Oderberger Straße zu finden war. Die Käserei wurde im zweiten Weltkrieg zerstört. Der Straßenblock lag zu Zeiten der DDR in unmittelbarer Nähe der Berliner Mauer.
Die DDR-Behörden planten den Abriss des Straßenblocks, um hier Plattenbauten zu errichten. Die Anwohner wehrten sich jedoch erfolgreich gegen diese Pläne, der Hirschof war so etwas wie ein Domizil der Abrissgegner.

Wie diese Neubebauung ausgesehen hätte, kann man heute deutlich an der Altstadt von Bernau (Endbahnhof der S 2) sehen. Dort wurden ja auch große Teile der historisch schon verfallenen Innenstadt abgerissen und, wenngleich auch nicht so protzig und teilweise sogar ein wenig angepasst, DDR-Plattenbauten hin gesetzt. Ich bekam einen halben Schock, als ich diese Bausünden vor einigen Jahren sah.
Die deutsche Wiedervereinigung verhinderte dort noch Schlimmeres.

Weil sich viele der verbliebenen Anwohner entlang Oderberger Straße / Kastanienallee gegen den Abriss ihres Kiezes wehrten, wurden auf Initiative der Wohnbezirksausschüsse einige Hofabschnitte zusammengelegt. Es entstand 1982 ein kleiner Park, der von den Anwohnern angelegt und von staatlicher Seite mit finanziert wurde. Im Sommer 1985 fand dann die Eröffnung des Hirschhofes statt. Er erlangte bei den Anwohnern bald als Grünfläche inmitten des dicht bebauten Gebiets große

Beliebtheit, befanden sich in dieser Gegend doch kaum Grünflächen, den Mauerpark gab es schließlich damals noch nicht, weil dort noch „Die Mauer stand". Ein Hirsch aus Metallschrott ist namensgebend für den Hirschhof,
Derzeit ist der Zugang dort hin für Außenstehende etwas erschwert, da an der Stelle in der Oderberger Straße derzeit gerade gebaut wird.

Überhaupt, mit diesen Baumaßnahmen kommen wir in der „Jetzt-Zeit" an. Schon vor Monaten, mir kommt es bereits wie ein Jahr vor, wird die Oderberger Straße zwischen Schwedter Straße und Kastanienallee „umgestaltet". Die Anwohner wehrten sich mehr oder weniger Erfolgreich und haben wohl wieder einmal in der Geschichte des Kiezes Schlimmeres verhindert. Die Fahrbahn wird erneuert, das Gehwegpflaster auch, es wird alles schicker, feiner, leider auch stromlinienförmiger.
Die alte Feuerwache wurde schon im Jahre 1883 in der Oderberger Straße 24 eingerichtet und gilt als das älteste noch immer in Betrieb befindliche Feuerwehrdienstgebäude Deutschlands überhaupt.

Mit der „Umgestaltung" der Kastanienallee wurde offiziell am 11.April unter dem berechtigten Protest von Anwohnern begonnen.
Fahrradstreifen werden eingerichtet, Parktaschen für Autos und die Bürgersteige sollen schmaler gemacht werden.
Eine von Anwohnerinitiativen geforderte 30er-Zone in der Kastanienallee wurde vom Senat bislang abgelehnt.
Auch die Ideen von Kindern, die sich auf Initiative einiger Grundschulen im Prenzlauer Berg versuchten, Gefahrenmomente für Kinder in der Straße aufzudecken und bei der künftigen Sanierung der Kastanienallee einzubringen, wurden bislang in den Planungen zur „Umgestaltung" nur unzureichend berücksichtigt.

*

Kastanienallee – am 19.8.2009

Pappelallee und Kastanienallee sind mit die ältesten Straßen des Prenzlauer Bergs. Wilhelm Griebenow legte beide Straßen noch vor dem Inkrafttreten des Hobrechtplans (... ist die übliche Bezeichnung für den nach seinem Hauptverfasser James Hobrecht genannten und 1862 in Kraft getretenen Bebauungsplan der Umgebungen Berlins ...) 1826 an, womit sich ihr ungewöhnlicher Straßenverlauf, jenseits von anderen Radiallinien und Diametralachsen erklären lässt.

Die Kastanienallee hatte ihren Namen nach den hier ursprünglich gesetzten Straßenbäumen, den essbaren Edelkastanien. Die Bepflanzung von Stadt- und Landstraßen mit Bäumen war keine gute Geste rühriger Gentleman oder früher Umweltschützer, sondern schlichte Notwendigkeit, um das damals wichtigste Transportzugmittel, das Pferd, zu schonen und um ihm im Sommer ein wenig Schatten bei der schweren Arbeit zu gönnen. Pferde waren teuer und wurden deshalb von ihren Besitzern sehr umhegt. Es gab überall auf den Hinterhöfen Stallungen, und die großen Tordurchfahrten mit ihren riesigen Flügeltüren waren für Pferdewagen mit ihren eisenbeschlagenen Holzrädern und den großen Achsnaben gemacht. Deshalb diese Spursteine rechts und links in den Einfahrten der Häuser! Von den Bäumen der Kastanienallee sollen angeblich einige noch aus der Mitte des 19. Jahrhunderts stammen. Früher hatten die Städte so ihre eigenen Gassen für jedes Gewerbe, die Färbergasse, die Schänkengasse, die Töpfergasse. In Berlin sprechen wir von „Meile", ... Biermeile, Gaststättenmeile, Nuttenmeile, Touri-Meile. Besuchen wir heute also die Fashion-Meile im Prenzlauer Berg.

Wenn Mode in Berlin konzentriert passiert, dann hier! Die Touristen wissen das längst. Die Kastanienallee ist die direkte Fortsetzung der Pappelallee. An ihrem Beginn in der Schönhauser Allee, direkt bei den leckeren Würschtchen von Konnopke erinnert eine Einlassung im Straßenpflaster, dass Max Skladanowski hier sein Filmatelier hatte, 1892 Filmversuche starteten und vom Dach des Eckhauses die ersten Dokumentaraufnahmen der Filmgeschichte gedreht wurden. Schräg gegenüber der Prater, der Berliner Pratergarten und sicherlich bewusst ein Pendant zum Wiener Prater. „Prater" (lat. „pratum") bedeutet übersetzt Wiese und bezeichnet zugleich den ältesten Biergarten Berlins. Er wurde ursprünglich nur als Bierausschank im Jahre 1837 gegründet. Durch die Familie Kalbo, welche das Etablissement 1852 erwarb und ausbaute, entwickelte der Prater sich zu einer populären Freizeit- und Vergnügungsgaststätte.

Weiter geht es nun auf der Kastanienallee Richtung Innenstadt. Kneipe an Kneipe, Modeboutiquen, Second-Hand-Läden für Mode, Plattenläden, dann noch letzte besetzte Häuser, die sich, den ökonomischen Zwängen ergeben und im Erdgeschoss Kaffee und Snacks servieren. Ein wenig hinter dem Kirchgebäude kreuzt dann die Schwedter Straße, die an dieser Stelle die Bezirksgrenze zu Mitte darstellt. Sicherlich in Vergessenheit geraten ist der Tiergarten, den es vor der städtischen Bebauung der Gegend an der Ecke Oderberger Straße / Choriner Straße, Schönhauser Allee von 1865 - 1875 gab.

Der „Loßberger Tierpark" zeigte in der Art der damals üblichen Kuriositätenkabinette unter anderem Affen, Wölfe, Füchse, Löwen, Tiger und Leoparden. Diese Tiere wurden damals garantiert nicht artgerecht gehalten! An selbiger Ecke gab es von 1887–1890 ein Gartenlokal mit Bühne und Tanzsaal, ähnlich dem Prater, aber für einfachere Leute. Die Veranstaltungen wurden teilweise mit solch skurrilen Sprüchen angekündigt, wie zum Beispiel: „Sonntag: Tanz und Keilerei!" Alljährlich fand das „Fliegenfest der Raschmacher" statt. „Raschmacher" waren „Weber von wollenem Kleiderstoff". Die Anekdote dazu: Die Berliner Innung der Raschmacher wollte Ende der neunziger Jahre des 19. Jahrhunderts eigentlich nur einmalig ein Fest veranstalten. Während sie in einem Biergarten noch diskutierten, sammelten sich Fliegen auf dem Rand des großen Glases, aus dem reihum schönes, süßes Berliner Weißbier („Berliner Weiße") getrunken wurde. So kam es zu dem Namen „Fliegenfest"! Es wurde eine regelmäßige Einrichtung mit einem Festumzug. Gestartet wurde Landsberger Allee / Barnimstraße. Der Zug führte dann zum Schönhauser Tor und von dort über die Schönhauser Allee bis nach Niederschönhausen (Pankow) mit Halt in jedem Bierlokal auf der Strecke. Die Raschmacher-Innung wurde erst 1924 aufgelöst. Damit starb auch das Fest.

Feste gefeiert wurde auch auf dem legendären Hirschhof. Er befindet sich dort, wo bis zum Zweiten Weltkrieg das Gelände einer Käserei in der Oderberger Straße zu finden war. Die Käserei wurde im zweiten Weltkrieg zerstört. Der Straßenblock lag zu Zeiten der DDR in unmittelbarer Nähe der Berliner Mauer. Die Altbauten waren zunehmend verfallen. Die Behörden planten daher den Abriss des Straßenblocks, um hier Plattenbauten zu errichten. Die Anwohner wehrten sich jedoch erfolgreich gegen diese Pläne.

Ich trieb mich selbst 1987/88 recht häufig in den abrissreifen Häusern der Kastanienallee herum, bewunderte die noch vorhandenen gedrechselten Treppengeländer, die Reste alter Kachelöfen und den Stuck der Wohnungen. Viele der Häuser waren damals schon entmietet. Weil sich viele damals gegen den Abriss ihres Kiezes wehrten, wurden auf Initiative der Wohnbezirksausschüsse einige Hofabschnitte zusammengelegt. Es entstand 1982 ein kleiner Park, der von den Anwohnern angelegt und von staatlicher Seite mit finanziert wurde.

Im Sommer 1985 fand dann die Eröffnung des Hirschhofes statt. Er erlangte bei den Anwohnern bald als Grünfläche inmitten des dicht bebauten Gebiets große Beliebtheit, befanden sich in dieser Gegend doch kaum Grünflächen, den Mauerpark gab es schließlich damals noch nicht .... weil dort die Mauer selbst noch stand und der Humboldthain genauso unerreichbar war, wie der „Central Park" in New York! Ein Hirsch aus Metallschrott ist namensgebend für den Hirschhof, eine bunt bemalte Konstruktion aus Metallschrott der Künstler Anatol Erdmann, Hans Scheib und Stefan Reichmann und kein Relikt deutscher Wohnzimmerspießigkeit mit dem röhrenden Hirsch am Waldesrand als Ölbild.

Unter ihm führt heute ein Weg hindurch. Im Hirschhof gab es zu DDR-Zeiten auch eine Kulturbühne. So entwickelte sich der Kiez bald zu einem Treffpunkt der Untergrundkultur Ostberlins. Die Staats-sicherheit führte in der Folge eine Akte "Hirschhof". Jährlich fand das Hirschhoffest statt. Es gab eine Freiluftbühne mit verschiedenen Aufführungen. Im Umfeld des Spielplatzes findet sich auch heute noch eine Reihe von Trümmerblöcken, die in den Spielplatz eingebettet sind. Früher ist davon ausgegangen worden, dass es sich hierbei um Teile des Berliner Stadtschlosses handele, das von der DDR-Regierung gesprengt wurde. Dieses Gerücht bescherte der Oderberger Straße Touristenströme.

Laut der Kunsthistorikerin Gabi Ivan handelt es sich hierbei jedoch um Trümmer des Berliner Doms, die von den Hirschhofinitiatoren aus der Deponie an der Falkenberger Chaussee geholt wurden. Bekanntlich ist ja auch ein Teil des Berliner Doms nach dem zweiten Weltkrieg abgerissen worden. Die Häuser der Straßen um den Hirschhof waren beim Fall der Mauer in einem schlechten Zustand oder waren gar unbewohnbar, wiesen jedoch einen Charakter der Gründerzeit auf.

Mit der Zeit fanden sich Investoren, die einige der Häuser nach und nach sanierten. Allerdings stiegen dadurch auch die Mietpreise stark an. Mit der Aktion „Wir bleiben alle (WBA)" konnte man sich jedoch gegen Luxussanierungspläne wehren, die den Hirschhof womöglich bedroht hätten. Der Bezirk sanierte den Hof für

50.000 Euro. Entlang der Kastanienallee findet man noch relativ viele alternative Geschäfte, von denen es einst mehr im Prenzlauer Berg gab. In der Kastanienallee spürt man jedoch noch nicht zu viel davon und genau deshalb ist es lohnenswert, wieder einmal diese Straße, die noch so „in" und gar nicht angepasst ist, entlang zu schlendern.

*

Die bittere Wahrheit über Rolf Gänsrich
(Kolle-Kiez Juli 2011) - am 7./20./21.6.2011

Das ist ja 'n Ding, dieses Foto hier. Walter Ulbricht und Nikita Chruschtschow im offenen Tschaika   ...??? ... nee, das war damals 'n original „Sachsenring" - Spezial-anfertigung – Miniserie von nur sechs Fahrzeugen ... an der Ecke Dimitroff (Danziger) Str. / Schönhauser Allee. Beim Schreiben dieses Textes hier, liegt mein fuffzichster Geburtstag noch vor mir, beim Ausliefern dieser Ausgabe hier, hab ich den „Club der alten Herren" bereits erreicht.
Mit Chruschtschow verbindet mich etwas. Als Neugeborener hatte ich genau so eine kahle Atta, wie der, weshalb ich man mich in den ersten Lebensjahren „Nicki" nannte, später wechselte das dann über lange Jahre in „Bummi" wegen meiner blonden Löckchen. Das „Bärchen" hab ich aber erst seit meinem Tagesklinikaufenthalt 2003.

Übrigens an genau jener Ecke, Danziger / Schönhauser, sprach mich am Pfingstmontag ein Leser mitten auf der Straße an und machte mich auf einen Fauxpas aufmerksam.
Also ich für meinen Teil bin ja mal in Hohenschönhausen groß geworden, weiß also noch, wo die Stasi welches Objekt dort hatte. Falls von Leserseite aus Interesse besteht, kann ich gern auch mal einen Kiezspaziergang durch Hohenschönhausen machen! Will sagen, 1987 war ich zwar schon vier Jahre im Prenzlauer Berg polizeilich gemeldet, lebte aber, nach Abzug meines NVA-Grundwehrdienstes,

erst gut zwei Jahre hier und so fragte ich meinen Vater, wo denn überhaupt die Husemannstraße sei, als in der Zeitung berichtet wurde, Erich Honecker besucht die. Und ich war mir sicher, dass dem auch so war, denn vor meinem geistigen Auge hab ich noch die Fotos dazu in der „BZ am Abend". Aber, unser Leser klärte mich am Pfingstmontag auf, Erich Honecker kam nie. Er sagte diesen Besuch kurzfristig ab. Willi Stoph kam.

Über die Danziger 50 habe ich wohl noch nie ausgiebig berichtet. Soweit ich noch weiß, übernahm der Kulturverein Prenzlauer Berg im Jahre 2005 dieses marode Gebäude. Es ist eigentlich eine ehemalige Schule und genutzte Schulgebäude sind noch die Bauten, die man über die Tordurchfahrt erreicht, aber das Vorderhaus war 2005 im Inneren eine Ruine. In mühevoller, vorwiegend ehrenamtlicher Arbeit wurde die Danziger 50 denkmalgerecht saniert und im Jahr darauf als Kulturzentrum eröffnet. Die Arbeiten wurden aus Mitteln der Europäischen Union und des Landes Berlin gefördert.

Der Kulturverein Prenzlauer Berg bewirtschaftet auch u.a. „Betreutes Wohnen für Alleinerziehende" in der Kollwitzstraße 94.

Die Danziger Str. 50 wurde ursprünglich als Doppel-Schulgebäude mit einem ehemaligen Rektorenwohnhaus in der Danziger Straße 50 Ecke Dunckerstraße 64, 1893/1894 als 162. und 197. Gemeindeschule für Knaben errichtet.

Es ist ein roter Klinkerverblendbau mit grün glasierten Schmuckziegeln, Baumeister waren Hermann Blankenstein und Vinzent Dylewski.

Hinweisen möchte ich bei dieser Gelegenheit auch schnell noch auf ein auffälliges Gebäude, dem gegenüber, auf das Wohnhaus Danziger Straße 57 Ecke Senefelderstraße, das um 1895 nach Plänen von Eugen Reethen erbaut wurde und ein fünfgeschossiger Klinkerverblendbau mit reich geschmückter Fassade im Neorenaissance-Stil mit Eckerkern und aufgesetzten sechseckigen Ecktürmen ist.

Klaus Störtebeker, auch Klaas Störtebecker, Claas Störtebeker oder Nikolaus Storzenbecher (* um 1360; † vermutlich am 20. Oktober 1401 in Hamburg) war einer der Anführer der Vitalienbrüder und der wohl bekannteste Seeräuber, der aus den Reihen dieser auch als Likedeeler (Gleichteiler) bezeichneten Männer hervorging und zu denen ebenfalls die berüchtigten Kapitäne Gödeke Michels, Hennig Wichmann, Klaus Scheld und Magister Wigbold zählten. Das Störtebeker-Museum ist in Hamburg.
Die Störtebeker-Festspiele finden seit 1993 jeweils von Ende Juni bis Anfang September am Ufer des Großen Jasmunder Boddens in Ralswiek auf der Insel Rügen statt. Sie sind Deutschlands erfolgreichstes Open-Air-Theater. Jedes DDR-Kind kannte Klaus Störtebeker, den, so wurde er uns damals dargestellt, „Robin Hood der Ostsee", der den Reichen nahm und den Armen gab. Sowas wie ein erster „revolu-tionärer Vorkämpfer" für den „kleinen Mann" und somit zum DDR-Helden tauglich. Ein Freund des Bieres übrigens.

Die Berliner Kulturbrauerei ist ein 25.000 m² großes Bauensemble. Sie steht seit 1974 unter Denkmalschutz und gehört zu den wenigen gut erhaltenen Berliner Industriearchitekturdenkmälern vom Ende des 19. Jahrhunderts. Der Apotheker August Heinrich Prell gründete im Jahr 1842 in Kreuzberg eine kleine Brauerei. Sein im Keller hergestelltes untergäriges Bier bot er vor Ort in einem Ausschank an. Trotz 35 weiterer Brauereien im Berliner Raum florierte das Geschäft, so dass Prell neue Lagerkeller in der Schönhauser Allee 39 an der Stelle der heutigen Kulturbrauerei einrichtete.
Nach dem Tod des Firmengründers im Jahr 1853 übernahm Jobst Schultheiß das Unternehmen.1891 fusionierte die Brauerei mit der „Tivoli-Brauerei", und stieg daraufhin mit 43 Niederlagen mit Eiskellern, 19 Ausschanklokalen, 65 Eisenbahn-waggons, 533 Wagen und 537 Pferden zur

größten Brauerei Deutschlands auf. Nach dem Zusammenschluss mit der „Patzenhofer-Brauerei-AG" im Jahr 1920 entstand die die weltgrößte Lagerbierbrauerei mit Hauptsitz in der Schönhauser Allee.

Während des Zweiten Weltkrieges wurden in den Keller der Brauerei „Kriegswichtige Artikel", wie z.B. Funkgeräte, gebaut.

Auch dienten die Gebäude als Lager für die SS. Noch in den letzten Kriegstagen verschanzte sie sich auf diesem Gelände und wagte von hier aus, noch kurz vor der Kapitulation Berlins, noch einen Ausbruch durch die Keller, auch in der Pappelallee, wie mir mein Vater in seinen Erinnerungen immer wieder berichtet hatte, in Richtung Norden. Mit Befehl der Besatzungsmacht vom 30. Oktober 1945 wurde das Unternehmen beschlagnahmt und bis zur Umwandlung in den volkseigenen Betrieb VEB Schultheiß-Brauerei Schönhauser Allee als sowjetische Aktien-gesellschaft weitergeführt. Allerdings folgte im Jahr 1967 das definitive Ende des Brauereibetriebes.

Viele kleinere Betriebe nutzten in den darauf folgenden Jahren das Areal.

Ein Gast meines Kiezspaziergangs im Mai erinnerte mich an das Möbellager auf dem Gelände, von dem auch, und da erinnerte ich mich nun wieder, meine Eltern ihre erste Schrankwand abholten.

Witziges am Rande, eines der ersten Worte, die die Tochter einer hier anliegend wohnenden Bekannten nach „Mama" und „Papi" sagte war: „Kulturbrauerei".

Ein Tipp von mir: hüten sie sich vor der Silvesterparty auf dem Gelände. Wenn Sie eng gedrängelt kurz vor der Atemnot mit vielen Menschen gleichzeitig „kuscheln" wollen, können sie auch 'ne S-Bahn oder eine Straßenbahn der M 4 mitten im Berufsverkehr nehmen. Da müssen Sie sich Kulturbrauerei nicht antun.

*

Schliemannstraße - am 14.6.07

Die unscheinbare und zweigeteilte Schliemannstr. ist eine schöne kleine Straße mit tollem, altem Baumbestand und ständig zu vielen Hundehaufen. Tritt ins Glück, aber rutsche nicht aus! Trotz Quartiersmanagement und Sanierung der Häuser ist von den Alteingesessenen kaum noch jemand wohnen geblieben. Dafür überall Kinderwagen und strahlende Muttis. Prenzlauer Berg verjüngt sich im Kern und altert am Rande, ... also was die Jahrgänge angeht. Als Schöffe erfuhr ich vor einigen Jahren, dass der Platz angeblich einer der gefährlichsten, unter Garantie aber einer der besten Drogenumschlagplätze Berlins sei. Seit einiger Zeit gibt es nun ganz offiziell „Tütchen" am Platze, ... nicht zum Rauchen sondern gegen den Hundekot!
Die Hausnummern 8/9 in der Schliemannstraße beherbergen eine gewollte Brachfläche auf der sich nun Vegetation aller Art entfaltet, eine Tafel auf dem Gelände der Nr.9 weist darauf hin. Auch ein Spielplatz und ein „Kiezgarten", von Anwohnern errichtet, findet man hier. Bereits in Nr.11 dann ein Schandfleck, eine Altbauruine. Auf diesem Areal scheint das Brachland ungewollt. Das Teilstück zur Stargarder Straße hin ist gut saniert und wahrscheinlich von den Mieten her kaum noch erschwinglich.

[48]Ich wohne seit nunmehr fast fünfundzwanzig Jahren am Prenzlauer Berg, in der selben Straße, im selben Haus, in derselben Wohnung. Die kleine, unscheinbare Schliemannstraße nahm ich das erste mal, mehr unbewusst, vor ca. zehn Jahren wahr, als ich, von einer Silvesterfete bei Ulrike kommend, mich noch irgendwo in einer Kneipe auf einen Absacker niederlassen wollte und warum auch immer, wohl per Zufall, am Helmholtzplatz landete. Der Wirt ließ über seine Musikanlage das „Weiße Album" der Beatles laufen, deshalb blieb ich und trank mehr, als mir gut tat. Als

---

48 … dieser Absatz wurde nicht gedruckt

ich schließlich nach Hause aufbrach, verirrte ich mich am Platze und kam ständig und immer und immer wieder an der Schliemannstr. vorbei, was mich in diesem Zustand nur nervte.

Einige Jahre später hatte ich in der Schliemannstraße ein Date mit einer wundervollen jungen Frau, die mir einige Tage zuvor ihre Adresse (leider ohne Telefonnummer), zugeschoben hatte. Aus dem Date wurde nichts, denn ich fand ihre Hausnummer nicht und ich fühlte mich verarscht. Sorry, Tina, aber da wusste ich noch nicht, dass der Helmholtzplatz so mächtig ist und er diese Straße in zwei fast gleich lange Abschnitte teilt.
Abschnitt 1: Danziger Straße – Helmholtzplatz, Abschnitt 2: Helmholtzplatz – Stargarder Straße. Nichtsdestsotrotz liebe ich diesen Platz! „Sommer vor'm Balkon", der Kinohit des letzten Jahres, spielte hier! Mein guter Kumpel Micha Haufe, Stammtischphilosoph und Dichter versuchte hier 2005 durch Besetzung einer Ecke des Platzes seine, wie er es nannte „Orangene Revolution" zu starten und im ehemaligen „Café Spiegel" oder „Diesseits im Jenseits" (seit knapp einem Jahr ist in den Räumen nun ein persischer Imbiss) lernte ich die Künstler kennen, aus denen Anfang 2005 die Künstlergruppe „die BeTonWerker" wurde und deren Mitglied ich bin.
Wie ein Yo-Yo zieht es mich immer wieder in diese Gegend.

Heinrich Schliemann, Ehrenbürger Berlins, lebte vom 6.Januar 1822 bis zum 26. Dezember 1890. Im Jahre 1873 entdeckte er den „Schatz des Priamos" und somit, nach eigener Aussage auch Troja, was heute auch so von der Fachwelt anerkannt wird. Auf Initiative seines Förderers Rudolph Virchow schenkte Schliemmann diesen Schatz dem Deutschen Volke. Trotz ziemlicher Zerstörungen in seiner Anfangszeit als unbedarfter Archäologe, er änderte recht schnell seinen Stil und ging bald wesentlich vorsichtiger zu Werke, bleibt es Schliemann zu verdanken, erstmals Feldgrabungen durchgeführt zu haben. Vor seiner Zeit wurde nur gezielt und sehr punktuell nach einzelnen Schätzen gesucht (und dabei meist noch mehr an historisch wertvollem Material zerstört). Schliemann dagegen trug ganze Berge systematisch ab, Lage für Lage, Schicht um Schicht. Somit war Schliemann der erste wirklich „moderne" Archäologe. Wer allerdings glaubt, ganz in dessen Sinne zu handeln und versucht den Helmholtzplatz umzugraben, auf der Suche vielleicht nach ... Atlantis, wird enttäuscht, denn unter dem Hügel des Platzes sind nur die abgetragenen Reste der Ziegelei, die einst die Rohstoffe für das umliegende Gebiet lieferte.

*

Relativ unbekannte Ecken oder Ereignisse am Prenzlauer Berg - am 14.10.2013
heute: die Kleingartenanlage an der Stedinger Straße

Es gibt mehr und es gibt weniger bekannte Ecken und Ereignisse am Prenzlauer Berg. In dieser kleinen Serie möchte ich mich fortan darum kümmern.
Der Prenzlauer Berg hat auf einer Fläche von 11 km² 192 Straßen mit einer Gesamtlänge von ca. 92 km bei einer aktuellen Einwohnerzahl von ca. 152.000[49] Menschen. Der überwiegende Teil der Fläche ist dicht bebaut. Das Blumenviertel ist indes von der Bebauung her wie eine Berliner Vorstadt. Kommt man von der Kniprodestraße in Richtung Michelangelostraße an diese Bedarfsampel für Fußgänger, so geht es noch vor dieser Ampel in den Stedinger Weg hinein und noch rechts daneben beginnt die Kleingartenanlage „Neu Berlin", gegründet 1901. Sie ist ein „schmales Handtuch" und schlängelt sich zwischen den Wohnhäusern mit ihren Gärten am Stedinger Weg und dem Gewerbegebiet an der Storkower Straße entlang. Einige Gärten sind preußisch korrekt gepflegt, mit exakten Rasen-

---

49 ... rund 167.0000 im Jahr 2024

184

und Beetkanten, andere herrlich wildwüchsig. Man sieht hohe Hecken als Grenzzäune und neben dem schmal gepflasterten, öffentlichen Weg wilde Maiglöckchen. Über allem schwebt ein Duft nach alten Apfelsorten und knorrigen Bäumen.

Nach drei oder vier kleinen Biegungen endet die KGA in einem Asphaltweg, der rechts erst von einem wundervoll ungepflegtem Dickicht und dahinter von den ersten Baracken des Gewerbegebiets begrenzt wird. Links vom Weg stehen hinter Zäunen die Weinreben des Bezirks. Sie werden von Leuten in irgendwelchen Jobcentermaßnahmen gepflegt. Jeden Mittwoch ist dieses Areal als „Weinschaugarten" von 9.00 – 12.00 Uhr für die Öffentlichkeit zugänglich.

Der Fußweg endet am Syringenplatz / Sigridstraße neben einer großen Niederlassung von Vattenfall und einem kleinen, engen Fußweg, durch den man in das Gewerbegebiet und zum Jobcenter gelangt. Auf dem Abschnitt Sigridstraße bis Stedinger Weg wird auf einem derzeit noch verwilderten Grundstück an Baracken gebaut.

Der Stedinger Weg ist für viele eine kurze Verbindung von der Kniprodestraße zur Oderbruchstraße und zum Syringenweg … altes Kopfsteinpflaster mit mageren Resten einer Asphaltdecke. Der Fußweg auf beiden Straßenseiten ist zum größten Teil nicht befestigt. Die meisten der kleinen Mehrfamilienhäuser in diesem Stadtteil haben nur zwei Etagen mit ausgebautem Dachgeschoss. Schmiedeeiserne Gitter wechseln mit bemoosten, brüchigen Betonpfeilern. In Höhe des von rechts auf den Stedinger Weg einmündenden Steengrafenweges gelangt man nach links durch eine schmale Gasse wieder in der KGA. In Hausnummer 13 ist im Garten ein imposantes Baumhaus. Schräg gegenüber in Nr. 12 steht im Vorgarten als Exot ein ganz besonderer Baum. Der Affenschwanzbaum auch Araukarie genannt, ist ein Winter harter Nadelbaum aus den südlichen Anden und Patagonien.   *

Straßburger Str. / Saarbrücker Str. - am 19.2.2007

Berlin hat zwar seit ein paar Jahren regelmäßig an einem Wochenende seine Biermeile (entlang der Karl-Marx-Allee), der Prenzlauer Berg hingegen hat seit gut einhundert Jahren seine Bier-Brauerei-Meile!

Gehen wir heute in unserer Serie, in der ich Ihnen die Kieze im Prenzlauer Berg vorstelle, in die „Keimzelle" des Bezirks (Stadtteiles). Kehren wir gewissermaßen zu den Wurzeln zurück.

Saarbrücker Str. und die Straße Am Prenzlauer Berg bilden so in etwa die Grenze zwischen den Ausläufern des Barnim und dem Berliner Urstromtal. Jahrhunderte lang vor den Toren der Stadt gelegen wurde an den Hängen einst Wein angebaut. Auf den übrigen Hufen waren die Äcker der Stadtbewohner. Für uns als „zivilisierte" Mitteleuropäer heute undenkbar, neben unserer „eigentlichen" Arbeit zur eigenen Ernährung auch noch Landwirtschaft zu betreiben. Säen und ernten geht ja noch! Aber könnten Sie heutzutage, als Großstadtgöre, noch ein wuscheliges, flauschiges Kaninchen killen oder einer süßen Gans den Hals umdrehen? Fleisch kommt doch viel praktischer gleich tot aus der Kühltheke im Supermarkt! Da zappelt nichts mehr oder quiekt ... und unblutig ist es obendrein. Aber das nur nebenbei. Einst also der Weinbau an diesen Hängen. Später standen dort die ersten Windmühlen der Stadt zur Verarbeitung des Getreides der Städter.

Bereits in der zweiten Hälfte des 19. Jahrhunderts war die Gegend Straßburger / Saarbrücker Straße mit der, später typischen Berliner Art, die Wohnen und Arbeiten miteinander verband, bebaut. Da Berlin ab 1871 Reichshauptstadt eines, endlich geeinten Deutschland war, übte es einen gewissen Sog gerade auf die ländliche Bevölkerung Ostpreußens und der Mark Brandenburg aus. Die stetig wachsende Zahl durstiger Kehlen in der Stadt zog die Gründung zahlreicher Brauereien nach sich. Da Werner (damals noch ohne „von") Siemens gerade noch mit der dunnemals neuen Elektrik experimentierte und auch die maschinelle Kühltechnik noch nicht entwickelt war, mussten sich die Brauer etwas einfallen lassen, um ihr Bier zu lagern. Die Ausläufer des Barnim, am östlichen Stadtrand gelegen, boten sich da ideal an. Die Brauerei Pfeffer, die Königstadtbrauerei und auch die Brauerei der Familie Bötzow erwarben hier nun Grundstücke, erbauten ihre Betriebe und gleich auch anliegende Biergärten.

Als Baurat James Hobrecht 1862 seinen Bebauungsplan vorlegte, gab es „Reibereien" mit der Königstadtbrauerei, die ein größeres Gelände forderte. Daraufhin wurde dann auch der Hobrechtsche Bebauungsplan geändert. Das Ergebnis war ein dreieckiges Reststück, das sich nicht mehr für die Errichtung größerer Gebäude eignete. Der so entstandene Platz hieß ab 1882 Thusneldaplatz (Thusnelda – Tochter des germanischen Stammesfürsten Arnim, die gegen den Willen ihres Vaters den Cheruskerfürsten Segestes geheiratet hatte).

Auf Kaiserliche Kabinettsorder und auf Anstoß, Initiative und Kosten der deutschen Druckereiarbeiter wurde der Platz 1896 in Gedenken an den Erfinder der Lithographie (oder des „Steindruckes", wie er selber sagte) Alois Senefelder (6.11.1771 – 26.2.1834) umbenannt.

Direkt dort, an der spitzen Seite des Platzes mit seinem Denkmal, gegenüber dem Pfefferwerk, beginnt die Saarbücker Straße. An dieser Ecke auch die stadtbekannte Schwulenkneipe „Courage". Dann das Gelände der alten Königstadtbrauerei, das derzeit frisch saniert und in freier Trägerschaft viele Räumlichkeiten für diverse kleine und mittlere Gewerbetreibende bereit hält. In der Saarbrücker Str. 22 – 24 muss es einst die „Großhandlung für Glas, Porzellan, Steingut und Haushaltsartikel" „Christoph & Peetsch" gegeben haben, mit Sitz in „Berlin NO 55" und „Ruf Berlin 42 69 34", wie mir ein antiker Aschenbecher, den mir einst mein Großvater vererbte, kund tut. Am

„Prenzlauer Tor" (Prenzlauer Allee / Saarbrücker Str.) die „Backfabrik" mit ihren Gewerben. Noch vor zwanzig Jahren saß hier die Großbäckerei „BaKo" (Backwarenkombinat), die täglich die „Bürger der Hauptstadt der DDR" mit Schrippen, Brot und Kuchen (legendär sind die leckeren Baumkuchenringe) versorgte.

Direkt auf der Gegenüberliegenden Seite der Saarbrücker Str. stand einst das „Schloß im Norden", wie man die Villa der Familie Bötzow nannte. Sie wurde im II. Weltkrieg zerstört. Auf eben diesem Gelände gründete sich 1919 ein Revolutionsausschuss aus KPD und USPD. Der dort vorhandene Karl-Liebknecht-Gedenkstein erinnert noch heute daran. Der Bereich der alten Bötzow-Villa ist leider etwas verwildert. Keine Ahnung, was dort mal passieren soll. Viele Gebäude der angrenzenden Bötzow-Brauerei blieben allerdings erhalten. Auch sie beherbergen heute Gewerbe. Vor der Fertigstellung des Großhandelslagers (sogenanntes „grünes Ungeheuer") in der Landsberger Allee (ehemals Leninallee) Ecke Rhinstraße in der zweiten Hälfte der 1980er Jahre lagerte die „HO - Waren täglicher Bedarf" hier Spirituosen, Tabakwaren und Waschmittel (was für eine Zusammenstellung).

In der Straßburger Straße, zwischen Saarbrücker und Tor Str., ist das Gelände der einstigen Fahrbereitschaft der DDR-Regierung und des MfS übrig geblieben. Da die Eigentumsverhältnisse des Geländes noch immer unklar sind, niemand will es wegen möglicher Altlasten wirklich gern haben, sind die dort heute ansässigen Firmen, wie zum Beispiel der Bildungsträger BTB, nur vorübergehende Mieter. Übrig geblieben sind augenscheinlich diverse Werkstatthallen und Parkhäuser aus DDR-Zeiten. Es geht auch das Gerücht von einem geheimen direkten Tunnel zum Alexanderplatz um.

Beginnend an der Torstraße führt die Straßburger Straße dann nach der Kreuzung der Saarbrücker Str. an alten Mietskasernen mit dem heruntergekommenen Charme des

„überholenden aber nicht einholenden" Sozialismus vorbei, kreuzt die Metzer Str., und endet dann, nachdem man „Q3A" Plattenbauten neben sich gelassen hat, vollkommen unspektakulär an der Belforter Str. direkt am Eingang zum Wasserspeicher, des Wahrzeichens des Prenzlauer Berg. Als Filmkulisse für DDR-Nostalgiker eignet sich die Straßburger Str. hervorragend. Vielleicht habe ich Sie, liebe Leser, ja auch heute wieder ein wenig neugierig gemacht ... auf eine Gegend, die wir sonst in den Prenzelberger Ansichten immer etwas vernachlässigen und auf Gewerbegebiete, die Sie vielleicht noch nie erkundet haben. Tun Sie es!

*

Teuto – Kastanie – April 2012 - am 16.3.2012

Ich führe seit einem Jahr, gemeinsam mit dem Berliner BGE-"Papst" Michael Fielsch, an jedem zweiten Samstag im Monat durch diesen Kiez, deshalb seien heute einige Dinge nur am Rande erwähnt, in der Hoffnung, dass Sie dann einmal zu einem der Kiezspaziergänge kommen.[50]

Ein Gebäude, das ich dabei immer auslasse, ist die Polizeiwache in der Eberswalder Straße.
Sie gehört zum Polizeiabschnitt 15 und ist zuständig für einen Abschnittsbereich, in dem ca. 67.128 Menschen auf 4,08 km² Fläche leben. Die Zahl der Einsätze beträgt pro Jahr ca. eintausend sechshundert, so ist auf der entsprechenden Homepage nachzulesen.
Das Gebäude wird erst seit Mitte der 90er Jahre von der Polizei genutzt. Die saß vordem unter anderem mit einer „Meldestelle" in der ersten Etage des Eckhauses Pappelallee / Danziger Straße.

---

50 ... das habe ich damals ein Jahr lang gemacht, dann wurde Micha unzuverlässig und etwa im Sommer 2023 brach ich dann den Kontakt zu ihm komplett ab, weil wir als Kumpels schlicht nicht mehr miteinander auskommen

Statt dessen war in dem Gebäude in der Eberswalder Straße eine Post unter gebracht. Nicht ganz unlogisch, denn dort, wo heute der Mauerpark ist, war bis 1982 auf Weddinger Seite, also seit dem am 13.August 1961 durch den Mauerbau vom Prenzlauer Berg abgetrennt, der Post- und Güterbahnhof des Nordbahnhofs, ehemals Stettiner Bahnhof. Es kam ja immer wieder mal während der Jahre der deutschen Teilung zu Gebietsaustauschen zwischen Ost- und Westberlin, die auf höchster Ebene von den vier Berliner Besatzungsmächten abgesegnet waren.

Ich war immer davon ausgegangen, dass man aus rein strategischen Gründen, um den Mauerstreifen an dieser Stelle zu verbreitern, 1982 unter anderem das Lenné-Dreieck am Potsdamer Platz an Westberlin und den heutigen Mauerpark an Ostberlin tauschte.

Das war nicht ganz falsch, aber auch nicht ganz richtig, wie mir jüngst ein Gast eines Kiezspazierganges berichtete.

Während der Teilung Berlins gab es am Alexanderplatz neben dem S-Bahnsteig noch ein drittes S-Bahn elektrifiziertes Gleis. Es war eines der heutigen Fernbahngleise. Geplant war, eines dieser S-Bahn-Gleise in Richtung Hackescher Markt in einen neu zu bauenden S-Bahn-Tunnel auszuschlaufen. Dieser geplante Tunnel sollte u.a. noch die Schwedter und Oderberger Straße unterqueren und im Mauerpark wieder an die Oberfläche gelangen, um dann Richtung Pankow wieder ins normale S-Bahn-Netz eingeschlauft zu werden. Die Planungen waren soweit gediehen, dass die Grenztruppen und Erich Mielkes MfS ihr o.k. zu diesem Vorhaben gegeben hatten. Aber um diesen Plan zu verwirklichen, fehlte es letztendlich vorerst an Geld und noch vor dem ersten Spatenstich zu diesem Projekt kam es zur deutschen Wiedervereinigung, so dass man solch eine S-Bahn-Verbindung nicht mehr brauchte.

Ich möchte nun noch eine andere Ecke mit Ihnen besuchen. Was ich nicht wusste, ist dass es in der Fehrbellinger Straße 92 einst ein jüdisches Kinderheim gab. Dieses Heim wurde

1897 in der Lothringer Straße gegründet und zog 1910 in die Fehrbelliiner um. In ihm wohnten anfangs zwanzig, mit zunehmendem Druck durch die Nazis auch dreißig und mehr Kinder fest in ihm. Es hatte außerdem fünfzig bis sechzig normale jüdische Schulkinder zu betreuen. Am 1.Juli 1942 wurde das Gebäude zwangsverkauft.

Heute residiert in dem Gebäude das Stadtteilzentrum. In einer Dauerausstellung darin kann man mehr über das einstige jüdische Kinderheim erfahren.

Neunundvierzig der damaligen Kinder gelang übrigens noch in letzter Sekunde die Flucht vor der Deportation, kann man einer Erinnerungstafel am Haus entnehmen.

Ich möchte ein paar Lebensfakten von einem der einstigen Heimkinder hier auflisten, das man, wie einige weitere Interviews, 1996 führte und die man im Archiv des Prenzlauer Berg-Museums in der Mühlhauser Straße findet. Dort kann man sie komplett nachlesen.

Frau G. Jahrgang 1924, kam 1939, mit fünfzehn, als Kindergartenlehrling in das Heim in der Fehrbelliiner Straße. Sie erhielt 1941 eine Vorladung zur Zwangsarbeit bei „Blaupunkt", wurde 1943 verhaftet und 1944 in ein Lager in der Großen Hamburger Straße verbracht, in dem im selben Jahr ihre Tochter Helga geboren wurde. Nach dem Krieg arbeitete sie in einem jüdischen Kindergarten in der Joachimsthaler Straße und schließlich in einem Altersheim in Niederschöneweide. Ihr Vater war von den Nazis ermordet worden, mit ihrer Mutter lebte sie bis zu deren Lebensende zusammen.

Die letzte Heimleiterin in der Fehrbelliiner Str.92 war Ida Bamberger. Sie wurde am 17.September 1891 geboren. Nach dem Zwangsverkauf des Heimes gibt es nur noch eine Lebensmeldung von ihr. Sie musste am 24.November 1942 eine Vermögenserklärung abgeben. Seitdem gilt sie als verschollen. Noch ein paar Sätze zur Bausubstanz im Viertel zwischen Teutoburger Platz und Kastanienallee, die ja weltweiten Ruhm als „die" Fashion-Meile hat.

Einundneunzig Prozent des Gebietes wurden vor 1919 erbaut, davon etwa sechsundvierzig Prozent noch vor der Reichsgründung 1870. Nur etwa sechs Prozent der Wohnungen des Gebietes wurden während des Zweiten Weltkrieges zerstört.

Diese dicht besiedelten Flächen sind entsprechend hoch versiegelt, so dass etwa neunzig Prozent des Oberflächenwassers (Regen) direkt in die Kanalisation und mit dieser bei Starkregen dann auch direkt in die Spree fließt.

Zur Versorgung der Bevölkerung gibt es u.a. drei Supermärkte direkt im Gebiet, Teutoburger Platz, Schwedter Str. / Choriner Str. und Schwedter / Fürstenberger Straße. In Reichweite sind noch Supermärkte in der Schönhauser Allee Höhe Fehrbelliiner Straße und dort auch noch ein Biomarkt, wie auch direkt am U-Bf. Senefelder Platz.

In einem ehemals besetzten Haus in der Lottumstraße 10 gibt es das alternative Kiezprojekt „Freudenhaus". Fast direkt darunter hat das freie, nicht kommerzielle „Pi Radio" sein Rundfunkstudio.

Viele die das Gebiet durchstreifen, wundern sich sicher, dass die Straßenanordnung so … schief … ist und es immer wieder spitz aufeinander zulaufende Ecken gibt.

Das hat, wer hätte das gedacht, historische Ursachen. Um 1826 kaufte Wilhelm Griebenow große Grundstücksflächen am Rande Berlins und legte die ersten Straßen an, so unter anderem auch die Kastanienallee und die Choriner Straße. James Hobrecht, preußischer Stadtplaner, war für den nach ihm benannten Plan aus dem Jahre 1862 verantwortlich. Über die bis zum damaligen Zeitpunkt schon auf den Grundstücken von Wilhelm Griebenow fertigen Straßen und Wege wurde dann der Hobrecht-Plan einfach noch drüber gelegt.

Und so überschneiden sich in dem Gebiet einfach nur zwei unterschiedliche Stadtplanungen, die rein zeitlich etwa fünfunddreißig Jahre auseinander liegen.

Noch vor einiger Zeit konnte man von der Torstraße aus beiden Richtungen kommend in die Gormannstraße, die ab Zehdenicker Str. Choriner Str. heißt, einbiegen. Da war diese Straße noch Hauptstraße. Heute ist sie Fahrradstraße.

„Eine Fahrradstraße ist eine für den Radverkehr vorgesehene Straße. Sie soll die Attraktivität des Radverkehrs steigern und Vorteile gegenüber dem Kraftfahrzeugverkehr schaffen. Dabei ist zu beachten, dass die Fahrradstraße nicht mit der Radverkehrsanlage (Radweg) verwechselt wird, … Fahrräder sind die einzigen erlaubten Fahrzeuge … andere Fahrzeuge können mit Zusatzzeichen erlaubt werden. ... Die Höchstgeschwindigkeit beträgt für alle Fahrzeuge 30 km/h. Radfahrer dürfen ausdrücklich nebeneinander fahren, auch wenn dadurch der Verkehr behindert wird. Kraftfahrer müssen gegebenenfalls ihre Geschwindigkeit verringern, um eine Behinderung oder Gefährdung von Radfahrern zu vermeiden. ...“

*

Teuto – Mai 2012 am 10./13./16./17./18.4.2012

Es hat schon was. Das Jobcenter hat mich in seiner „unbeschreiblichen Güte" in ein „Jobcoaching" für Leute mit Nebenverdienst gesteckt. Nun baue ich die zu leistenden Stunden im genehmigten Gleitzeitverfahren um meine Minijobs herum. Und dabei immer die offene Frage, zählt die Vorbereitung der Kiezspaziergänge da mit rein oder nicht? Wenn ich Auftragstouren mache, rechne ich diese Zeit mit dazu, bei den „normalen" Touren, rechne ich die Vorbereitung besser nicht mit rein, sonst sieht der Stundenverdienst so mickerig aus. Heute also „Vor-Ort- und -Prenzlauer Berg – Archiv – Recherche" eingebaut in durchschnittlich täglich sechs Stunden Jobcentermaßnahme.

Ich bin mit meinem Fahrrad unterwegs, um vor Ort direkt nachzuschauen, was mir im Viertel auffällt. Templiner Ecke

193

Schwedter mag ich schon immer. Die einstige Tankstelle steht noch, daneben der ehemalige Pferdestall im Fachwerkstil. Da kommt Urlaubsgefühl auf. Sehe kleine Fachwerkgassen in Mecklenburg vor meinem inneren Auge. Ein alter, roter Feuerwehrwagen steht mit auf dem Gelände der einstigen Tanke und junge Leute basteln an ihm.
Weiter mit dem Rad um die Ecke und quer über den Teutoburger Platz. Wenn besseres Wetter ist, wimmelt es vor Gören. Die Gebäude, ehemalige Trafohäuschen auf der Nordseite, sind denkmalgeschützt.
Ich quere die Christinenstraße und denke an meine einstige Kollegin Antje, die mit ihrem Sohn in der Christinenstraße wohnte und die immer an den Tagen von meiner Kaiser's Marktleiterin gemobbt wurde, wenn ich meinen freien Tag hatte. Sonst war ich ja ständig fällig. „Herr Gänsrich, im Vorraum ist ein Ketchupglas herunter gefallen. Waren sie das?" Seit ich bei Kaiser's Anno 1998 raus bin, kaufe ich in der Kette nichts mehr. Aber sie tolerieren unsere Zeitung und am Teutoburger Platz lege ich sie sogar selber ab. Danke!
Nun werde ich kriminell und zum Fahrradschieber. Ab der Einfahrt zum Pfefferberg steig ich ab. Das Gelände ist mitten in der Sanierung. Die Mauer der einstigen Brauerei zur Christinenstraße hin ist abgerissen. Dahinter Bagger, die sich durch matschigen Lehm wühlen. Das Areal ist riesig. Hostel, Firmen, Galerien, Café's, großer Parkplatz. Alles Denkmal gerecht saniert. Aber man kommt nicht nach vorn zum Biergarten durch, ohne ein Gebäude zu durchqueren, … wegen der Bauarbeiten. Wieder rauf auf's Rad, einmal über Christinen-, Schwedter Straße und Schönhauser Allee um die Ecke und das Gefährt vor dem Pfefferberg-Eingang Schönhauser Allee „parken".
Der herrliche Brunnen im Aufgang zum Pfefferberg sprudelt wieder. Das Wasser plätschert aus bronzenen Adlerschnäbeln im kaiserlich-wilhelminischen Stil in eine Betonschale. Sehr dekorativ und endlich nach Jahren wieder

funktionstüchtig. Oben auf dem Platz sind die Ausflugslokale geöffnet. Gartenstühle stehen bereit. Alles ist sauber, ordentlich und saniert. Auf der linken Seite, von der Schönhauser aus gesehen, ist man noch fleißig bei. Große Sperrholzwände versperren den Blick, aber dass da was gemacht wird, ist unüberhörbar.

Wieder herunter und mal weiter schauen. In der Schönhauser Allee links neben dem Pfefferberg lockt angeblich eine Sauna. Ich schaue mal vorsichtig in die Hofeinfahrt und werde neugierig. Die Zufahrt zu dem Etablissement hat grobes Kopfsteinpflaster. Erinnere mich dabei noch an einen Ausflug mit meinem Großvater, als ich noch ein Drei-Käse-hoch war und er was über „Katzenkopp-Pflaster" bei solch einer Straße redete und ich dann ängstlich fragte: „Mussten denn dann für unsere Straße hier viele Katzen sterben. ...?"
In der Hofeinfahrt zu dieser Sauna hat man noch den morbiden Charme heruntergekommener Altbauten aus der letzten Phase des „real existierenden Sozialismus". Hüfthohes Unkraut wuchert auf Brachen hinter dem Vorderhaus. Putz bröckelt in ganzen Fladen schichtweise von Turm hohen Fassaden.
Letzte Pfützen mit silbrig glänzenden Ölfilmen finden sich in vom Regen ausgespülten Wasserrinnen zwischen den „Katzenköppen". All das passt so gar nicht zu den auf Hochglanz polierten Fassaden der Vorderhäuser rund um den Senefelder Platz.
Pi-Radio ist auch so ein Relikt. Die sendeten Jahre lang vom Kirchturm der Segenskirche in der Schönhauser Allee,
Ihr Studio haben sie in der Lottumstraße 10. Dies wiederum ist ein ehemals besetztes Haus.
Unter dieser Seite:
http://kulturserver-berlin.de/home/piradio/funklehr.htm
habe ich folgende kleine Ein- und Anleitung entdeckt:
„... Pi-Radio behauptet: Einen Radiosender zu bauen ist

einfacher und ungefährlicher, als ein Mofa zu tunen. Ein kompletter Sender ist schon für einige hundert Mark zu realisieren. Umso unverständlicher ist es, warum der Sendebetrieb künstlich so teuer gehalten wird. Der Rundfunksender muss von der TELEKOM gemietet werden (10.000 DM pro Monat) genau wie die Standleitungen vom Studio zum Sender (5.000 DM je Monat). Kein Wunder also, warum nur fette Medienkonzerne die Möglichkeit haben, Radio zu betreiben. … Wir weisen jedoch deutlich darauf hin, dass der Betrieb der vorgestellten Bastelarbeiten verboten ist, und wenn, dann nur in bleigepanzerten und abgeschirmten Laborräumen oder Atombunkern stattfinden darf. … Trotzdem sollten uns die hohen Bußgelder von bis zu 1 Mio DM deutlich von dem Betrieb eines Piratensenders … abhalten ....“

Man merkt an Hand der DM-Preise, dass diese Seite nicht mehr ganz so aktuell ist.

Pi Radio ist ein nichtkommerzielles Freies Radio aus Berlin. Es ist in Berlin und Potsdam auf der UKW-Frequenz 88,4 MHz und der 90,7 MHz an derzeit zwei Werktagen empfangbar (diese Frequenzen teilen sich mehrere Freie Radios, so ist darauf nicht nur Pi-Radio sondern unter anderem auch „alex-offener kanal berlin“ zu hören[51]) und im Internet per Livestream unter www.piradio.de

Pi Radio begann in der „Wendezeit“ mit seinem Betrieb. Man wollte nach dem Vorbild von schon existenten „Freien Radios“ in der westlichen Hemisphäre einen unabhängigen Hörfunk, unabhängig vom Staat, mit der Erfahrung der zensierten Medien der DDR oder der Nazi-Zeit davor, unabhängig aber auch vom Diktat der Wirtschaft und der großen Medienkonzerne gründen.

Teilweise sendete man illegal Stundenweise von Dachböden, immer der Verfolgung von Messwagen durch die Deutsche Telekom ausgesetzt.

---

51 … alex-berlin hat seit rund zehn Jahren seine eigene UKW-Frequenz, die 91,0 MHz

Im Jahre 1995 wurde auf Initiative des Landesverbandes Freier Radios Berlin-Brandenburg der Verein Pi-Radio e.V. gegründet – ein Zusammenschluss verschiedener Freier Radio-Gruppen, kultureller Initiativen und interessierter Einzelpersonen.

Pi-Radio sendete bis Ende 1995 einen wöchentlichen Vier-Stunden-Block auf dem Offenen Kanal Berlin, aber das System des öffentlich-rechtlich finanzierten OKB und des freien, mehr anarchistischen Pi-Radio bissen sich.

Im Oktober 1995 organisierte der Verein die Berliner Unabhängigen Radio Nächte (B.U.R.N.), ein 48-stündiges Modellprogramm auf der Veranstaltungsfrequenz 94,8 MHz, verbunden mit Konzerten in 11 Berliner Clubs. Im Jahr 1996 und im Frühjahr 1997 veranstaltete Pi-Radio Hörfunk-Events auf öffentlichen Plätzen bei denen die Programminhalte und Arbeitsweise von Freien Radios vorgestellt wurden. Im neuen Jahrtausend beteiligte sich Pi-Radio an der Kampagne für ein Freies Radio, führte Kulturveranstaltungen, Podiumsdiskussionen, Unter-schriftensammlungen und Partys durch. Da die Medien-anstalt Berlin-Brandenburg (MABB) in absehbarer Zeit keine eigenständige Sendelizenz an ein einziges Freies Radio ganz allein in Berlin-Brandenburg vergibt, wurden mehrere Veranstaltungslizenzen vom Verein Piradio e.V. und der Initiative Radiopiloten initiiert, beantragt und durchgeführt. Vom 31. Mai bis 4. Juni 2001 gab es die „HipHop-Sommerschule" auf der Frequenz UKW 104,1 MHz in Zusammenarbeit mit der Volksbühne Berlin. Vom 1. Juni bis 5. Juni 2003 gab es „Ersatzradio" – gleichfalls auf 104,1 MHz MHz für den Prater im Prenzlauer Berg. Vom 19. Dezember 2003 bis 10. Januar 2004 gab es „Radioriff auf Reisen", gleichfalls auf 104,1 MHz für die Radiokampagne Berlin. Vom 10. bis 12. Juni 2005 hieß es „Say What!" auf der Kinofunkfrequenz im Raum Berlin-Wuhlheide UKW 95,2 MHz im FEZ Wuhlheide im Rahmen von „Projekt P".

Ich war mit eigener Sendung erstmals dabei vom 9. bis 11. Dezember 2005 im „Radioherbst FM". Dafür wurde auch wieder eine Kinofunkfrequenz, die für Berlin-Mitte UKW 88,4 MHz für das ehemalige Theaterhaus Mitte am Koppenplatz genutzt. Auch vom 21. Juli 2008 bis 17. August 2008 war ich bei „Funkwelle FM" dabei, nun auf der Frequenz UKW 95,2 MHz zur Pro Artis Sommerakademie, vom 1. September 2009 bis 22. November 2009 im „Herbstradio" in der Berliner Innenstadt auf Frequenz UKW 99,1 MHz mit den Radiopiloten aus der Lottumstraße und dem Klubradio aus dem Haus der Kulturen der Welt im Rahmen der Rewind2020 und des Projekts „Berlin macht Radio".

Auch vom 1. bis 28. Februar 2010 sendete Herbstradio auf UKW 99,1 MHz mit den Radiopiloten, Klubradio, und Resonance FM im Rahmen der Berlinale und club transmediale. Vom 22. Mai 2010 an bis 20. Mai 2011 gab es für Pi Radio die erste eigene Radiosendelizenz auf dem Sendeverbund 88vier, gemeinsam mit „alex" und anderen „Freien Radios".

In dem Jahr war ich nicht bei Pi-Radio dabei. Diese Sendelizenz wurde ab 23. Mai 2011 für Pi Radio auf ein weiteres Jahr verlängert und endet im Mai diesen Jahres. Ich bin in diesem Jahr mit meiner Reihe „Schlag 8"[52] regelmäßig vertreten gewesen.

Die Medienanstalt Berlin-Brandenburg schreibt die Frequenz 88,4 MHz in diesen Tagen neu aus.

Gesendet wird schon lange nicht mehr von der Segenskirche sondern auf der 88vier von einer Sendestelle am „Hallesches Tor" in Kreuzberg, z.T. sogar nur in Mono, nach Nordosten hin bewusst etwas abgeschwächt, weil von Brandenburg aus auf einer nahen Frequenz ein anderer

---

52 ... „schlag 8" war von der Form und Machart her mein OKbeat, nur unter anderer Flagge – insgesamt machte ich davon bis 2014 gut sechzig Ausgaben und stellte dann mein Engagement bei pi-radio ein

Sender in den Nordosten Berlins hinein strahlt. Deshalb ist der Empfang der 88vier im Prenzlauer Berg … ähm … „gelegentlich" etwas problematisch.

Noch ganz am Rande erwähnen möchte ich, dass das Guggenheim-Museum nun garantiert in den Pfefferberg kommt. Die 1937 gegründete Solomon R. Guggenheim Foundation basiert auf der Privatsammlung von Solomon R. Guggenheim mit ihrem Fokus auf nicht-gegenständlicher Kunst. Heute umspannt sie ein weltweites Netzwerk von Museen und kulturellen Partnerschaften. Neben dem spektakulären Frank Lloyd Wright Gebäude in New York und der Peggy Guggenheim Collection in Venedig entstanden Ausstellungshäuser u. a. in Bilbao und Berlin. Sie kommen nun mit ihrer Ausstellung an den Prenzlauer Berg. Weshalb von linken Aktivisten so viel gegen diese Ausstellungen demonstriert wird, ist mir erst klar geworden, als ich weiter recherchierte, denn die Foundation wird durch die Deutsche Bank gefördert.

Am am 28. April 2012 werden/wurden drei Stolpersteine für jüdischen Geschwister Ruth und Thea Fuss und deren Vater Abraham Fuss werden um 11:30 Uhr vor der Fehrbelliner Straße 81 verlegt.
Die Familie Fuss lebte dort und besaß an dieser Stelle eine eigene Schneiderei. Im ehemaligen jüdischen Kinderheim, dem heutigen Nachbarschaftshaus in der Fehrbelliner Straße 92, lebten Ruth und Thea, nachdem die Eltern nicht mehr für sie sorgen konnten. Vier Schüler_innen des John-Lennon-Gymnasiums in der Zehdenicker Straße haben zusammen mit Inge Franken und dem
Nachbarschaftshaus dieses Stolpersteinprojekt organisiert. Die Schülerinnen führen durch das Programm und stellen ihre Dokumentation zum Schicksal der Familie Fuss vor.

*

Text August 09 / II - am 16. – 20. + 22.7.09

Die Berliner S-Bahn ist gut vierundsechzig Jahre nach dem Ende des II. Weltkrieges auf das Niveau von knapp zwei Monaten nach der Kapitulation, auf das Niveau vom August 1945 zurück gefallen und der Berliner ist mit Recht sauer!
Zu den Fakten!
Noch im Januar 1945 fuhr die S-Bahn mit 80 % des Vorkriegswagenparks auf etwa 110 % des Vorkriegs-Netzes, denn man hatte das S-Bahnnetz auch noch im Kriege weiter ausgebaut und lediglich einige Verbindungskurven von und zum Ring, nur der „Potsdamer Ringbahnhof" (nähe Potsdamer Platz) und der Bahnhof Kolonnenstraße (den gibt's erst seit letztem Jahr wieder) waren bis dahin zerbombt.
Am Tag, als die Rote Armee Berlin einkesselte, am 25.April 1945, endete auch der S-Bahn-Verkehr. Kurz vorher witzelte noch der Berliner, dass er bald von der Ost- zur Westfront mit der S-Bahn fahren könne.
Bereits am 6.Juni 1945 begann der mühselige Wiederanfang auf der Strecke Wannsee - Schöneberg. Andere Teile folgten sukzessive nach.
Von den elektrischen Anlagen wurden beispielsweise 26 der 54 Unterwerke komplett demontiert, weitere 12 verloren ihre Anlagen. Ein Großteil des Wagenparks war zerstört oder ging als Reparation nach Polen oder in die Sowjetunion. Von einst 1003 Trieb und 990 Beiwagen waren im Januar 1946 gerade mal 238 Trieb- und 232 Beiwagen, also 234 sogenannte „Viertelzüge" einsatzfähig. Das Stromnetz war durch das Dauerbombardement im Kriege marode und es kam häufig zu Stromausfällen. Fachkräfte gab es kaum noch, denn die Männer waren entweder gefallen oder in Kriegsgefangenschaft. Das, was noch fuhr, war im Kriege nur notdürftig repariert und Edelmetalle aus den Wagen für die Kriegsproduktion ausgebaut worden.

Bereits im August 1945 hatte man mit diesen zerschlissenen Resten des Wagenparks das gesamte Berliner S-Bahnnetz, mit Ausnahmen, wieder in Betrieb genommen.

Die Ausnahmen, auf denen nichts fuhr, waren die Strecken: auf dem Ring zwischen Ostkreuz und Treptow sowie Westend bis Gesundbrunnen, wobei vom Lehrter Bahnhof über Putlitzstraße und Jungfernheide nach Spandau, über Fürstenbrunn, ein Abschnitt, der heute nicht mehr in Betrieb ist, auch wieder ein Stück Ring mitgenommen wurde (diese Strecke wurde als Vorortzug mit Dampf betrieben).

Jungfernheide – Gartenfeld (sogenannte „Siemensbahn")... das fährt ja bis heute nicht (nach Wiederaufnahme nach dem Krieg am 25.9.1980, nach dem Westberliner „S-Bahn-Streik", eingestellt).

Die Nord-Südbahn (Humboldthain – Yorkstraße) war eingestellt, denn der Tunnel war noch am 2.Mai 1945, nur wenige Stunden vor der Kapitulation Berlins, direkt unter der Spree durch die SS gesprengt worden = Tunnel geflutet > nur neunzig Leichen (man hatte mit einigen tausend gerechnet) und elf Vollzüge (Vollzug der Berliner S-Bahn = acht Wagen) fand man nach dem auspumpen bis 1947 im Tunnel.

die Stadtbahn zwischen Ostkreuz und Charlottenburg und Wannsee – Potsdam

Wannsee – Stahnsdorf ... ist bis heute nicht in Betrieb

Mariendorf – Rangsdorf (1940 gebaut)

Tegel – Velten .... von Hennigsdorf nach Velten wurde der S-Bahn-Betrieb 1983 wieder eingestellt

Ostkreuz – Erkner ... diese Strecke war komplett demontiert

Die Strecken nach Wartenberg, Ahrensfelde, Straußberg, Königswusterhausen, Schönefeld sowie der Abschnitt über Mühlenbeck waren noch nicht gebaut und an die S-Bahn nach Düppel (die einstige „Stammbahn" = erste Eisenbahnstrecke Preußens von Berlin nach Potsdam über Düppel, in Betrieb ab 29.10.1838, nach Mauerbau 1961 zertrennt und nach Düppel seit 25. September1980 leider komplett außer Betrieb), Falkensee und Staaken (1948, 50, 51 gebaut) erinnert sich heute eh keiner mehr. Die Strecke Mühlenbeck – Wartenberg liegt seit der „Wende" auf Eis, genauso wie die Strecke Springpfuhl – Außenring – Grünau, die S-Bahn nach Werneuchen, Basdorf, Nauen, Wustermark, Werder, Beelitz-Heilst., Wünsdorf, Ludwigsfelde, Fürstenwalde und Rüdersdorf seit dem Krieg.

Die älteste Baureihe der S-Bahn, ab 1920 gebaut, überlebte als nach dem Krieg im RAW Schöneweide umgebaute U-Bahn auf der damaligen Linie E, heute U 5, bis etwa 1992, die Bauart Stadtbahn hielt über siebzig Jahre, von 1924 – 1997 durch, die „Rundköpfe" der Bauart „Olympia / Peenemünde", gebaut ab 1934, hielten bis 2005 (Die „Peenemünder" waren S-Bahnen der Bauart „Olympia" mit Oberleitungsstromabnehmer, die für die Werksbahn der Raketenversuchsanstalt auf Usedom gebaut und dort eingesetzt wurden. Nach dem Krieg gingen die Wagen erst in die Sowjetunion, kehrten dann aber 1952 nach Deutschland zurück und wurden für die Berliner S-Bahn umgebaut.)!

Nun zu etwas anderem.

Bei meinen Recherchen merke ich immer wieder, wie häufig die Namen historischer Orte viele Jahrzehnte später wieder entdeckt werden, sie dann aber an neue Lokalitäten in einem ganz anderen Territorium neu vergeben werden. Dort, wo heute das „Mühlenberg-Center" steht, an eben jener Stelle, an der bis zum Bau desselben die „Clubgaststätte" „Zur Mühle" stand, befand sich nie ein Mühlenberg! Vielleicht wird ja in zweihundert Jahren einmal eine Tanne im Volkspark nach mir benannt, weil der berüchtigte Schreiberling ... also icke ... dereinst sein kahles Haupt unter irgendeinem Busche, irgendwo am Prenzlauer Berg ermattet bettete, nachdem er einen seiner unleidlichen Texte für die Prenzelberger Ansichten in seinen PC gehackt hatte. Jedenfalls der „Mühlenberg" befand sich an ganz anderer Stelle und zwar dort, wo heute die Straße

„Prenzlauer Berg" ist. Namensgebend ist die ca. 90 km entfernte, uckermärkische Stadt Prenzlau. „Königstadtviertel" und „Rosenthaler Vorstadt" hießen die Verwaltungseinheiten, aus denen der heutige Ortsteil Prenzlauer Berg besteht, bis zur Schaffung Groß-Berlins 1920 (durch Eingemeindung der umliegenden Orte und Gehöfte), danach dann „Prenzlauer Tor" und nach dem II.Weltkrieg dann so wie heute. Die Straße „Prenzlauer Berg" war ein „Communicationsweg", ab 1716 angelegt, der ab 1734 entlang der Akzisemauer verlief.

Die Akzise- (Zoll-) Mauer war ein einfacher Palisadenzaun, mit Mauerstein und Mörtelüberzug, und wurde nur durch die Stadttore unterbrochen. Diese Mauer diente nicht der Verteidigung der Stadt sondern nur zu deren Abgrenzung. An den Stadttoren, unter anderem Schönhauser, Prenzlauer, Königstor wurden Steuern auf Mehl und Fleisch erhoben.

>Der eine oder andere „Eingeborene" kennt die Ecke Landsberger Allee / Oderbruch Straße noch als „Steuerhaus" (so ich mich recht entsinne, stand dort noch bis in die 70er Jahre ein flaches, verfallenes Gebäude, das diesen Namen trug und das sogar eine namentlich eigene Straßenbahn- und O-Bus-Haltestelle hatte). Dieses stand dann aber an der äußeren Berliner Stadtbegrenzung nach der Reichsgründung 1871. < Es gab an diesen Toren je ein Wacht- und ein Wiegehaus. Die Akzisemauer sollte auch das Desertieren von Söldnern verhindern. Mit Einbruch der Dunkelheit wurden die Stadttore geschlossen und jeder, der es bis dahin nicht in die Stadt hinein geschafft hatte, musste für die Nacht sehen, wo er blieb. Die Straße "Prenzlauer Berg" ist der Beginn der „Barnimhochebene, die sich bis 51 m ü.N. erhebt. Ihr südliches Pedant ist die Teltower Hochebene, die mit dem Kreuzberg beginnt. Dazwischen das Berliner Urstromtal. All dies Reste der letzten Eiszeit, die vor ca. 10.000 Jahren endete.

Auf Befehl Friedrichs des Großen wurden ab 1748 fünf Windmühlen auf königliche Kosten an dieser Steigung am

Prenzlauer Tor errichtet. „Wröhherren" hatten zuvor das Land zu schätzen und deren Besitzer zu entschädigen.

In den Napoleonischen Befreiungskriegen beschossen von diesem „Windmühlenberg" aus russische Soldaten 1813 die Berliner Innenstadt. Ihre Toten wurden dort, auf diesem Hügel, begraben. Ab 1814 verband die Straße „Prenzlauer Berg" dann die neu angelegten Friedhöfe der Gegend miteinander. Ein Feuer vernichtete 1865 die letzten zwei verbliebenen Mühlen. Ab dem gleichen Jahr erachtete man die Akzisemauer für sinnlos. Die nun dort fest angelegte Straße hieß ab 1872 „Friedenstraße", seit 1913 heißt der Teil zwischen Königs- und Prenzlauer Tor nun „Prenzlauer Berg". Die Hügel zu Ausläufern des Barnim entpuppten sich mit dem größer werden Berlins als echte Glücksfälle für die vielen, sich hier ansiedelnden Brauereien. In der damaligen Zeit gab es noch nicht die heutige Kühltechnik, weshalb man die Keller, in die Anhöhen gegraben, für die Kühlung des gärenden Bieres und zu seiner Lagerung nutzte.

Mein Tipp für Sie: Man kann von der Straße „Prenzlauer Berg" ein Stück, etwa zweihundert Meter, außerhalb der Mauern des St. Nikolai-Friedhofes entlang gehen. Dort bekommt man ein kleines Gefühl für die tatsächliche Steigung des Windmühlenberges.

... Man kann dieser Tage aber auch versuchen, S-Bahn zu fahren ....

*

'Kiezkantine', Griebenow und Prenzlberger Protzebogen - am 22./23./24.2.09

Auf dem Weg zur Recherche über weiteres Interessantes entlang der Kastanienallee kam ich an zwei Ureinwohnern, Native Prenzelbergern, vorbei, die vor dem Baustellenschild in der Fröbelstraße standen. Die Ecke Fröbelstraße / Ella-Kay-Straße soll nun endlich aus dem Dornröschenschlaf erwachen und bebaut werden. Ich stellte mich zu den beiden Herren und motzte mit. „Wird'n hier jebaut?" „Siehste

doch!" „Ja 75 Wohnungen auf 7.000 qm, die denn 2,900 €
pro Quadratmeter kosten." „Also Eijentumswohnungen?"
„Na wohl Penthouse oder so?" „'Penthouse' ist det nich
so'n geilet Magazin mit nackichte Weiber drinne?" „Nee!
Een Penthouse det is so teure Hütten mit'n Hausmeesta, der
dir ooch de Fußnäjel schneidet, wenn de ihn fragen tust."
„Hab ooch wat von ‚Loft's' jehört." „Wat, bitte, hat'n
Golfschläger mit Eigentumswohnungen zu tun?" „Na, weeß
ick doch nich! Is aber teuer!" „Kiek mal hier, angeblich
sollen wohl alle Wohnungen wenigstens een Zimmer nach
Süden haben." „Mh, und'n Privatpark gibt's ooch." „Na,
Mauern und Zäune konnten wir hier in Berlin ja schon
immer dufte bauen." „Wie heißt'n det Bauprojekt?
‚Dynamisches wohnen am Krankenhaus?" „Für mich is det
nur der ‚Prenzelberger Protzebogen'!"
Genau an diesem Punkt verschwand ich in Richtung
Kastanienallee.

Ich hatte so meine eigenen Vorstellungen von der
‚Kiezkantine', als einem Projekt der Alternativen Szene, die
dort täglich preiswert Kesselgulasch, Weiße Bohnen mit
Speck und andere Eintöpfe anbieten, in einem Ambiente so
mit ungehobelten Biertischen in den Räumen,
angeschlagenem Geschirr, Aluminiumbesteck, verraucht,
verrucht, verkeimt. Mir wurde indes anderes, Positives,
sagenhaft Gutes von der ‚Kiezkantine' berichtet und so
wollte ich mir selbst ein Bild machen ... und wurde äußerst
angenehm überrascht.
Die 'Kiezkantine' wurde 1991 von Anwohnern und einer
Elterninitiative als Nachbarschaftszentrum gegründet. Im
Jahr 1992 wurde das Haus in der Oderberger Straße 50
durch die Mieter gekauft, 1993 gründete sich der „So oder
So e.V.", der dann als ABM-Projekt erst die „Sozialkantine"
in der Hausnummer 15 betrieb und dann damit kurz vor
Weihnacht 1999 in die Oderberger Straße 50 umzog und seit
dem hier ansässig ist. Die ‚Kiezkantine' macht einen äußerst

sauberen Eindruck. Das Gastronomische Niveau ist sehr hoch. Die Selbstbedienung höchst effizient und schnell. Das Essen schmeckt äußerst lecker. Da es sich noch immer um ein sozial engagiertes Projekt handelt, darf ich auch mal Preise nennen (kopiert von der Internetseite):

Tagessuppe 2,00 ermäßigt 1,50 / Eintopf 2,80 ermäßigt 2,00 / kleiner Salat 3,50 ermäßigt 2,50 / großer Salat 4,40 ermäßigt 3,60 / vegetarisches Essen 4,40 ermäßigt 3,60 / Fleisch- / Fischgericht 4,40 ermäßigt 3,60 / Dessert 2,50 ermäßigt 2,00

Ermäßigung erhalten: Schüler; Studenten; Rentner; Zivildienstleistende; Empfänger von Arbeitslosenunterstützung, Grundsicherung, Wohngeld o.ä. gegen Vorlage des entsprechenden Beleges und des Personalausweises.[53]

Dann erst meldete ich mich im Büro, um weiteres zu erfahren und merkte, dass niemand besser dafür geeignet ist, über die 'Kiezkantine' und deren Träger die „Pinel gGmbH" (gemeinnützig) zu berichten, als jemand, der selbst schon Suizidversuche hinter sich hat, der seit Jahren unter starken Psychopharmaka steht und dessen Depressionen so stark sind, dass er ständig einen Drahtseilakt zwischen Absturz, ängstlicher Bewegungslosigkeit und geistigem Genuis vollführt. „Pinel" betreut Menschen, denen es noch schlechter geht, als mir momentan.

„Pinel" ist ein seit 1971 gemeinnützig anerkannter Verein und Mitglied im Paritätischen Wohlfahrtsverband. Ziel des Vereins ist eine nachhaltige Verbesserung der Lebenssituationen und die Integration psychisch leidender Menschen in den gesellschaftlichen Alltag. „Pinel" setzt sich durch konkrete Projekte für eine demokratische, gemeindeintegrierte, soziale Psychiatrie ein. Dabei geht es vor allem um die Schaffung von Wohn- und Lebensmöglichkeiten, die psychisch leidenden Menschen eine Teilnahme am alltäglichen gesellschaftlichen Leben

---

53 … ob das noch so hinhaut, bezweifel ich

ermöglichen. Durch entsprechende Angebote sollen soziale Beziehungen aufgebaut und Entwurzelungen verhindert werden. Die stundenweise Beschäftigung psychisch Angeschlagener in der 'Kiezkantine' dient dazu, dem Tagesablauf der Menschen eine Struktur zu geben, der Isolation zu entkommen, die Belastungsfähigkeit auszudehnen und vor allem zu einer selbständigeren und befriedigenderen Lebensführung zu verhelfen.

Neben der 'Kiezkantine' gehören vor allem therapeutische Wohngemeinschaften in ihren verschiedensten Formen zu „Pinel".

Psychisch angeschlagene Menschen sind keineswegs doof! Das sind nicht der 50-jährige mit dem Daumen im Mund, die 40-jährige mit dem Wortschatz einer zweijährigen oder der Onanierer auf dem Kinderspielplatz! Es sind im Gegenteil immer hoch intelligente und sehr sensible Menschen, die einfach an der Härte und Kälte unserer Gesellschaft zerbrechen. Ich habe noch nie gefühlvollere Musik, herzergreifendere Gedichte, erschütterndere Lebensgeschichten gehört, als während meines eigenen Krankenhausaufenthaltes 2003 in der geschlossenen Psychiatrie in der Gartenstraße in Weißensee! Depressionen und Ängste kann man nicht heilen. Man muss sie sich selber eingestehen und bei sich allein mit viel eigener Kraft unter Kontrolle bringen und ständig dagegen ankämpfen. ... Und genau dabei hilft von außen die 'Kiezkantine' und „Pinel". Ich denke, mit mehr Liebe zubereitetes Essen, als in der 'Kiezkantine', haben Sie selten einmal zu Sich genommen.

Nun noch ein paar Sätze zur eigentlichen Geschichte der Gegend. Da mir schon in der letzten Ausgabe der Name Wilhelm Griebenow (1784-1865) begegnete, habe ich im Internet recherchiert und bin ausnahmsweise einmal nicht bei Wikipedia fündig geworden, sondern musste die Fakten erst aus verschiedenen Stellen zusammensuchen und gegenprüfen. Griebenow, ein Büchsenmacher, wurde 1784 als Sohn eines Ackerbauers in Prenzlau geboren. 1806 trat er dem Yorkschen Jägerkorps bei und zog zwei Jahre später mit Ferdinand von Schill unter dem Jubel der Berliner in die preußische Hauptstadt ein. Nach den Befreiungskriegen gegen Napoleon ließ er sich 1808 in Berlin nieder, wo er 1814 in eine begüterte Berliner Familie einheiratete und durch Grundstückspekulationen das noch weitgehend unbebaute Gebiet des heutigen Stadtteils Prenzlauer Berg kaufte. Ab 1815 war er mit einer der Gründer der „Oranienburger Vorstadt" und erwarb Land zwischen Hamburger Tor (heute gelegen in Mitte, etwa in der Nähe des alten „Hamburger Bahnhofs", wenn ich die alten Karten richtig gedeutet habe) und Schönhauser Tor.

Weil Griebenow das Berliner „Hütungsrecht" aus dem Jahre 1385 (dreizehnfünfundachtzig) beim Kauf des Vorwerks vor dem Schönhauser Tor weiterhin anerkannte und auf seinen Besitzungen gelten ließ, bekam er recht preiswert weiteres Land in der Umgebung. Das „Hüterecht", auch „Schäferrecht", besagte, dass jeder seine Schafe auf jedem Brachland grasen lassen dürfe. Während der mittelalterlichen Drei-Felder-Wirtschaft hatte eh jeder Bauer, Bürger, Handwerker in den Dörfern und Städten seine eigenen Schafe. Man muss sich das Leben in einer Stadt im Mittelalter ohnehin anders vorstellen, als heute. Jeder Handwerker war, was Lebensmittel anbelangte, überwiegend Selbstversorger. Auch die Häuser in den engen Gassen hatten Stallungen für Kleinvieh (Hühner, Gänse, Kaninchen), Schweine und mancher hatte gar eine eigene Kuh .... mitten in der Stadt und nur die ganz reichen Leute konnten sich ein Pferd leisten. Außerhalb der Stadtmauern lagen die Felder der Städter, auf denen sie Kohl und ein wenig Getreide anbauten. ... Aber, gut, wissen wir ja alles.

Um 1823 erwarb Griebenow weiteres Gelände und legte ab 1826 Kastanien- und Pappelallee an. Im Jahre 1841 ließ er als Privatunternehmer die Eisenbahnstrecke von

Luckenwalde nach Wittenberg errichten und 1850 stellte er August Borsig in Moabit ein großes Grundstück zur Errichtung eines Eisenwerkes zur Verfügung. 1860 wurde die Zionskirche errichtet, so meine Quellen. Zehdenicker Straße und Fehrbelliner Platz wurden auf sein Betreiben hin noch 1863 gebaut.

Als Wilhelm Griebenow 1865 starb, verfügte er in seinem Nachlass, dass die Zionskirche das Land, auf dem sie Stand, von seinen Erben geschenkt bekäme. Griebenows Erben waren es auch, die 1871 die Oderberger Straße durch die „Lorbergsche Baumschule" und 1875 den Teutoburger Platz anlegen ließen.

Wilhelm Griebenows Sohn wurde später Generalpächter der Berliner Müllabfuhr und besaß 1912 ein Vermögen von 4-5 Millionen Reichsmark.

Einen Nachsatz habe ich noch zu Kastanien- und Pappelallee. Im später abgerissenen Haus Pappelallee 87 gab es ab 1951 die Bäckerei Klose.

Eine Quelle, die ich leider nicht rücküberprüfen konnte, besagt, dass es in der Kastanienallee 7 – 9 nach 1950 noch ein Theater gab, das nicht mit dem Prater zusammenhing. Dieses Theater wurde privat betrieben und angeblich durch den Berliner Volksschauspieler Rudolf Platte (Rudolf Antonius Heinrich Platte, * 12. Februar 1904 in Hörde; † 18. Dezember 1984 in Berlin) gekauft. Leider findet sich in der Kurzbiografie über Rudolf Platte bei Wikipedia kein Wort darüber, so dass diese Information sicher mit Vorsicht zu genießen ist.

*

Weihnachten zwischen Colloseum und Café Nord
am 27.11.2009

Im Zuge der ganzen Fernsehbilder, die man rund um den 20.Jahrestag des Mauerfalles sah, hab ich mich gefragt, wie denn wohl die Kontakte zwischen Ost- und Westberlin während der Mauer aussahen.

Die persönlichen Kontakte rissen ja unvermittelt ab. Wusste man da nicht mehr, wie es der Verwandtschaft, den Freunden im anderen Teil der Stadt erging? Wie war das? Briefe konnten geschrieben werden. Die Post wurde weiter befördert. Wobei man sicher sein konnte, dass nationale wie internationale Geheimdienste garantiert das eine oder andere mitlasen. Es dauerte auch. Zehn bis vierzehn Tage für die Laufzeit waren da normal.

Und dann gab es zu Weihnachten das legendäre „Westpaket" von der Oma, dem Onkel oder den Freunden von „drüben". Der Inhalt der Westpakete, die mit der Aufschrift „Geschenksendung, keine Handelsware" gekennzeichnet sein und ein Inhaltsverzeichnis enthalten mussten, ähnelte sich oft. Verschickt wurden neben Kleidung vor allem Süßigkeiten, Orangen, Kaffee, Zigaretten und Obstkonserven wie Dosenananas. Die Paketkontrollen in der DDR waren sehr scharf, so dass es passieren konnte, wenn die Inhaltsangaben ungenau oder falsch waren, dass solche Pakete mit ihrem gesamten Inhalt beschlagnahmt und eingezogen wurden. Zurückgeschickt wurden sie nie!

Dennoch enthielten Pakete, deren Versand die westdeutschen Absender steuermindernd geltend machen konnten, pro Jahr etwa 1000 Tonnen Kaffee und fünf Millionen meist gebrauchte Kleidungsstücke. Ich erinnere mich, dass diese Westpakete, wenn man sie öffnete, immer besonders rochen, ... so etwas süßlich nach Orange, Tabak, Marzipan und anderen Zuckerwaren. ... Für mich der Inbegriff des Weihnachtsgeruchs!

So ab etwa 1976 wurde gerade der Kaffee, der die DDR-Bürger per Westpaket erreichte, gar von der „Staatlichen Plankommission der DDR" bei der Versorgung der Bürger mit diesem Devisenprodukt regelrecht mit eingeplant.

Erst das Viermächte-Abkommen von 1971 regelte dann einen kontinuierlichen Besuchsverkehr zwischen West- und Ost-Berlin. Dabei wurde auch ein Zwangsumtausch von der

DDR erhoben. Anfangs waren es 10 DM, später dann 25 DM die pro Person und pro Besuchstag in der DDR von den Westberlinern bei der Einreise nach Ostberlin zum Kurs von 1 : 1 in DDR-Mark umgetauscht werden mussten. Hatte man das Geld dann nicht ausgegeben, durfte man es bei der Ausreise aus Ostberlin jedoch nicht wieder zurücktauschen! Was also tun? Die Westler" besuchten uns 2 – 3 mal im Jahr meist am Samstag- oder Sonntagnachmittag, also zu einer Zeit, in der die Geschäfte schon geschlossen und selbst die Schönhauser Allee fast menschenleer war. Und so entsinne ich mich noch mit Entzücken an eine Situation an der uns „die Westler" nun ausnahmsweise einmal mitten in der Woche besuchten und die über die nun sehr belebte Schönhauser Allee staunten. Und das machten viele.

Von diesem zwangsumgetauschten Geld ging man sehr luxuriös essen oder es wurden Fachbücher oder Schallplatten mit klassischer Musik gekauft. „Eterna" war ein Plattenlabel des staatlichen DDR-Tonträgerproduzenten „VEB Deutsche Schallplatten Berlin" für klassische Musik, Opern, Operetten, politische Lieder (Arbeiterlieder) sowie Volkslieder, Jazz und Kirchenmusik. Das Label wurde von der „Lied der Zeit Schallplatten-Gesellschaft mbH" gegründet, die 1947 als Unternehmen des Sängers Ernst Busch entstand". Das Lable hatte international einen außerordentlich guten Ruf, was es seinen hervorragenden Aufnahmen klassischer Musik verdankte. Schönhauser Allee Ecke Schivelbeiner Straße gab es einen Plattenladen.

Schräg gegenüber, dort, wo heute die Sparkasse ist, gab es bis in die 90er Jahre das legendäre „Café Nord". Alle DDR-Bürger kannten das „Café Nord". Heute gibt es ein gleichnamiges Café in Pankow in der Grunowstr. 21, ohne das einstige morbide Flair der DDR.

Überhaupt galt die Schönhauser Allee damals als DIE Einkaufsmeile in dem Ländle. Magistratsschirm, Konnopke, Café Nord, Wäsche-Hoffmann, Uhren-Weist, Colosseum -

die Schönhauser Allee war über Jahrzehnte die Kultadresse Ostberlins. Die Straße war Filmdiva, Warenhaus und Vergnügungsort. Und es gab immer etwas zu sehen.

Der sowjetische Parteichef Breschnew holperte zum Staatsbesuch 1967 in seiner Tschaika-Limousine ebenso über das Pflaster, wie hundert Jahre zuvor der deutsche Kaiser auf seinem Weg zum Schloss nach Niederschönhausen. Wie oft wurde der Unterricht ausgesetzt, weil wir als Schüler Spalier für DDR-Staatsgäste bilden mussten, ... Jubelstaffage an der „Protokollstrecke", ausgestattet mit „Wink-Elementen" (Fahnen).

Die 1962 erbaute Empfangshalle des S-Bahnhofes faszinierte mich wegen ihrer Größe und ihrer Glas- und Stahlkonstruktion. Und ich erinnere mich auch noch an die Wannen für die Fahrkartenknipser kurz vor dem gläsernen Zugang zum Bahnhof.

Sehr beliebt war das Kino Colosseum. Ein Teil des Gebäudes wurde 1894 als Wagenhalle der Berliner Straßenbahn benutzt. Anfangs wurden hier ebenfalls zunächst die Pferde, nach der Umstellung auf elektrischen Betrieb nur noch Busse untergebracht. Am 12. September 1924 eröffnete das erste Filmtheater an diesem Ort. Es hatte 1000 Plätze für Besucher, welche hier neben Stummfilmaufführungen auch Varietéveranstaltungen mit Orchesterbegleitung erleben konnten.

Im Zweiten Weltkrieg wurde das Kino geschlossen; die Räume wurden als Lazarett genutzt. Nach Kriegsende diente das Gebäude als Wärmehalle, in der gelegentlich Kinovorführungen stattfanden. Im Anschluss daran wurde hier die Spielstätte des Metropol-Theaters eingerichtet, da dessen Gebäude im Krieg zerstört worden war. Nach einem Umbau eröffnete das Kino am 2. Mai 1957 erneut. Bis zur Errichtung des Kino „International" 1962 war das Colosseum das Premierenkino Ost-Berlins und damit der gesamten DDR. Schade, dass hier nach einem Umbau in den 90er Jahren nur noch die äußere Fassade erhalten geblieben ist. Ich habe mir kürzlich im „International" einen wunderbaren DEFA-Schwarz-Weiß-Film angesehen. Dieses Kino ist, einschließlich Vorhängen im (einzigen Kino-)Saal und Clubsesseln im Vorraum, noch vollkommen im Vor-Wende-Zustand, so dass der Film total zum umgebenden Ambiente passte.

Tja und dann der „Magistratsschirm". Heißt der noch so? Viele interne Ortsbezeichnungen halten sich nur kurzzeitig, wie zum Beispiel „LSD-Viertel" für den Kiez rund um die Lychener, Stargarder und Dunckerstraße. Berlin hatte Jahrhunderte lang als eigenständige Regierungsform den „Magistrat". Erst nach Inkrafttreten der West-Berliner Landesverfassung im Oktober 1950 wurde dort der Begriff „Magistrat" nach Vorbild der Hanse-Stadtstaaten in „Senat" umgewandelt. Der Name „Magistrat von Groß-Berlin" blieb für den Ostteil der Stadt bis zur Wiedervereinigung erhalten. Der „Magistratsschirm" war (?) die Bezeichnung für die Hochbahnstrecke der U-Bahn in der Schönhauser Allee, weil man damals unter ihm problemlos entlang bummeln konnte. Auf der Hochbahn fuhren die „Amanullah-Wagen". Das waren „AII-Wagen", die zweite Beschaffungsserie U-Bahn-Wagen der BVG. Die Bezeichnung „Amanullah-Wagen" geht auf einen Besuch des afghanischen Königs Aman Ullah im Jahr 1928 zurück, der einen dieser damals recht modernen Züge mal kurz selbstständig steuern durfte. Ab 1971 begann die BVG-West diese Fahrzeuge auszumustern, da genügend Fahrzeuge der moderneren Baureihe A3[54] zur Verfügung standen. Ein Jahr später kam es im Ostteil der Stadt in der Kehranlage des U-Bahnhofs Alexanderplatz zu einem Brand, bei dem mehrere Wagen zerstört wurden. Da die BVG-Ost von der Ausmusterung der AII-Wagen in West-Berlin wusste, bot sie ein Geschäft an,

---

54 ... die BVG-West ersetzte in den 60er Jahren die Bezeichnungen mit römischen Ziffern durch arabische Zahlen, deshalb die unterschiedlichen Schreibweisen

bei dem sie letztendlich 20 Trieb- und 20 Beiwagen von der BVG-West erwerben konnte. Die in den Osten geschickten Fahrzeuge wurden als AIIU bezeichnet. Die letzten „Amanullah-Wagen" liefen bei der BVG-Ost am 5. November 1989.

Ich selber entsinne mich noch daran, dass die Fahrerkabine des U-Bahnzugführers dieser Bauart nur die halbe Zugbreite einnahm und neben ihm, offen, beim Zweimannzugbetrieb, noch ein Zugbegleiter stand, der den Zug in den Stationen mit abfertigte.

Fuhr der Zug in die entgegengesetzte Richtung, war dieser offene Stehplatz, der einen Klappsitz hatte, frei und ich als Kind fand es dann immer spannend, auf diesem Platz zu sitzen, um aus der U-Bahn während der Fahrt hinten rückwärts hinaus in den Tunnel zu schauen. Wem übrigens die „lange Betriebszeit" dieser Züge von 1928 bis 1989 aufstößt, der sei daran erinnert, dass die S-Bahn-Baureihe „Stadtbahn" von 1928 bis 1997 in Betrieb war.

Will sagen, schon als Kind und jugendlicher Mann mochte ich die Schönhauser Allee, ... wegen der „Kettwurst" (DDR-Produkt ähnlich dem „Hotdog") und der „Grilleta" (dem Pedant zum „Hamburger"), wegen des Plattenladens, der ganzen Bücherläden, dem „Sporthaus Olympia" gegenüber vom S-Bahnhof, wegen des „Colosseums", wegen „Konnopke" und wegen des „Franz-Clubs". Wobei der „Frannz"[55] heute längst nicht mehr das Flair des „Franz-Club" hat und die Konnopke-Wurscht zwar noch immer Kult, aber heute leider viel zu teuer ist.

Und dann gab es da auch noch Uhren-Weist, die 1998 schlossen. In der Milastraße gab es die Fahrschule, eine von nur einer handvoll Fahrschulen in Ost-Berlin, und kurioser Weise von „VEB-Taxi", einem Teilbetrieb der Ost-BVG, betrieben. Es gab das Goldbroiler-Restaurant, eine Vielzahl von Eckkneipen, viele Geschäfte und sogar Leuchtreklame.

---

55 ... die unterschiedliche Schreibweise mit einem, bzw. zwei „N" ist richtig!

Letztendlich hatte die DDR nur eine einzige Shopping-Meile und das war die Schönhauser Allee.

Als vor gut zehn Jahren die „Schönhauser Allee Arcaden" öffneten, sagten ja viele, auch wir als Zeitung, ein Sterben der umliegenden Geschäfte voraus. Gut, die Geschäfte rings um das Center haben sich in diesen Jahren gewandelt, aber der Leerstand ist minimal. Das Center selbst wirkt für mich heute mehr denn je wie ein Fremdkörper im Gefüge der Schönhauser Allee. Es sind irgendwie „andere Menschen", die dort einkaufen gehen.

Die Schönhauser Allee ist heute noch immer DIE Einkaufsmeile im Osten Berlins, aber sie steht in direkter Konkurrenz zur Müllerstraße, zur Wilmersdorfer, zur Schloss- und Karl-Marx-Straße und sie ist letztendlich nur noch eine von vielen stinknormalen Shopping-Meilen in einer der vielen stinknormalen Großstädte Westeuropas. Sie hat ein wenig ihres besonderen Glamours verloren.

... oder, wie sehen Sie das?

Scheiße! Genug gejammert! Immer wenn ich meinen sehr spärlichen Urlaub während meines Grundwehrdienstes in der NVA hatte und monatelang nicht in Berlin weilte, weil ich in einsamen Wäldern Krieg spielen und mir mit sieben weiteren Kerlen das Zimmer teilen musste, suchte ich gerade wegen des Trubels die Ecke Schönhauser / Eberswalder auf. Und noch heute ist wenigstens am Wochenende Nachts rund um den Hackeschen Markt Stau und an der genannten Ecke brummt auch das pralle Leben. Ich liebe die Schönhauser Allee!

*

Wins – Juni 2012 – am 14./15./18.5.2012

Bereits so oft über das Viertel geschrieben. Allmählich ist da die Erinnerung an die „guten , alten Zeiten" erschöpft, das Prenzlauer Berg Archiv geschröpft, ... ich kann nur noch mit „Vor-Ort-Recherche" schreiben. Aus der Erinnerung ist von mir alles gesagt, alles aufgeschrieben, alles festgehalten ... ach ... „meine" DDR ... . Wobei es einem die Erinnerung da sehr leicht machte, denn früher war alles viel schöner, ... schon immer, schon seit Generationen, und selbst die alten Griechen behaupteten dies schon vor tausenden Jahren von ihrer eigenen jüngeren Vergangenheit. Nun komme ich also nicht drum herum, muss auf die Straße, selber kieken und, wenn gar nichts mehr geht, sogar Leute anquatschen ... was für mich der gefährlichere Teil ist, denn im Ansprechen fremder Menschen war ich noch nie gut. ... Ich trau mich nicht! ...

So mache ich mich auf zum neu entstehenden „Leise-Park" am St. Marien- St. Nicolai-Friedhof, Eingang von der Prenzlauer Allee aus.

Der Name „Leise-Park" ist eine Idee der Schüler der Grundschule „An der Marie". „Leise-Park" klingt kindlich-naiv, macht aber Sinn. Kinder liegen mit ihrer Intuition meist richtiger, treffsicherer, als wir angeblich Erwachsenen. Manche meinen „böse", nach hoffentlich sind sie es dann da auch selber! Aber richtig Krach machen doch eigentlich nur die jugendlichen Touris aus den gehobenen Vorort-Siedlungen, die denken, nun in der großen Stadt Berlin könnten sie mal über die Stränge schlagen zu können.

So wie bereits im letzten Jahr, so empfängt mich am Eingang des Friedhofs in der Prenzlauer Allee der vertraute Dschungel. Lianen ranken über Gräber, Efeu schlängelt sich an Gedenksteinen hoch, sogar einige frische Grabstätten sind vorhanden. Offenbar, so verkündet es zumindest ein Schild am Eingang, finden auch in der nächsten Woche wieder neue Beerdigungen statt.

Ich suche, leise, den Leise-Park. Schlage mich durch Gestrüpp, über Felder von Brennnesseln (Achtung! Neue Rechtschreibung! Brennnesseln mit drei „N" sieht bescheuert aus, ist aber richtig! Früher war halt wirklich alles besser! ...), an umgestürzten Baumriesen vorbei und bekomme den Schock meines Lebens.

Stehe plötzlich vor einem zweieinhalb Meter hohen, massiven Stahlgitterzaun aus Daumen dicken Lanzen mit piksenden Spitzen an den oberen Enden, der den entstehenden Leise-Park vom Restfriedhof trennt. Ein Stahlgittertor in diesem Zaun ist verschlossen. Was ich sehe macht mich wenig froh! Im Gegenteil würde ich sagen, dass jetzt nur noch Galgenhumor (auf dem Friedhof) weiter hilft. Man hat den Dschungel im entstehenden Park entfernt!

Deutsch, akkurat, im Rechteck sind Wege angelegt, der Rasen ist, wo er nicht neu angelegt wurde, gestutzt, nagelneue Bänke stehen in geharkten Einlassungen. Es sieht steril aus, nach spießiger Vorgartenidylle. Mir fehlt bei diesem Anblick eigentlich nur noch die Überwachungskamera, der Postenturm, der Wach-Posten, der „Kumpel Polizist" mit seiner Wumme und schusssicheren Weste. Wir Deutschen sind einfach spitze im Zäune bauen, im Rasen harken, im bewachen von Objekten ...!

Finde Bilder im Internet auf denen neu aufgestellte Spielgeräte aus Holz in diesem Park zu sehen sind und frage mich, wer die denn dann mal pflegen soll. In spätestens fünf Jahren sind die doch verrottet und dann verschwinden sie genauso heimlich still und leise, wie im Thälmannpark.

Nächster Schritt: Leute anquatschen einen Tag später. Diese „kurze Umfrage" ist ein probates Mittel sowohl im Fernsehen, als auch im Hörfunk, wenn einem O-Töne oder die richtigen Bilder fehlen. Da macht man dann halt 'ne kurze Umfrage zu dem Thema, das man da beackert. Ist Ihnen das auch schon aufgefallen? Achten Sie mal drauf! Macht die „Berliner Abendschau" ganz viel und auch die ganzen „Magazine" die bei ARD & ZDF nach 17 Uhr laufen.

Nun also icke, allein auf der Straße mit der Frage: „Was wissen Sie über den >Leise-Park<?"

Julian treffe ich an der Heinrich-Roller- Ecke Winsstraße. Er arbeitet dort in einem Geschäft und wohnte mal vor zehn Jahren auch in der Straße. Ja, er habe schon mal was von dem Park gehört, weiß aber nicht, wie man da hinein gelangt. Von der Heinrich-Roller-Str. aus sieht man erneuerte Mauern und ein verschlossenes, großes Gittertor. Da hat er auch schon mal hinein geschaut und sich nur gewundert, dass dort alles so schön ordentlich aussieht. Aber Menschen in diesem Park habe er noch nicht gesehen. Und dann erzählt er, dass er, als er noch vor einigen Jahren mit seiner Familie in dieser Straße wohnte, an Ostern seine Tochter auf dem Friedhof jedes Jahr hat Ostereier suchen lassen. Die Eier und kleinen Nester habe er dann in dem verwilderten Garten des Friedhofs hinter Grabsteinen, auf gefallenen Baumriesen oder unter kleinen Hecken versteckt. So kenne er das Gelände noch. So als verwilderten „Schlossgarten."

Eine Ecke weiter, in der Prenzlauer Allee, lässt sich Roswita auf ein Gespräch mit mir ein. Sie ist Anwohnerin des Friedhofs schon seit vielen Jahren. Dass auf einem Teil desselben mal ein Park entstehen soll, davon habe sie etwas gehört. Dass das ganze „Leise-Park" heißt, weiß sie nicht. Am Friedhofseingang ist darüber ja auch nichts ausgeschildert. Die Idee zu diesem Park findet sie sehr gut, besser auf jeden Fall, als die einstmals geplante und von den Anwohnern erfolgreich verhinderte Bebauung in der Heinrich-Roller-Straße mit großen Wohnneubauten.

Sie bedankt sich bei mir für die Information und geht weiter ihres Weges.

Am Eingang zum Friedhof, ich war drauf und dran, nochmals über den Friedhof zu schlendern, begegnet mir Andreas, mit dem ich mich unterhalten kann.

Er kennt den Leise-Park bereits, spaziert öfter über die Friedhöfe bis zur Greifswalder Straße hinüber.

„Nach meinem Verständnis sind die Bauarbeiten in diesem Park abgeschlossen.", sagt er. Und dass er sich sehr darüber wundert, dass alles noch so verschlossen ist. „Ist alles fertig! Es sieht so aus, als wenn man nur noch auf die große Eröffnungsparty wartet.", erklärt er. Dann muss er aber weiter, ... sein Job, ... ich verstehe doch sicher. Ich nicke und bedanke mich für ein weiteres nettes Gespräch an diesem Nachmittag.

Nun nochmals zu harten Fakten

Ich drücke es jetzt mal einfach aus. Der St.Marien- & St. Nicolai-Friedhof II, an dessen Ende zur Heinrich-Roller-Straße der „Leise-Park" entsteht, gehört zur Marienkirche, die am Alexanderplatz neben dem Neptunbrunnen, gegenüber vom Roten Rathaus, steht und zur Nicolai-Kirche, das ist die im „Nicolaiviertel", diesem Touristenmagneten in der Innenstadt mitsamt der Keimzelle Berlins, mit den Gaststätten „Zur Rippe" und „Zur Letzten Instanz" und mit dem letzten Futzelchen Berliner Stadtmauer. Als dieser neue Friedhof der beiden Kirchengemeinden kurz vor der Akzisemauer und dem Prenzlauer Tor angelegt wurde, lag er am Rande der Stadt an den Windmühlenbergen direkt an der Berliner Feldmark. Dieser Teil des Friedhofs wurde von den Gemeinden der Marienkirche und der Nikolaikirche innerhalb der Akzisemauer am 27. Juli 1802 eröffnet und 1814 und 1847 jeweils erweitert - auf insgesamt 35.400 m².

Bereits im Jahre 1804 überschritt die Weltbevölkerung die magische Zahl von einer Milliarde Individuen. Es gibt eine Robbenart, die Krabbenfresserrobbe, die mit vierzig Millionen Tieren nach dem Menschen die höchste Individuenzahl unter den großen Säugetieren aufweist. Mehr Tiere dieser Art verkraftet das Öko-Sytem Erde nicht. Wissenschaftler haben vor Jahren einmal ausgerechnet, dass es vom Menschen, so wie er die Erde derzeit ausbeutet, nicht mehr als zwölf Millionen geben sollte.Und da regen wir uns über Hunger in der Welt auf? ... egal.

Im Jahre 1858 wurde unweit in der Prenzlauer Allee Nr. 7 ein neues Grundstück gekauft, der Neue bzw. der St. Marien- und St. Nikolai-Friedhof II. An dessen Ende befindet sich nun der „Leise-Park"

In den letzten Jahren wurde der ursprüngliche Friedhof aufwändig restauriert. Vor allem die fast geschlossene Ostwand mit Erbbegräbnissen unterschiedlicher Baustile hat sich erhalten. Die Nordwand wurde beim Endkampf um Berlin im II. Weltkrieg zerstört.

*

Wins – Juli 2012 - am 11./13./14./18.6.2012
Annäherung an „die Marie"

„Die Marie" entstand in den 90er Jahren nach dem Abriss des Rettungsamtes Ost-Berlins. Dort stand die Einsatzzentrale, von dort wurden alle nötigen Kräfte informiert, wenn sich von irgendwo in Ost-Berlin jemand über die damalige Notrufnummer 115 meldete. Wir erinnern uns, früher waren Feuerwehr mit der Nummer 112 und Arztnotruf über 115 getrennt. Vor einiger Zeit bei einem meiner Kiezspaziergänge durch die Oderberger Straße, entdeckten wir an der dortigen Feuerwache ein großes Schild mit der Aufschrift „nun auch bei Facebook" und wir fragten uns darauf hin, ob man nun einen Notfall, ein Feuer, auch auf diesem Wege melden könne. ...

„Die Marie", der Marienburger Platz, wurde nach dem Abriss dieses Rettungsamtes unter Einbeziehung der Anwohner und mit Hilfe der Entwicklungsgesellschaft „S.t.e.r.n." in den heutigen Zustand gebracht. Keine „schnuckeligen" Lofts wurden gebaut, sondern die entstandene Brache zu einem großen Platz, zu einem lebendigen Lebensmittelpunkt für Familien umgewandelt.

Ich war letztes Jahr beim „Weltspieltag" mit meiner Hörfunksendung „O.K.beat" offizieller Medienpartner der Veranstaltungen auf der „Marie", kenne also halbwegs die Zustände und war neugierig, was sich wohl innerhalb der letzten Monate auf und um den Platz ereignet hat. Man kann schließlich nicht ständig überall gleichzeitig sein und Neues gibt's selbst in altbekannten Ecken immer wieder zu entdecken.

220

Martin spreche ich zuerst an. Er sitzt mit seinen zwei Kindern friedlich in einer Ecke und isst Sushi. Er findet den ganzen Platz sehr schön, kennt und nutzt ihn schon lange. Dass sie sich heute hier aufhalten, hängt damit zusammen, dass er mit den Kindern soeben beim Zahnarzt war und da ist nun dieser Besuch und die Rast auf der „Marie" so eine Art Belohnung für sie drei.

Auf dem Weg zum Abenteuerspielplatz fallen mir drei Leute auf, die mitten auf dem Platz mit großen Unterlagen unter dem Arm, Arbeitskladden und Schreibblock stehen und die über irgend etwas diskutieren. Bin neugierig und so frage ich sie, was sie denn da gerade machen.

Ja, bekomme ich zur Antwort, sie planen gerade eine „Papa-Party" für den 15.September auf dem Platz, so mit Kinderspielen, kleinem Unterhaltungs-Programm und so weiter. Was genau, kann man mir noch nicht verraten.

Den durch Zäune abgetrennten Abenteuerspielplatz an der „Marie" gibt es schon seit vierzehn Jahren. Er wurde von einer Bürgerini und von ABM-Kräften angelegt. Die Verantwortlichen dort sind auskunftsfreudig und kompetent. Der Spielplatz ist sehr beliebt. Es gibt unter anderem eine Töpferwerkstatt, eine Kleintierzucht, einen Raum, in dem man kickern kann. Auch eine Holzwerkstatt gibt es. Der große tönerne Backofen ist aber schon seit einiger Zeit nicht mehr in Betrieb. Wie lange, weiß man nicht zu sagen, ich weiß nur, dass er auch schon letztes Jahr nicht genutzt werden konnte und sich sein Erscheinungsbild in dieser Zeit leider nicht verändert hat. Auch eine Schmiedewerkstatt gibt es. Am interessantesten finde ich aber, dass es zweimal pro Woche ein Lagerfeuer auf dem Platz gibt.

„Lagerfeuer und Stockbrot" steht jeden Mittwoch und jeden Freitag auf dem Plan. Ich frage, ob es denn da keinen Ärger mit der Feuerwehr gibt, aber ich bekomme zu hören, dass man dafür eine spezielle Genehmigung hat. Gerade diese Lagerfeuer würden die Menschen auf dem Platz zusammenbringen. Singles, Eltern mit kleinen Kindern

genauso wie Kinder, die schon groß und selbständig genug sind, hier allein her zu dürfen. Das Areal mit den selbst gezimmerten Blockhütten ist dagegen gerade, so scheint es, im Umbruch. Eine der Hütten ist instabil geworden und wird deshalb abgebaut. Das anfallende Holz wird recycelt und später von den Kindern zu neuen Hütten verarbeitet.
Träger des ganzen Spielparadieses ist der Bezirk.
Nun suche ich das „Gartenhaus". In meiner Vorstellung ist ein „Gartenhaus" ein überwiegend aus Holz gezimmertes, kleines Etwas mit großen Fenstern in der Art einer Loggia. Aber ich irre mich ja öfter mal im Leben. Das „Gartenhaus" an der Marie ist aus rotem, märkischen Backstein, drei Etagen hoch und grenzt genau an die Schule in der Christburger Straße.
Zuerst will ich, der Mensch ist von Natur aus faul (Aufschrei! Ich doch noch nicht! Gibt keinen Fleißigeren!), nur in die untere Etage. Aber dort ist die Chefin gerade nicht da, sie braucht noch zehn Minuten, aber ich soll mal nach oben in gehen, in den Hort in der dritten Etage. Dort ist, wegen der Hausaufgabenbetreuung, immer jemand Kompetentes ansprechbar. Nach dem Aufstieg frage ich, ob sich ein eigenständiger Hort, der nicht direkt zur daneben liegenden Schule gehört, überhaupt trägt. Zum besseren Verständnis: die Schule daneben hat ihren eigenen Hort und dann gibt's in diesem „Gartenhaus" noch diesen einen weiteren. Natürlich, wird mit erklärt. Das ganze hat wohl so etwas wie eine Mischfinanzierung aus freier Trägerschaft, Teilnehmergebühren und Bezirkszuschüssen, erfahre ich. Täglich gibt es verschiedene Angebote für die Kids. Auch ein umfangreiches Veranstaltungsangebot während der Sommerferien ist aufgelegt, das im Internet zu finden oder direkt vor Ort zu erfragen ist. Erstaunlich finde ich das „Kinderparlament", das regelmäßig tagt und in dem alle Probleme und Belange des Hortes durch die Kinder und die Erwachsenen gemeinsam geklärt werden. Kein aufoktroyieren von Anweisungen, im Gegenteil haben in

erster Linie die Kinder das Wort und die Verantwortung, und diese entscheiden für sich immer wieder erstaunlich logisch. Von dem Theater und dem Atelier in der obersten, vierten Etage und auch von den Band-Probenräumen im Keller erfahre ich bei der Gelegenheit gleich mit.
Nach dieser Informationsflut wieder runter in den Jugendclub, die Chefin Frau Albert ist da. Ja, ich verstehe, die „Presse" unangekündigt, könne man da nicht mal vorher einen genauen Termin ...? Mensch, bin doch nur icke. Keine Gefahr, ... bin nicht tollwütig und beiße nur ganz selten …
Frau Albert berichtet:
„Der Träger der Einrichtung ist..." (jetzt wird es kompliziert und Frau Albert war so freundlich, mit diese Informationen im Nachhinein nochmals schriftlich zu geben …) „...die >BA Pankow Abt. Jugend und Facility Management Fachdienst 1 allg. Förderung von jungen Menschen und Familien in Kooperation mit Netzwerk Spielkultur e.V.<! Die Angebote richten sich an Kinder und Jugendliche ab Klasse 5, die in ihrer Freizeit kreative Beschäftigung suchen, die ihre Interessen, Fähigkeiten und Fertigkeiten in der Begegnung mit Gleichaltrigen im selbstbestimmten Umfeld entwickeln wollen. Täglich besuchen uns 40 - 60 Kinder und Jugendliche aus dem näheren und weiteren Umfeld. … Neben der offenen Kinder- und Jugendarbeit prägen unterschiedlichste Angebote, Kurse (z.B. Hip-Hop, Theater, Capoeira, Malerei, Graffiti) und Projektarbeit den Tagesablauf." Die Öffnungszeiten sind enorm! Montag - Donnerstag 13.00 - 20.00 Uhr, Freitag 13.00 - 21.00 Uhr 1 x monatlich Sonnabend, Während der Ferien 10.00 - 18.00 Uhr.

*

Aus einer E-Mail von mir, Erstelldatum unklar

Ich hatte ja immer geglaubt, Bundesstraßen würden irgendwo beginnen und irgendwo enden. Auf ihrem weiten Weg über Feldmarken, an Ortschaften vorbei oder mitten

223

durch, würde halt die eine oder andere dieser Fernstraßen eben auch einmal quer durch Berlin führen. Stimmt ja auch im großen und ganzen. Bei der Prenzlauer Allee indes stimmt es halt nicht. Die Bundesstraße B 109 beginnt erst an der Ecke Prenzlauer Allee / Danziger Straße und führt über Schönow, Basdorf, Wandlitz, Groß-Schönebeck durch die fast menschenleere Uckermark hindurch nach Prenzlau und von dort weiter bis nach Greifswald, wobei der Abschnitt von Anklam bis nach Greifswald bereits zwischen 1833 und 1839 als Landstraße angelegt wurde.

Und dann stolperte ich wieder über einen eigenen Irrtum, denn ich dachte, das Verzeichnis und die Nummerierungen der Bundesstraßen stamme noch aus der Kaiserzeit. Das ist falsch. Das System der „Fernverkehrsstraße" mit der Abkürzung „FVS" wurde mit seinen Nummerierungen erst am 17.Januar 1932 eingeführt. Der Reichstag hatte bereits am 10. Mai 1926 die Regierung beauftragt, „ein einheitliches Netz wichtiger Landstraßen" zu erarbeiten. Hintergrund dazu war, dass man mit dem zunehmenden automobilen Verkehr den Kraftfahrern eine einheitliche Orientierung geben wollte. Mit dem „Gesetz über die einstweilige Neuregelung des Straßenwesens und der Straßenverwaltung" vom 26. März 1934 wurden die übernommenen Fernverkehrsstraßen in Reichsstraßen umbenannt und mit der neuen Straßenverkehrsordnung erstmals das noch heute übliche kleine gelbe Schild mit der Straßennummer eingeführt. Das Kürzel für diese Reichsstraßen war das „R".

Nach Gründung von Bundesrepublik und DDR wurde das System dieser Straßen beibehalten, jedoch hießen diese Straßen in der Bundesrepublik „Bundesstraße" mit dem Kürzel „B", in der DDR „Fernstraße" mit dem Kürzel „F".

Kurios wurde es dann bei den Westberlin durchlaufenden Straßen. Die „B 2" kam aus Starnberg und führte über München bis nach Hof. Von Hof bis Potsdam-Groß Glienicke" hieß sie „F 2", von dort ging es als „B 2" bis

„Straße des 17.Juni", ab Pariser Platz, entlang Alex und Greifswalder Straße bis zu ihrem Ende in Rosow bei Schwedt hieß sie wiederum „F 2". Als „R2" führte sie vor dem Krieg von dort weiter bis nach Danzig.

Am Prenzlauer Berg haben wir nur drei Fernstraßen. Diese B 2 entlang der Greifswalder Straße, die genannte „B 109" und die „B 96a" über die Danziger Straße. Die frühere „F 96" war mit 520 km die längste und wichtigste Nord-Süd-Verbindung in der DDR. Durch den Bau der Berliner Mauer am 13.August 61 war deren Verlauf, wegen der Durchquerung Westberlins als „B 96" unterbrochen. Aus diesem Grunde wurde zwischen Blankenfelde-Mahlow und Birkenwerder eine Umleitung, die „B 96 a" eingeführt.

Diese Unterscheidung zwischen normalen Stadtstraßen und Bundesstraßen ist wichtig, wegen der Kompetenzen, diese Straßen betreffend. Bei den Bundesstraßen ist der Bund, die Bundesrepublik Deutschland, finanziell für deren Instandsetzung zuständig, alle anderen Straßen sind Länder- oder gar nur Gemeindesache.

*

Winsviertel September 2011 - am 15./20.8.2011

„Rund um die Berolina", hieß einmal ein Journal des SFB-Hörfunks. Im Jahre 1871 ließ Kaiser Wilhelm I. auf dem Belle-Alliance-Platz (heute: Mehringplatz) zum Einzug der im Deutsch-Französischen Krieg siegreichen Truppen eine elf Meter hohe Berolina als Schmuck aufstellen.

Eine weitere Berolina als kurzfristigen Festschmuck entwarf Emil Hundrieser gemeinsam mit Michel Lock für den Besuch des Königs Umberto von Italien im Jahr 1889. Die Figur wurde in Gips hergestellt und schmückte den Potsdamer Platz. Die 7,55 Meter hohe Statue zeigte eine Frau mit Eichenkranz. Vorlage soll ein Gemälde aus dem Roten Rathaus gewesen sein, das die Berliner Schustertochter Anna Sasse zeigte.

Später veränderte Hundrieser den Entwurf leicht und eine in Kupfer getriebene Berolina-Statue wurde 1896 auf dem Alexanderplatz aufgestellt. Ein nach Entwürfen von Peter Behrens 1929 bis 1932 errichteter Bürobau erhielt wegen seiner Nähe zur Berolina-Statue den Namen Berolinahaus. Die Statue wurde 1944 abgebaut und für die Waffenproduktion eingeschmolzen.

Zur Wiedererrichtung der Berolina-Statue wurde 2000 ein Förderverein „Wiedererstellung und Pflege der Berolina e.V." gegründet.

Und damit bin ich beim Alexanderplatz, auf den die Greifswalder Straße zu läuft. Sie zeigt nicht einen solchen Anstieg aus dem Berliner Urstromtal, wie alle anderen umgebenden Einfallstraßen wie beispielsweise die Landsberger, Prenzlauer, Schönhauser Allee, der Weinbergsweg oder die Veteranenstraße. Im Gegenteil: zweigt man von der Greifswalder Straße ab, fährt man immer bergauf. Grund dafür ist, dass es sich bei dieser Straße um ein ehemaliges Flussbett handelt, das entstand, als die Gletscher der letzten Eiszeit abschmolzen.[56] Die urzeitlichen Reste davon kann man auf Landkarten erkennen. Der Weiße See, Ober-, Oranke, Fauler- und Malchower See liegen ja in der Richtung.

In meiner Hörfunksendung „OKbeat" konnte ich im Vorfeld der Sendung vom 4.August auch unseren Stadtrat Jens-Holger Kirchner fragen, was aus der schon seit den dreißiger Jahren geplanten U-Bahn über die Greifswalder Straße nach Weißensee und Malchow wird. Einer der beiden U-Bahnsteige der heutigen U 5 wurde schon beim Bau dieser für die U-Bahn nach Weißensee errichtet.

Auch der Westberliner Senat trat in den 70er, 80er Jahren in Bauvorleistung für diese „U 10", die aus Lichterfelde kommend über Rathaus Steglitz, Insbrucker und Potsdamer Platz geplant war.

---

56 … ist sachlich falsch! Die Greifswalder Straße liegt in einer glazialen Rinne! Siehe spätere Artikel!

So endet heute die U 9 in Steglitz eigentlich am U-Bahnhof der geplanten U 10. Bahnsteige und Tunnelabschnitte gibt's für die U 10 am Walter-Schreiber- und Insbrucker Platz, sowie, wie erwähnt, am Alex und von dort noch ein Stück Tunnel in Richtung Königstor.

Auch die DDR plante den Bau dieser U-Bahnlinie ein, denn man wollte das Wohngebiet in Hohenschönhausen-Nord von der Zingster Straße über Malchow und Karow bis nach Mühlenbeck-Mönchmühle ziehen. Bauvorleistungen sieht man dafür bei der S-Bahn auf der Strecke zwischen Blankenburg und Schönfließ: Fundamente für neue Bahnsteige.

Leider hatte ich in der Sendung zur Erörterung dieser Frage leider keine Zeit mehr und so gebe ich Ihnen jetzt die Info von unserem Stadtrat aus dem Vorgespräch wieder. Die U 10 ist nicht vom Tisch, sondern noch immer im Flächennutzungsplan vorhanden. Auch muss für diese U 10 weiterhin Baufreiheit vorgehalten werden. Hätte die Bundesregierung nicht auf den Bau dieser vollkommen unsinnigen, weil unnötigen Verlängerung der U 5 zum Hauptbahnhof gedrängt, hätte man wahrscheinlich schon längst mit dem Bau der U-Bahn nach Weißensee begonnen.

Die Verlängerung der U 1 von der Warschauer Straße bis zum Petersburger Platz als Hochbahn ist allerdings schon vor dem Krieg gestorben.

Wie gesagt, die Greifswalder Straße liegt in einer Senke. Sie war zu DDR-Zeiten „Protokollstrecke". Morgens und abends fuhr die damalige Staatsführung von und nach Wandlitz hier regelmäßig durch, mit Ausnahme der Zeit von 1985/86, als das gesamte Areal rund um den Ringbahnhof neu gestaltet wurde.

In dieser Zeit ging es für Berufspendler aus Hohenschönhausen und auch für die DDR-Führung über Michelangelo- und Kniprodestr. (damals Artur-Becker-Str.) und Straße am Friedrichshain. Die Greifswalder Str. war in jener Zeit eine hübsche, angenehme, rausgeputzte

Geschäftsstraße. Wie bei Potemkinschen Dörfern wurden damals auch ausschließlich die ersten Häuser der Seitenstraßen soweit aufgehübscht und gestrichen, wie man sie von der Greifswalder Straße aus einsehen konnte.

Bedingt durch die Lage in dieser Senke brannten einem bei „Invasionswetterlage", also wenn des West-Radio „Smog" verkündete, den es in Ostberlin laut Ostmedien ja nie gab, an diesigen Herbst- und Wintertagen beißende, stinkende, alles verätzen wollende Luft aus versotteten Öfen und aus Trabbi-Zweitakt-Abgasen in Nasen-, Augen- und Mundwinkeln und linderte sich erst ein wenig, wenn man oben auf dem S-Bahnhof Greifswalder Str. (der eine Zeit lang „Thälmannpark" hieß) angelangt war. (Bis zur Umbenennung in „Mohrenstraße" hieß der damalige Berliner-Mauerbau-bedingte Endbahnhof der U-Bahnlinie „A II" - heute U 2 - „Thälmannplatz"!)

In der Greifswalder Str., in etwa da, wo heute dieser Bio-Supermarkt ist, gab es bis vor ein paar Jahren noch diesen Maler- und Heimwerkerladen von Herrn Svatos.

Ich kenne ihn noch als kurzzeitigen Chef der HO-Kaufhalle am S-Bf. Storkower Str., in der ich 1981 – 84 als, damals auch sein, 1.Fachverkäufer Obst/Gemüse arbeitete. Irgendwann war er plötzlich weg und hatte dann nach der „Wende" diesen Malerladen.

Die Geschichte dahinter ist eine fast DDR-typische. Wer damals einen Ausreiseantrag auf „ständige Ausreise" stellte kam, wenn man ihm „etwas anhängen" konnte, in den Knast und wurde später durch die Bundesrepublik frei gekauft.

In gelinderen Fällen, wie vermutlich bei Herrn Svatos, wurden diese Leute einfach nur bis zur Genehmigung dieser Ausreise, im anderen Falle für den Rest ihres Lebens, in Hilfsarbeiterjobs gesteckt.

Akademiker, wie mein hier geschilderter Fall, wurden zu Lagerarbeitern degradiert, wurden Lochbuddler auf dem Friedhof hinter der Heinrich-Roller-Straße oder mussten zur Müllabfuhr.

Eine andere kleine Geschichte kann ich Ihnen noch zur „Marie" erzählen. Dort befand sich ja bis in Nachwendezeiten das Rettungsamt vom Prenzlauer Berg.
War es, weil man das „Tatütata" der „Barkas B 1000" Rettungswagen im Trabant bei Vollgas nicht mehr hören konnte oder weil dieses allgemein damals viel leiser war, als heute, oder weil man ab in den 80er Jahren plötzlich einige Volvo-Rettungswagen aus Schweden für die „Hauptstadt der DDR" für viele Devisen einkaufte, ich weiß es nicht, jedenfalls etwa ab den frühen 80er Jahren fuhren in Ost-Berlin Feuerwehr, Polizei und Rettungsamt mit so einer „Ami-jaule". Man träumte von den Straßen Manhattans oder von San Francisco, wenn man so einen Wagen mit seinem auf und abschwellenden, durchdringenden Jaulton hörte.

Das Rettungsamt Prenzlauer Berg befand sich bis Anfang der 90er Jahre dort, wo heute dieser gewaltige Spielplatz, die „Marie" ist. Eine weitere Notaufnahme gab es bis vor ein paar Jahren noch Danziger Str. Ecke Prenzlauer Allee, dort, wo seitdem so ein privater Pflegedienst sich derzeit tummelt. Der typische Rettungswagen war, wo oben hin erwähnt, der „Barkas B 100", der in Karl-Marx-Stadt (früher und heute Chemnitz) hergestellt wurde. Er war der zuverlässigste und beliebteste Kleintransporter des Ostblocks und wurde leider in einer zu geringen Stückzahl hergestellt. Die Heckflossen, in denen beim Kleinbus die Rücklichter untergebracht waren, hatte er vom Wartburg 311, den Dreizylinder Zweitaktmotor allerdings auch und so brachte er es zwar auf eine maximale Höchstgeschwindigkeit von 100 km/h, war aber mit seinen anfangs 43 PS, später 46 PS bei weitem zu untermotorisiert.

Und dann gab es da noch diesen einen Straßenbahnfahrer auf der Linie 24 (heute Teil der M 4) der aus seinen Stationsdurchsagen immer gleich eine halbe Stadtführung machte. „Greifswalder Straße, Friedenstraße, ehemals

Königstor! An der Ecke zur Straße am Friedrichshain ist der bei vielen beliebte Märchenbrunnen!", konnte man da durchaus hören.

Bleibt mir zum Schluss eigentlich nur noch die Immanuelkirche zu erwähnen. Sie ist eine evangelische Kirche und wurde am 21. Oktober 1893 eingeweiht. Wie viele andere Kirchen in Berlin vom Ende des 19. Jahrhunderts ist sie im neoromanischen Stil erbaut; sie steht unter Denkmalschutz.

Ende des 19. Jahrhunderts war die Gemeinde der Bartholomäuskirche, die sich am Königstor befindet, in einem Maße gewachsen, dass ein eigener Kirchenbau für die Wohngebiete um die Prenzlauer Allee notwendig geworden war. Wie bei den meisten Kirchenneubauten dieser Zeit stand der Bau unter der Schirmherrschaft der damaligen Kaiserin Auguste Viktoria. Die Bauarbeiten begannen im Jahr 1891, die Grundsteinlegung fand am 12. Juni 1892 statt. Die Familie Bötzow schenkte der Gemeinde das nötige Bauland. Die Kosten von etwa 300.000 Mark für den eigentlichen Bau übernahm die benachbarte Georgengemeinde.

Bleiben mir noch am Ende kurz die Winsgärten zu erwähnen, die seit einigen Monaten in der Greifswalder Str., im Areal evangelischen Schule hin erbaut werden. Das, was man bisher zur Greifswalder Str. hin sieht, ist für meinen Geschmack etwas zu eng bebaut.

*

Was Immanuelkirche, Hans Rosenthal und U 10 gemein haben – am 23.8.2009

Das Viertel entlang der Winsstraße befindet sich zwischen den großen Ausfallstraßen Prenzlauer Allee (B 109) und Greifswalder Straße (B 2). Erstaunlich viele Weinhandlungen gibt es heute in der Gegend. Im Gegensatz zur Prenzlauer Allee, die in Richtung der Stadt Prenzlau führt, oder zur Schönhauser Allee in Richtung des Schlosses in Niederschönhausen, führt die Greifswalder Straße genauso wenig nach Greifswald, wie die Danziger Straße in deren Richtung. Die Benennung als „Danziger Tor" für die Ecke Danziger /Schönhauser / Pappelallee ist an den Haaren herbei gezogen und historisch nirgends verbürgt.

Aber zurück zur Greifswalder Straße. Sie folgt einer eiszeitlichen Rinne, einem einstigen Flussbett. Bereits im Mittelalter wurde sie als Fernhandelsweg genutzt. Da sie im weiteren Verlauf die märkische Kleinstadt Bernau passiert, war sie zunächst als „Bernauische Landstraße - vor dem Bernauischen Thore" bekannt. Später wurde sie in „Chaussee nach Weißensee" (1803) und 1850 „Vor dem Königs-Thore" umbenannt

Die Greifswalder Straße war zu DDR-Zeiten „Protokollstrecke", also quasi „Rennstrecke" für die Staatslimousinen von und nach Wandlitz. Ein links abbiegen von der Greifswalder Straße aus war einzig an der Ecke zur Ostseestraße möglich.

Alle Ampeln an der Strecke wurden morgens und abends manuell geregelt, um freie Fahrt für die Regierungsvertreter der DDR zu haben.

Da wurde dann auch ruhig schon mal der kreuzende Verkehr für eine ganze halbe Stunde blockiert. Als das Gelände um den S-Bf. 1984 – 1986 komplett saniert wurde, leitete man die Protokollstrecke vorübergehend ab Königstor über „Am Friedrichshain" und Michelangelostraße um; daher deren guter Ausbaugrad.

In ihrem gesamten Verlauf wird die Greifswalder Straße von der Linie M4 befahren. Die Strecke ist die am meisten genutzte im gesamten Berliner Straßenbahnnetz, deshalb plante man bereits früh den Bau einer U-Bahn unter dem Arbeitsnamen „Linie F". So ist der Endbahnhof der U 5 am Alex mit seinen zwei Bahnsteigen schon in den 20er Jahren für diese U-Bahn nach Weißensee angelegt worden. Der

„Waisentunnel"[57] soll bereits bis zum Königstor vorangetrieben sein, bis zur Ecke Danziger Straße gibt es seit Jahrzehnten ruhende Bauvorleistungen im Untergrund, weshalb die Straßenbahn am äußeren Rande des Mittelstreifens fahren muss. Auch die DDR plante die „Linie F" weiter. Der Fußgängertunnel am Ringbahnhof sollte später einmal Zugang zur U-Bahn werden. Als der West-Berliner Senat in den 80er Jahren die U 9 baute, plante man auch hier schon für diese U-Bahn nach Weißensee und baute in Steglitz, am Walter-Schreiber-Pl. und Insbrucker Pl. Tunnel, Bahnsteige und Verbindungsschlaufen, die bisher noch immer nicht in Betrieb sind. Die „U 10" von Weißensee über Alex, Potsdamer Platz und Steglitz nach Lichterfelde ist noch immer nicht vom Tisch und auch noch in den aktuellen Planungen des Berliner Senats vorhanden.

In der Prenzlauer Allee findet man die Immanuelkirche, nach der auch die gleichnamige Straße, die die Prenzlauer Allee und die Greifswalder Straße verbindet, benannt wurde. Da die Immanuelkirche in der heutigen Zeit noch immer keine eigene Internetpräsenz hat, ist es nur möglich, direkt vor Ort Informationen über die Aktivitäten der Kirchengemeinde zu erlangen.

Die Immanuelkirche ist eine evangelische Kirche. Mit ihren vielen Türmchen und Erkern wirkt sie von außen wild-romantisch. Das Gebäude stand bei seiner Fertigstellung auf freiem Feld. Ende des 19. Jahrhunderts war die Gemeinde der Bartholomäuskirche, die sich am Königstor befindet, in einem Maße gewachsen, dass ein eigener Kirchenbau für die Wohngebiete um die Prenzlauer Allee notwendig geworden war. Die Bauarbeiten begannen im Jahr 1891, die Grundsteinlegung fand am 12. Juni 1892 statt. Die Familie Bötzow schenkte der Gemeinde das nötige Bauland. Die Kosten von etwa 300.000 Goldmark für den eigentlichen Bau übernahm die benachbarte Georgengemeinde.

---

57 … falscher Name, der Waisentunnel führt unter der
    Ostspitze der Fischerinsel entlang

Um mit ein paar Fachbegriffen um mich zu werfen, der neoromanische, rechteckige Verblendbau aus roten Klinkern mit einem oktogonalen Choranbau hat einen 68 Meter hohen Turm. In ihm befinden sich drei gusseiserne Glocken, die auf die Töne dis, fis und a gestimmt sind.

Die Einweihung des Gebäudes fand unter Anwesenheit des Kaiserpaares am 21. Oktober 1893 statt. Aufgrund einiger Verwirrungen gehörte die Kirche von 1893 bis 1899 dem Staat, erst danach ging sie in Gemeindebesitz über.

Während des Krieges wurde 1944/1945 durch Fliegerangriffe und Kampfhandlungen der Kirchturm, das Dach und die Decke des Kirchenschiffs sowie die Fenster der Chorapsis und das Dach des Gemeindehauses stark beschädigt, durch Plünderer verschwanden der Abendmahlswein und ein großer Teppich der Kirche.

Die Orgel stammt vom Frankfurter Baumeister Wilhelm Sauer und wurde am 14. Oktober 1893 der Gemeinde feierlich übergeben. 1914 wurde sie durch die Firma Steinmayer erstmalig umgebaut, 1981 noch ein zweites Mal durch die Firma Stüber. Trotzdem wurde die Orgel im Klangbild kaum verändert und gilt als gutes Beispiel der Orgelbaukunst vom Ende des 19. Jahrhunderts.

Die Immanuelgemeinde sammelt seit 1999 Spenden für die Sanierung ihres Kirchengebäudes.

In der Winsstraße 63 wurde am 2.April 1925 einer der einflussreichsten Rundfunkleute Deutschlands, Hans Günter Rosenthal († 10. Februar 1987) geboren. Hans Rosenthal wuchs in einer jüdischen Familie auf und erlebte als Kind die wachsende antisemitische Verfolgung durch den Nationalsozialismus. Sein Vater starb 1937 an Nierenversagen, seine Mutter 1941 an Darmkrebs. Sein Bruder Gert (26. Juli 1932–Oktober 1942) und andere Angehörige wurden im Holocaust ermordet. Hans Rosenthal wurde ab 1940 von den Nationalsozialisten zu Zwangsarbeit herangezogen. Ab 1943 tauchte er in der Berliner Kleingartenanlage Dreieinigkeit unter und überlebte bis zum

Kriegsende im Versteck, wo er von drei nichtjüdischen Berlinerinnen unterstützt wurde. Nach Kriegsende machte er ab 1945 eine Ausbildung beim Berliner Rundfunk und startete ab 1948 als Aufnahmeleiter und Unterhaltungsredakteur beim RIAS seine Rundfunkkarriere. Er entwarf dutzende Radio- und Fernsehformate. „Dalli-Dalli" im ZDF ist legendär, das „Klingende Sonntagsrätsel", einst beim RIAS begonnen, läuft im Deutschlandradio noch immer erfolgreich. Lord Knud („Evergreens a go go", „Schlager der Woche") der noch heute in Zehlendorf lebt[58], verdankte seine Kariere beim RIAS einem Volontariat bei Hans Rosenthal.

Hans Rosenthal engagierte sich seit den 1960er-Jahren im Zentralrat der Juden in Deutschland, ab 1973 als Mitglied seines Direktoriums, in der Jüdischen Gemeinde zu Berlin sowie in diversen sozialen Projekten. Auf Grund seiner freundlichen und unkomplizierten Art war er sehr beliebt. Er starb 1987 an Magenkrebs und wurde auf dem Jüdischen Friedhof Heerstraße in Berlin beigesetzt.

Der Platz vor dem RIAS-Funkhaus in Schöneberg, einst unter der Adresse Kufsteiner Straße 69 bekannt, bekam nach Hans Rosenthals Tod seinen Namen.

*

Fortsetzung in Band 2

---

58 ... am 14. Juni 2020 gestorben

Daten der Nachbearbeitung:
Zusammenstellung: 9. - 12.5. 2024
behutsamer Nachschliff, grobe Rechtschreibkorrektur und
Einfügen der Fußnoten: 13.5. - 2.6.2024
Feine Korrektur 16. - 23.6.2024
optischer Schliff 23.6. - 25.6.2024

9 783759 752062